人类从历史中学到的唯一教训,就是人类无法从历史中学到任何教训。
——黑格尔

明朝那些事儿

万国来朝

第贰部

当年明月 著

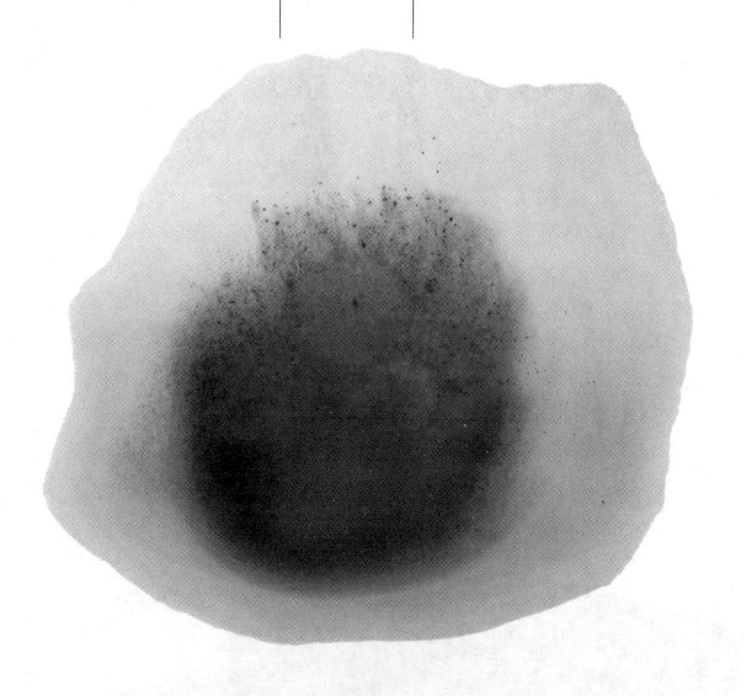

浙江人民出版社

094	第七章 逆命者必剪除之！
111	第八章 帝王的财产
130	第九章 生死相搏
147	第十章 最后的秘密
165	第十一章 朱高炽的勇气和疑团
173	第十二章 朱瞻基是个好同志
194	第十三章 祸根
210	第十四章 土木堡
228	第十五章 力挽狂澜
247	第十六章 决断！

目录

001　历史原来很精彩

003　第一章　帝王的烦恼

017　第二章　帝王的荣耀

040　第三章　帝王的抉择

048　第四章　郑和之后，再无郑和

067　第五章　纵横天下

080　第六章　天子守国门！

目录

266　第十七章　信念

282　第十八章　北京保卫战

302　第十九章　朱祁镇的奋斗

317　第二十章　回家

338　第二十一章　囚徒朱祁镇

351　第二十二章　夺门

历史原来很精彩

旷野上，当年明月踽踽而行。

历史是什么？历史就是那些残垣断瓦、古庙荒冢吗？就是那些发黄的书本吗？不是，绝对不是。

"历史原来是很精彩的呀！"当年明月大喊一声。声音消失在风中，当年明月继续踽踽地走着，山野一片寂静。

好一段时间，远远地，传来一阵阵回声："很精彩的呀，很精彩的呀，很精彩的呀，很精彩的呀……"声音渐渐消失，山野又归于寂静。

前面那座古庙里有点儿动静，一个小和尚好像刚睡醒，慢腾腾地伸了个懒腰，抖落了身上厚厚的尘土。噢！那不是朱重八吗？他朝四下看了看，然后向当年明月走来了。那边还有人，朱棣骑着马，风尘仆仆，身上浸着汗水，也向这边赶来。后边是方孝孺，一脸正气，拉着朱允炆，有点儿嫌他走得太慢；沮丧的胡惟庸，骄横的蓝玉，都来了。远远地，过来一个瘦了吧唧的人，一看就知道是朱厚照，还是那样儿，站没站相，坐没坐相，走路也是一摇一晃的……

这么多人都围上了当年明月，一下子就热闹起来了。乱哄哄的，有的拍着当年明月的肩膀，有的指手画脚，吵吵嚷嚷，只听清几个词儿：很精彩的，很精彩的，写写吧，写写吧……写吧，写吧，就像写你们公司的老板，那个胖子，写厂子里那个猴儿精小李、前村儿的嘎子、胡同儿里的小三儿,写吧,想到哪儿写哪儿,就这么写吧……

当年明月也不知是惊喜,还是兴奋,都快晕了。

镜头拉远。

声音淡出。

旷野上又是一片寂静。

忽然,一阵风吹来,一摞纸被吹散了,漫天飞舞。一个过路人捡起一张,一看,原来是书稿,当年明月写的——《明朝那些事儿》。

这也算我给它写的序,比上次那篇序轻松点儿。

毛佩琦

2006年9月8日于北七家村

第一章 帝王的烦恼

新的一天又开始了,因为对于那场斗争中的失败者朱允炆来说,政治地位的完结意味着他的人生已经结束了,无论他是生还是死。但对于朱棣而言,今天的阳光是明媚的,他得到了自己想要的一切,在今后很长的时间内,他将用手中的权力去实现自己的梦想,一个富国强兵的梦想。这个梦想不但是他的,也是他父亲的。

新的一天又开始了，朱棣坐在皇帝的宝座上，俯视着这个帝国的一切，之前那场你死我活的斗争似乎还历历在目，但已经不重要了。因为对于那场斗争中的失败者朱允炆来说，政治地位的完结意味着他的人生已经结束了，无论他是生还是死。但对于朱棣而言，今天的阳光是明媚的，他得到了自己想要的一切，在今后很长的时间内，他将用手中的权力去实现自己的梦想，一个富国强兵的梦想。

这个梦想不但是他的，也是他父亲的。

证明

当然在这之前，他必须先做几件事情，这些事情如果不完成，他的位子是坐不稳的。

最重要的事情是，他要证明自己是合法的皇帝。

虽然江山已经在手，但舆论的力量也是不能无视的，自己的身上反正已经被打上了反贼的烙印，没办法了，但至少要让自己的子孙堂堂正正地做皇帝。为了达到这个目的，他使用了两个方法：

其一，他颁布了一道命令，下令凡是建文帝时代执行的各项规章制度与朱元璋的成例有不同的，全部废除，以老祖宗成法为准。这倒不是因为朱元璋的成法好用，只是朱棣要想获得众人的认可，必须再借用一下死去老爹的威名，表明自己才是真正领悟太祖治国精神的人。

其二，他命令属下重新修订《太祖实录》，此书已经由建文帝修订过一次，但很明显，第一版并不符合朱棣的要求，他需要一个更为显赫的出身，因为类似朱元璋那样白手起家打天下，开口就是"我本淮右布衣"，摆出一副天不怕、地不怕的那一套已经行不通了。这个世界上本来就没有人愿意做叫花子的，于是，亲生母亲被他扔到了脑后，马皇后成了他的嫡母，关于这个问题，我们在后面还会详细叙说。

此外，他还指示手下人在实录中加入了大量小说笔法的描写，如朱元璋生前曾反复训斥朱标和朱允炆，总是一副恨铁不成钢的样子，而对朱棣却总是赞赏有加，一看到朱棣就满面笑容，十分高兴。甚至在他死前，还反复询问朱棣的下落，并有意把皇位传给朱棣。但是由于奸诈的朱允炆等人的阴谋行为，合法的继承人朱棣并没有接到朱元璋的这一指示。于是，本该属于朱棣的皇位被无耻地剥夺了。这些内容读来不禁让人在极度痛恨朱允炆等奸邪小人之余，对朱棣终于能够夺得本就属于自己的皇位感到欣慰，并感叹正义终究取得了胜利，好人是有好报的。

当朱棣最终完成这两项工作时，他着实松了口气，不利于自己的言论终于被删除了，无数年后，这场靖难战争将被冠以正义的名号广为流传。但作为这段历史的见证人之一，朱棣心里很明白，在那些被篡改过的地方原本写着历史的真实。他把自己的父亲从坟墓里拖了出来，重新装扮一番，以证明自己的当之无愧。

历史证明，朱棣失败了，他没有能够欺骗自己，也没有骗住后来的人，因为真正的史笔并不是史官手下的毛笔，而是人心。

功臣

自欺欺人也好，自我安慰也罢，毕竟皇位才是最现实的。在处理好继位的合法性问题后，下一步就是打赏功臣，这可是极为重要的一步。虽然历来皇帝最不愿意看到的就是大业已成后的功臣，但这些人毕竟在皇帝的大业中投入了大量资本，持有了股份，到了分红的时候把他们踢到一边，是不好收场的。毕竟任何董事局都不可能是董事长一个人说了算。

这里也介绍一下明朝的封赏制度，大家在电视中经常看到皇帝赏赐大臣的镜头，动不动就是"赏银一千两"，然后一个太监拿着一个放满银两的盘子走到大臣面前，大臣谢恩后拿钱回家。大致过程也是如此，但很多时候，导演可能没有考虑过一千两银子到底有多重，在他们的剧情中，这些大臣似乎都应该是在武校练过铁砂掌的，因为无论怎么换算，一千两银子都不是轻易用两只手捧得起来的。今后处理该类情节时，可以换个台词，比如"某某，我赏银一千两给你，用马车来拉"。

赏银在封赏中只是小意思，我们的先人很早就明白细水长流的道理。横财来得快去得也快，真正靠得住的是长期饭票。在明朝，这张长期饭票就是封爵。

在那个年代，如果你不姓朱，要想得到这张长期饭票是很困难的，老朱家开的食堂是有名额限制的，若非立有大功，是断然不可能到这个食堂里吃饭的。

具体说来，封爵这张饭票有三个等级，分别是公爵（小灶）、侯爵（中灶）、伯爵（大灶），此外还有流和世的区别。所谓流，就是说这张饭票只能你自己用，你的儿子就不能用了，富不过三代，饿死算他活该；而世就不同了，你死后，你的儿子、儿子的儿子还可以到食堂来吃饭。

但凡拿到这张饭票的人，都会由皇帝发给铁券（证书），以表彰被封者的英勇行为。这张铁券也不简单，分为普通和特殊两种版本。特殊版本分别颁发于朱元璋时代和朱棣时代，因为在这两个时代要想拿到铁券是要拼老命的。

朱元璋时代的铁券上书"开国辅运"四字，代表了你开国功臣的身份。朱棣时代的铁券上书"奉天靖难"四字，代表你奉上天之意帮助我朱棣篡权。这两个版本极为少见，在此之后的明朝二百多年历史中都从未再版。自此之后，所有的铁券统一为文臣铁券上书"守正文臣"，武将铁券上书"宣力功臣"。

当然了，如果你有幸拿到前两张铁券，倒也不一定是好事。特别是第一版"开国辅运"，因为据有关部门统计，拿到这张铁券的人百分之八十以上都会由朱元璋同志额外附送一张阴曹地府的观光游览券。

此外还附有特别说明：单程票，适用于全家老小，可反复使用多次，不限人数。

朱棣分封了跟随他"靖难"的功臣，如张玉（其爵位由其子张辅继承）、朱能等，都被封为世袭公侯，此时所有的将领都十分高兴，收获的季节到了。

但出人意料的是，有一个人对封赏却完全不感兴趣，在他看来，这些人人羡慕的赏赐似乎毫无价值。

这个人就是道衍。

虽然他并没有上阵打过仗，但毫无疑问的是，他才是朱棣"靖难"成功的第一功臣，从策划造反到出谋划策，他都是最主要的负责人之一。可以说，正是他把朱棣扶上了皇位。但当他劳心劳力地做成了这件天下第一大事之后，他却谢绝了所有的赏赐。永乐二年（1404），朱棣授官给道衍，任命他为资善大夫，太子少师（正二品），并且正式恢复他原先的名字——姚广孝。

此后姚广孝的行为开始变得怪异起来，朱棣让他留头发还俗，他不干；分给他房子，还送给他两个女人做老婆，他不要。这位天下第一谋士每天住在和尚庙里，白天换上制服（官服）上朝，晚上回庙里就换上休闲服（僧服）。

他不但不要官，也不要钱，在回家探亲时，他把朱棣赏赐给他的金银财宝都送给自己的同族。我们不禁要问，他到底为什么要这样做？

在我看来，姚广孝这样做的原因有两个：其一，他是个聪明人，像他这样的智谋之人，如果过于放肆，朱棣是一定容不下他的，"功高震主"这句话始终被他牢牢地记在心里。其二，他与其他人不同，他造反的目的就是造反。

你为什么要读书？一般而言这个问题的答案是建设祖国，为国争光之类，当然，真正的目的大多是升官、发财、满足欲望等。但事实告诉我们，为了名利去做一件事情也许可以获得动力和成功，但要成就大的事业，需要的是另一种决心和回答——为了读书而读书。

朱棣造反是为了皇位，他手下的大将们造反是为了开国功臣的身份和荣誉地位，道衍造反就是为了造反。他的眼光从来就没有被金钱权位牵制过，他有着更高的目标。道衍是一颗子弹，四十年的坎坷经历就是火药，他的权谋手段就是弹头，而朱棣对他而言只是引线，这颗子弹射向谁其实并不重要，能被发射出去就是他所有的愿望。

姚广孝，一个被后人称为"黑衣宰相"、争论极大的人，一个深入简出、被神秘笼罩的人，他的愿望其实很简单：

一展胸中抱负，不负平生所学，足矣。

兄弟

建文帝时期，朱棣是藩王，建文帝要削藩，朱棣反对削藩，最后造反。现在朱棣是皇帝了，他也要削藩，那些幸存下来的藩王自然也会反对，但与之前不同的是，他们已经无力造反了。

在反对削藩的斗争终于获得胜利后，与他的兄弟们本是同一战线的朱棣突然抽出了宝剑，指向了这些不久之前的战友，这倒也是理所应当的事情，兄弟情分本来也算不上什么，自古以来父子、兄弟相残都是家常便饭。而我们似乎也不能只从人性的冷酷上找原因，他们做出这种行为只是因为受到了不可抗拒的诱惑，这个诱惑就是无上的权力。

最先被"安置"的是宁王，他被迫跟随朱棣"靖难"，为了换得他的全心支持，朱棣照例也开给了他一张空白支票"事成中分天下"。当然，朱棣这位从来不兑现支票的银行家此次也没有例外，靖难成功之后，他就把这句话抛在了脑后。

宁王朱权也是个明白人，他知道所谓的"事成中分天下"的诺言纯属虚构，且从无雷同，中分他的脑袋倒是很有可能的。于是，他很务实地向朱棣提出，北方我不想去了，也不想掌握兵权，希望你能够把我封到苏州，过两天舒服日子。

朱棣的回答是不行。

"那就去钱塘一带吧，那里也不错。"

还是不行，朱棣再次向他承诺：除了这两个地方，全国任你挑！

宁王朱权无语："还敢再挑吗？你看着办吧。"

于是，朱权被封到了南昌，这是朱棣为他精心挑选的地方。而被强行发配的朱权的心情想来是不会愉快的，一向争强好胜的他居然被人狠狠地鱼肉了一番，他是绝不会心服的，这种情绪就如同一棵毒芽，在他的心中不断地生长，并传给了他的子孙。

报复的机会终究是会到来的。

永乐四年（1406）五月，削去齐王爵位和官属，八月，废其为庶人。

永乐六年（1408），削去岷王官属及护卫。

永乐十年（1412），削去辽王官属及护卫。

永乐十九年（1421），削去周王护卫。

于是，建文帝没有解决的问题终于由他的叔叔朱棣代为解决了。削藩这件建文帝时期的第一大事居然是由藩王朱棣最终办成的，这真是一个极大的讽刺。

完成这些善后事宜之后，朱棣终于可以把精力放在处理国家大事上了。事实证明，他确实具备一个优秀皇帝的素质，而我们也将把历史上明君继位后干的那些恢复生产、勤于政事之类的套话放到他的身上，又是一片歌舞升平、太平盛世。

这样看来，下面的叙述应该是极其乏味的。

可惜朱棣并不是一个普通的英明皇帝，他的故事远比那些太平天子要曲折、神秘得多，因为在他的身上，始终环绕着两个疑团，两个困扰了后人数百年之久的疑团。

母子不相认

《永乐实录》记载：高皇后（马皇后）生五子，长懿文太子标……次上（朱棣），次周王肃。这就是正史的记载，从中可以看出，朱棣是朱元璋和马皇后的第四个儿子。

然而事实真是如此吗？

元至正二十年（1360），朱棣在战火中出生，他是朱元璋的第四个儿子，这并没有错，但那个经历痛苦的分娩，给予他生命并抚育他长大的母亲却并不是马皇后，那个带着幸福的笑容看着他出生的女人早已经被历史湮没。

事实上到如今，我们也并不知道这位母亲的真实姓名，甚至她的真实身份也存在着争议。这些谜是人为造成的，因为有人不希望这位母亲暴露身份，不承认她有一个叫朱棣的儿子。

这个人正是朱棣自己。

因为朱棣是皇帝，而且是抢夺侄子皇位的皇帝，所以他必须是马皇后的儿子，因为只有这样，他才是嫡出，才有足够的资本去继承皇位。

所以，这位母亲被剥夺了拥有儿子的权利，她永远也不能如同其他母亲一样，看着自己的子女成长，她也永远无法开口，告诉所有的人："看，那就是我的儿子！"

在官方史书中，她只不过是一个普通的妃子，没有显赫的家世，没有值得骄傲的子女，平凡地活着，然后平凡地死去。

虽然证据已被磨灭，但破绽是存在的，而更让人难以置信的是，它就存在于官方史书中。

第一个破绽在明史《黄子澄传》中，其中记载："子澄曰：周王，燕王之母弟。"从这句话，我们可以很清楚地了解到一个事实，那就是燕王朱棣和周王是同父同母的兄弟。可能有人会认为这是句废话，因为《永乐实录》中也记载了他们两个是同母兄弟，但问题在于，他们的母亲是谁？

下面是第二个，在《太祖成穆孙贵妃传》中，有记载如下："洪武七年九月薨，年三十有二。帝以妃无子，命周王肃行慈母服三年。"这句话的意思是说，贵妃死后，由于没有儿子，所以指派周王为贵妃服三年，但关键的一句话在后面："庶子为生母服三年，众子为庶母期，自妃始。"

"庶子为生母服三年"！关键就在这里。正是因为周王是庶子，他才能认庶母为慈母，并为之服三年。再引入我们之前燕王和周王是兄弟的条件，大家对朱棣的身份就应该有一个清楚的认识了。

如果你不明白，我可以用更为简单明了的方式来描述这个推论过程。

条件A.周王和燕王是同母兄弟。

条件B.周王是庶子。

得出结论C.燕王是庶子。

这是正式史书上的记载，至于野史那更是数不胜数，由于这是一个极为重要的问题，所以我们不引用野史。但另有一本应属官方史料记载的《南京太常寺志》曾记载朱棣母亲的真实身份——碽妃。

这里我们先说一下太常寺是一个什么样的机构，太常寺属于礼仪机关，主要负责祭祀、礼乐之事，凡是册立、测风、冠婚、征讨等事情都要事先由该机关组织实施礼仪，所以它的记载是最准确的。按说有了太常寺的记载，这件事情就没有什么可争论的了，但好事多磨，又出了一个新的问题。

此书已经失传了。

即使你找遍所有的图书馆，也是找不到这本书的，虽然本人没有看过这本书，但古人却是看过的，并在自己的书中留下了记录。如《国史异考》《三垣笔记》中都记载过，《南京太常寺志》中确实写明，朱棣的母亲是碽妃，而孝陵神位的摆布为左一位李淑妃，生太子朱标、秦王、晋王，右一位碽妃，生成祖朱棣。

要知道，在古代，神位的排序可不是按照姓氏笔画排列的，是严格按照身份来摆列的。

而《三垣笔记》更是指出，钱谦益（明末大学问家，后投降清朝）曾于1645年元旦拜谒明孝陵，发现孝陵神位的摆布正如《南京太常寺志》中的记载，碽妃的灵位在右第一位，足见其身份之高。

虽然以上所说的这些证明力度不能和明史相比，但从法律角度来说，也算是证人证言，属于间接证据。当我们把所有证据连接起来时，就会发现朱棣生母的身份应该已经很清楚了。

这里也特别注明，关于成祖生母的身份问题已经由我国两位著名的史学家吴晗先生和傅斯年先生论证过，在此致敬。

但令人遗憾的是，那位生下朱棣的碽妃的生平我们已经无从知晓了，我们只知道，她的儿子抹杀了她在人间留下的几乎全部痕迹，不承认自己是她的儿子。

为了权力

朱棣又一次向马皇后的神位行礼，虽然马皇后确实是一位慈祥的长辈，虽然她也无微不至地关照过自己，但她毕竟不是自己的母亲。

我也是迫不得已，为了坐上皇位，已经是九死一生，如果再背上一个庶子的名分，怎能服众？！怎能安心？！

所以我修改了记录，所以我湮灭了证据，我绝不能承认，我没有别的选择。

您是我的母亲，只在我的心中，永远。

兄弟不相容

建文帝真的死了吗？这是朱棣长时间思考过的一个问题，这个问题他思考了二十二年，从建文四年（1402）靖难成功开始，到永乐二十一年（1423）结束。功夫不负有心人，他最终找到了这个问题的答案，在他临死的前一年。

让我们回到建文四年（1402）的那个夏天，看看谜团的开始。

六月十三日，李景隆打开金川门，做了无耻的叛徒，放北军入城，而朱棣却不马上攻击内城，他的目的是等待建文帝自杀或者投降，他似乎认为建文帝除了这两条路外，没有别的选择。然而建文帝注定是要和他一生作对的，他选择了第三条路。

当扎营于龙江驿的朱棣发现宫城起火时，他十分慌乱，立刻命令士兵进城，救火倒是其次，最重要的是要找一个人——建文帝，活的、死的都行，活要见人，死要见尸！

朱棣十分清楚这件事的利害关系，即使建文帝死了，大不了背一个"逼死主君的罪名"，自己的骂名够多了，不差这一个。活着的话关起来就是了，也不怕他飞上天去。

但最可怕的事情就是失踪，皇帝不见了那可就麻烦了。

朱允炆毕竟是合法的皇帝，而自己不过是占据了京城而已，全国大部分地方还是效忠于他的，万一他要是溜了出去，找一个地方号召大臣勤王，带兵攻打自己，到时候胜负还真是未知之数。

可是怕什么来什么，经过清查，真的没有找到朱允炆的尸体！朱棣急得像热锅上的蚂蚁，命令士兵加紧排查，仍然一无所获。可能有人会奇怪，朱棣已经控制了政权，要找个人还不容易吗？

不瞒你说，还真是不容易，因为这个人是不能公开寻找的。

首先，不能登寻人启事，什么你叔叔病重，甚为想念，望你见启事后速回之类的话肯定是不会有效果的；其次，也不能贴上通缉令，写上什么抓到后有重赏之类的言语，因为朱棣的行动按他自己的说法是靖难，即所谓扫除奸臣，皇帝是没有错误的，怎么能够被通缉呢？所以这条也不行；最后，他也不能公开派人大规模地寻找，因为这样无异于告诉所有的人，建文帝还活着，心中另有企图的人必然会蠢蠢欲动，这个皇位注定是坐不稳了。

但是又不能不找，万一哪天蹦出来一个建文帝，真假且不论，号召力是肯定有的，即使平定下来，明天后天可能会出来两个三个，还让不让人安心过日子了？君不见一个所谓的"朱三太子"闹得清朝一百多年不得安宁，所以这实在是一件要命的事情啊。

为解决这个问题，朱棣想出了一个绝佳的计划，这个计划分两个部分：

首先，向外界宣布，建文帝已经于宫内自焚，并找到了尸体，那意思就是所有建文帝的忠臣，你们就死了这条心吧。

其次，派人暗中查访建文帝的下落，具体的查访工作由两个人去做，这两个人寻访的路线也不同，分别是本土和海外。这两个人的名字，一个叫胡濙，另一个叫郑和。

郑和的故事大家都熟悉，我们在后面的章节中也会详细地介绍这次偶然事件引出的伟大壮举，在此，我们主要讲一下胡濙这一路的问题。

胡濙，江苏常州人，既不是靖难嫡系，也不是重臣之后，其为人"喜怒不形于色"，当时仅任给事中，没有任何靠山，可谓人微言轻，在朝中是个不起眼的人物。

但朱棣却挑中了他，因为正是这样的一个人，才适合去执行这样秘密的任务。

无人问津、无人在意，即使出了什么事也可以声明此人与己无关，你不去谁去？

永乐五年（1407），胡濙带着绝密使命出发了，朱棣照例给了他一个公干的名义——寻找仙人。这个名义真是太恰当了，因为仙人本来就是神龙见首不见尾的，但又确实有寻找的价值，一百年找不到也不会有人怀疑。胡濙就此开始了他人生中最重要的一项工作——寻人。

当然，朱棣和他本人都知道，他要寻找的不是仙人，而是一个死人，至少是一个已经被开出死亡证明的人。

朱棣看着胡濙远去的身影，心中期盼着那个人的消息尽快传到自己的耳朵里，死了也好，活着也好，只要让我知道就好。和以往一样，他相信自己的选择是正确的，这个人一定会告诉他问题的答案。

他的判断是正确的，胡濙确实是会给他答案的。他也做好了长期等待的准备，但他没有想到的是，等待的时间真的很长。

胡濙开始忠实地履行他的职责，他"遍行天下州郡乡邑，隐查建文帝安在"，这期间连自己的母亲死去，他也没有回家探望，而是继续着自己的工作，探寻这个秘密已经成为他人生的一个重要组成部分。他的努力并没有白费，最终，他找到了答案——在十六年之后。

既然答案揭晓要到十六年之后了，我们就先来看看为什么建文帝的死亡与否会有如此大的争议，其实明代史料大部分都认为建文帝没有死，而且还有一些野史详细地记载了建文帝出逃时候的各种情况，虽不可信，但也可一观。

根据明代万历年间出版的《致身录》一书所记载，建文帝在城破之日万念俱灰，想要自杀，此时，一个太监突然站出来说道："高祖驾崩时，留下了一个箱子，说遇到大难之时才可打开，现在是时候了，请皇上打开箱子吧。"

然后，他们把箱子取出并打开，发现里面的东西一应俱全，包括和尚的度牒、袈裟、僧帽、剃刀，甚至还有十两白金。更让人称奇的是，里面还有朱元璋同志的亲笔批示，指示了逃跑路线。于是，建文帝等一干人就此成功逃出。

看过以上这些记载，相信大家可能都有似曾相识的感觉，没错，这些记载似乎带有武侠小说的写法和情节，朱元璋确实神机妙算，但还不至于到这个程度，就算他预料到自己的孙子将来要跑路，可他还能预先准备服装道具和路费，甚至连逃跑的路线都能指示得一清二楚，就明显是在胡扯了。就如同武侠小说中，某位大侠跌下山崖，然后遇到某位几十年不出山的活老前辈或是挖到死老前辈留下的遗物，而这样的传奇情节在历史上是并不多见的。

虽然存在着这些近乎荒诞的记载，但明朝史料大都认为建文帝没有死，那么为什么这个问题还能引起那么大的争议呢？这是因为在后来，一件事情的发生使得建文帝的生死变得不再是单纯的历史问题，而是极为复杂的政治问题。

这件事情就是"朱三太子"事件，即所谓明朝灭亡之时，朱三太子并没有死，而是活下来继续组织反清的事件。要说这位朱三太子也实在算是个神仙，从顺治到康熙、雍正，历经三个皇朝，如同幽灵般缠绕着清朝统治者，一直挨到三个皇帝都死了他还始终战斗在反清第一线，清朝政府对这个幽灵极其头疼。很明显，建文帝的故事与朱三太子有很多相似之处，故而在修明史时，清朝政府即授意史官更改这段历史，一口咬定建文帝是自杀而死。

值得肯定的是，很多史官坚持了原则，顶住了压力，坚持建文帝未死之说，但无耻的人无论在哪个朝代总是不会缺的，大学者王鸿绪就是这样的一个人。他的人品明显比不上他的学问，为了逢迎清朝政府，他私自修改了明史稿（明史底稿），认定建文帝已死。由于明史毕竟是官方史书，故而影响了很多人对建文帝之死的看法，直到近代，史学界对建文帝未死的问题才有了一个比较肯定的意见。

历史的真相始终是被笼罩在迷雾中的，无数人为了各种目的去修饰和歪曲它，以适应自己的需要。

但我始终相信，真相只有一个，而它必定有被揭开的一天。

第二章

帝王的荣耀

我们从那个角度……但他却是一个实实在在的好皇帝，一个皇帝从不需要用个人的良好品格来证明自己的英明，恰恰相反，在历史上干皇帝这行的人基本都不是什么好人。因为好人干不了皇帝，朱允炆就是铁证。一个人从登上皇位成为皇帝的那一天起，他所得到的就绝不仅仅是权位而已，还有许许多多的敌人，他

无论我们从哪个角度来看，朱棣都绝对算不上一个好人，这个人冷酷、残忍、权欲熏心，在日常生活中，我们绝对不想和这样的一个人做朋友。但他却是一个实实在在的好皇帝。

一个皇帝从不需要用个人的良好品格来证明自己的英明，恰恰相反，在历史上干皇帝这行的人基本都不是什么好人，因为好人干不了皇帝，朱允炆就是铁证。

一个人从登上皇位成为皇帝的那一天起，他所得到的就绝不仅仅是权位而已，还有许许多多的敌人，他不但要和天斗、和地斗，还要和自己身边的几乎每一个人斗，大臣、太监、老婆（很多）、老婆的亲戚（也很多）、兄弟姐妹，甚至还有父母（如果都还活着的话），他成为所有人的目标。如果不拿出点手段，显示一下自己的能力，很容易被人找到空子踢下皇位。而历史证明，被踢下皇位的皇帝的生存率是很低的。

为了皇位，为了性命，必须学会权谋诡计，必须六亲不认，他要比最强横的恶霸更强横，比最无赖的流氓更无赖，他不能相信任何人。所以我认为，孤家寡人实在是对皇帝最好的称呼。

朱棣就是这样的一个恶霸无赖，同时也是一个好皇帝。

他精力充沛，以劳模朱元璋同志为榜样，每天干到很晚，不停地处理政务。他爱护百姓，关心民间疾苦，实行休养生息政策，在他的统治下，明朝变得越来越强大。荒地被开垦，人们的生活水平提高，仓库堆满了粮食和钱币。经济、科技、文化都有很大的发展，他凭借自己的努力打造出了一个真正的太平盛世。

他制定了很多利国利民的政策，也很好地执行了这些政策，使得明朝更为强大，如果要具体说明，还可以列出一大堆经济数字，这些都是套话，具体内容可参考历代历史教科书。我不愿意多写，相信大家也不愿意多看，但值得思考的是，这些举措历史上有很多皇帝都采取过，也取得过不错的效果，为什么朱棣却可以超越他们中的绝大多数人，成为中国历史上为数不多的、公认的伟大皇帝呢？

这是因为他做到了别的皇帝没能够做到的事情。

下面，我们将介绍这位伟大皇帝的功绩，就如同我们之前说过的那样，他绝对不是一个好人，却绝对是一个好皇帝。他用惊人的天赋和能力成就了巨大的功业，给我们留下了不朽的遗产，并在五百多年后依然影响着我们的国家和民族，所以从这个角度来说，他确实是中国历史上一位伟大的皇帝，当之无愧。

修书

朱棣文化修养有限，他自己应该是写不出什么传世名著的，所以他只能指示手下的人修书，其目的当然也是为了自己的名声。其实这并没有什么可指责的，哪个皇帝不想青史留名呢？以往的很多皇帝修了很多书，修书其实是一件并不稀罕的事情，但朱棣确实是个雄才大略的人。他要修的是一部前无古人的书，他要做的是一件前人没有做过的事。

他要修一部古往今来最齐备、最完美、最优秀的书，一部千年之后，依旧无比光辉的书。

他做到了，他修成了一部光耀史册、流芳千古的伟大书籍——《永乐大典》。

按照朱棣的构想，他要修一部包含有史以来所有科目、所有类别的大典，毫无疑问，这是一项艰巨的任务，需要一个合适的人担任总编官，这个人必须有广博的学问、清晰的辨别能力、无比的耐心、兼容并包的思想。

符合以上条件的人实在是很难找的，但值得庆幸的是，朱棣也确实找到了一个这样的人。

而这个人的一生也和《永乐大典》紧紧地联系在了一起，他的命运如同《永乐大典》这部书一样，跌宕起伏，却又充满传奇色彩。

所以，在我们介绍《永乐大典》之前，必须先介绍这位伟大的总编官。

命运

永乐十三年（1415），锦衣卫指挥使纪纲下达了一道奇怪的命令，他要请自己牢里的一个犯人吃饭。这可是一条大新闻，纪纲是朱棣的红人，锦衣卫的最高统帅，居然会屈尊请一个囚犯吃饭，大家对此议论纷纷。

这位囚犯欣然接受了邀请，但饭局开始的时候，纪纲并没有来，只是让人拿了很多酒给这位囚犯饮用，这位心事重重的囚犯一饮便停不住，他回想起了那梦幻般的往事，不一会儿便酩酊大醉。

看他已经喝醉，早已接到指示的锦衣卫打开了大门，把他拖了出去。

外面下着很大的雪，此时是正月。

这位囚犯被丢在了雪地里，在漫天大雪之时，在这纯洁的银白色的世界里，在对往事的追忆和酒精的麻醉作用中，他迎来了死亡。

这个囚犯就是被称为明代第一才子的解缙，《永乐大典》的主编者。这一年，他四十七岁。

起点

解缙，洪武二年（1369）出生，江西吉安府人，自幼聪明好学，被同乡之人称为才子，大家都认为他将来一定能出人头地。他没有辜负大家的期望，洪武二十一年（1388），他一举考中了进士，由于在家乡时他的名声已经很大，甚至传到了京城，所以朱元璋对他也十分重视，百忙之中还抽空接见了他。朱元璋的这一举动让所有的人都认为，一颗政治新星即将升起。

当时正是政治形势错综复杂之时，胡惟庸已经案发，法司各级官员不断逮捕大臣，很多今天同朝为臣的人第二天就不见了踪影，真可谓腥风血雨，变幻莫测。在这样的环境下，很多大臣成了逍遥派，遇事睁只眼闭只眼，只求能活到退休。

但解缙注定是个出人意料的人，在这种朝不保夕的恶劣政治环境中，他没有退却、畏缩，而是表现出了一个知识分子的骨气和勇敢。

他勇敢地向朱元璋本人上书，针砭时弊，斥责不必要的杀戮，并呈上了一篇很有名的文章《太平十策》。在此文中，他详细地概述了自己的政治思想和治国理念，为朱元璋勾画了一幅太平天下的图画，并对目前的一些政治制度提出了意见和批评。

朱元璋的性格我们之前已经介绍过，你不去惹他，他都会来找你麻烦，可是这位解大胆居然敢摸老虎屁股，这实在是需要极大的勇气的。当时很多人都认为解缙疯了，因为只有疯子才敢去惹疯子。

解缙疯没疯不好考证，但至少他没死。朱元璋一反常态，居然接受了他的批评，也没有找他的麻烦，当时的人们惊呆了，他们想不通为什么解缙还能活下来，于是这位敢说真话的解缙开始名满天下。

出了名后，烦恼也就来了。固然有人赞赏他的这种勇敢行为，但也有人说他在搞政治投机，是看准机会才上书的。但解缙用他的行为粉碎了所谓投机的说法，他又干出了一件惊天动地的事情。

洪武二十三年（1390），朱元璋杀掉了李善长，这件事情有着很深的政治背景，当时的大臣们都很清楚，断然不敢多说一句话。可是永不畏惧的解缙又开始行动了，他代自己的好友上书朱元璋，为李善长申辩。

这是一起非常严重的政治事件，朱元璋十分恼火，他知道文章是解缙写的，但出人意料的是，他仍然没有对解缙怎么样，这件事情给了解缙一个错误的信号，他认为，朱元璋是不会把自己怎么样的。

解缙继续着他的这种极为危险的游戏，他胸怀壮志，不畏权威，敢于说真话，然而他根本不明白，这种举动注定是要付出沉重代价的。不久，他就受到了处罚。

洪武二十四年（1391），朱元璋把解缙赶回了家，并丢给他一句话："十年之后再用。"

于是，解缙沿着三年前他进京赶考的路回到了自己的家，荣华富贵只是美梦一场，沿路的景色并没有什么变化，然而解缙的心却变了。

他始终不明白，自己只不过是说了几句实话，就受到了这样的处罚，读书人做官不就是为了天下苍生吗？不就是为国家效力吗？这是什么道理？！

那些整天不干正事，遇到难题就让、遇到障碍就倒的无耻之徒牢牢地把握着权位，自己这样全心为国效力的人却得到这样的待遇，这不公平。

罢官的日子是苦闷的，人类的最大痛苦并不在于一无所有，而是拥有一切后再失去。京城的繁华、众人的仰慕、皇帝的器重，这些以往的场景时刻缠绕在解缙的心头。

在故乡的日子，他一直思索着一个问题，那就是，自己为什么会失败？才学？度量？

不，不是这些，终于有一天，他开始意识到，自己失败的原因是幼稚，幼稚得一塌糊涂，自己根本就不知道官场是个什么地方。信仰和正直在朝堂之上是没有市场的，要想获得成功，只能迎合皇帝，要使用权谋手段，把握每一个机会，不断地升迁，提高自己的地位！

解缙终于找到了他自认为正确的道路，他的一生就此开始转变。

洪武三十一年（1398），朱元璋去世了，此时距解缙回家已经过去了七年，虽然还没有到十年的约定之期，但解缙还是开始行动了。他很明白，就算到了十年之期，也不会有官做的，要想当官，只能靠自己！

他依靠先前的关系网，不断地向高官和皇帝上书，要求获得官职，然而命运又和他开了一个玩笑，建文帝虽然知道他很有才能，却不愿用他，只给了他一个小官，把他打发到遥远的西部。幸好他反应快，马上找人疏通关系，终于留在了京城，在翰林院当了一名小官。

此时的解缙已经完全没有了青年时期的雄心壮志，他终于明白了政治的黑暗和丑恶，要想往上爬，就不能有原则，不能有尊严，要会溜须拍马，要会逢迎奉承，什么都要，就是不能要脸！

黑暗的世界啊，我把灵魂卖给你，我只要荣华富贵！

收下了他的灵魂，黑暗的世界给了他一次机会。

转折

靖难开始了，建文帝眼看就要失败，朱棣已经胜利在望，在这关键时刻，解缙和他的两位好友进行了一次谈话，这是一次载入史册的谈话，就在这次谈话中，三个年轻人确定了不同的人生方向。

这里，我们要先介绍解缙的两位好友，他们的名字分别是胡广、王艮。所谓物以类聚，人以群分，能和解缙这样的才子交朋友的，自然也不是寻常之辈，实际上，这两个人的来头并不比解缙小。

说来也巧，他们三个人都是江西吉安府人，是老乡关系，也算是个老乡会吧。解缙是出名的才子，我们前面说过，他是洪武二十一年（1388）的进士，高考成绩至少是全国前几十名，可和另两个人比起来，他就差得远了。

为什么呢？因为此二人分别是建文二年（1400）高考的状元、榜眼。另外还要说一下，第三名叫李贯，也是江西吉安府人，他也是此三人的好友。但由于他没有参加这次谈话，所以并没有提到他。确实厉害，头三名居然被江西吉安府包揽，让人惊叹此地的教育之发达，足以媲美今日之黄冈中学。

大家都是同乡，又是饱学之士，自然有很多共同话题，眼下建文帝这个老板就要完蛋了，他们要坐下来商量一下自己的前途，这三个人都是邻居，而他们谈话的地点选在了另一个邻居吴溥的家里。

在他们说出自己的志向前，我们有必要先提一下，解缙、胡广、王艮、李贯都是建文帝的近侍，也就是说他们都是皇帝身边的人，深受皇帝的信任，他们对时局的态度很能反映当时朝臣的看法。但四人中王艮比较特殊，他最有理由对皇帝不满，这是为什么呢？

因为在建文二年（1400）的那次科举考试中，他才是真正的状元！

此人经过会试后，参加了殿试，在殿试中，他的策论考了第一名，本来状元应该是他的。但是意想不到的事情发生了，建文帝嫌他长得不好看，把第一名的位置给了胡广（貌寝，易以胡靖，即胡广也）。就这样，到手的状元飞了，按说他应该对建文帝十分不满才对，可这个世界又一次让我们看到了人性的丑恶和真诚。

建文帝就要倒台了，大家的话题自然不会扯到诗词书画上，老板下台自己该怎么办，何去何从？三个人做出了不同的选择。当然，这个选择是在心底做出的。

三人表现如下：

解缙陈说大义，胡广也愤激慷慨，表示与朱棣不共戴天，以身殉国。王艮不说话，只是默默流泪。

谈话结束后的表现：

解缙结束谈话后，连夜收拾包袱，跑到城外投降了朱棣，而且他跑得很快，历史上也留下了相关证据——"缙驰谒"。胡广第二天投降，十分听话——"召至，叩头谢"。看看，多么有效率，召至，召至，一召就至。第三名李贯也不落人后——"贯亦迎附"。

而沉默不语的王艮回家后，对自己的妻子说："我是领国家俸禄的大臣，到了这个地步，只能以身殉国了。"

然后他从容自杀了。

国家以貌取人，他却未以势取国。

那一夜，有两个说话的人，一个不说话的人，说话者说出了自己的诺言，最终变成了谎言。不说话的人沉默，却用行动实现了自己心中的诺言。

其实早在他们以不同的方式表现自己时，已经有一个人看出了他们各自的结局，这个人就是冷眼旁观的吴溥。

就在胡广慷慨激昂地发表完殉国演讲，并一脸正气地告辞归家之后（他家就在吴溥家旁边），吴溥的儿子深有感叹地说道："胡叔（指胡广）有如此气概，能够以身殉国，实在是一件好事啊。"

吴溥却微微一笑，说道："这个人是不会殉国的，此三个人中唯一会以身殉国的只有王艮。"

吴溥的儿子到底年轻，对此不以为然，准备反驳他的父亲，谁知就在此时，门外传来了胡广的声音："现在外面很乱，你们要把家里的东西看好！"

两人相对苦笑。

话说回来，我们似乎也不能过多责怪这几个投降者，特别是解缙，他受了很多苦，历经了很多坎坷，他太想成功了，而这个机会，他是绝对不能放过的。

对于这四个人的行为，人心自有公论。

于是，解缙就此成为朱棣的宠臣，无论他用了什么手段，他毕竟实现了自己的梦想。从此他开始了自己传奇性的一生，但在此之前，我们有必要介绍一下，投降三人组中其余两个成员的下落。

李贯：朱棣在掌握政权后，拿到了很多朝臣给建文帝的奏章，里面也有很多要求讨伐他的文字。他以开玩笑似的口吻对朝堂上的大臣们说："这些奏章你们都有份儿吧。"下面的大臣个个心惊胆战，其实朱棣不过是想开个玩笑而已，他并不会去追究这些人的责任，但一件意想不到的事情发生了。

惹事的正是这个李贯，他从容不迫地说道："我没有，从来也没有。"然后摆出一副怡然自得的样子。他是一个精明人，很早就注意到了这个问题，为了避祸，他从未上过类似的奏章。

现在他的聪明才智终于得到了回报，不过，是以他绝对预料不到的方式。

朱棣走到李贯面前，突然把奏章扔到了他的脸上，厉声说道："你还引以为荣吗？你领国家的俸禄，当国家的官员，危急时刻，你作为近侍竟然一句话都不说，我最厌恶的就是你这种人！"

全身发抖的李贯缩成一团，他没有想到，无耻也是要付出代价的。

在这之后，他因为犯法被关进监狱，最后死于狱中。在他临死时，终于悔悟了自己的行为，失声泣道："王敬止（王艮字敬止），我没脸去见你啊。"

胡广：之后一直官运亨通，因为文章写得好，有一定处理政务的能力，与解缙一起被任命为明朝首任内阁七名成员之一，后被封为文渊阁大学士。此人死后被追封为礼部尚书，他还创造了一个纪录，那就是他是明朝第一个获得谥号的文臣，他的谥号叫作"文穆"。

综观他的一生，此人没有吃过什么亏，似乎还过得很不错，不过一个人的品行终归是会暴露出来的。

当年胡广和解缙投奔朱棣后，朱棣看到他们是同乡，关系还很好，便有意让他们成为亲家，但当时解缙虽然已经有了儿子，胡广的老婆却是刚刚怀孕，不知是男是女。此时妇产科专家朱棣在未经B超探查的情况下，断言："一定是女的。"

结果胡广的老婆确实生了个女孩，所以说领导就是有水平，居然在政务活动之余对妇产科这种副业有如此深的造诣。事后证明，这个女孩也确实不简单，可惜我在史料中没有找到她的名字，只知道她肯定姓胡。

这个女孩如约与解缙之子完婚，两家都财大气粗，是众人羡慕的佳偶。然而天有不测风云，解缙后来被关进监狱，他的儿子也被流放到辽东，此时胡广又露出了他两面三刀的本性，亲家一倒霉掉进井里，他就立刻四处找石头，勒令自己的女儿与对方离婚。

在那个时代，父母之命就是一切，然而这位被朱棣赐婚的女孩很有几分朱棣的霸气，她干出了足以让自己的父亲羞愧汗颜的行为。胡广几次逼迫劝说，毫无效果，他看到了自己女儿的最终态度，不是分离的文书，而是一只耳朵。

她的女儿为表明绝不分离的决心，割下了自己的耳朵以明志，还怒斥父亲："我的亲事虽然不幸，但也是皇上做主，你答应过的，怎么能够这样做呢？宁死不分！"

这位壮烈女子的行为引起了轰动，众人也借此看清了胡广的面目，而解缙的儿子最终也获得了赦免，回到了那位女子的身边。

胡广，羞愧吧，你虽饱读诗书，官运亨通，气节却不如一个普通女子！

还是那句话，人心自有公论。

飞腾

朱棣之所以器重解缙，很大的原因就在于他准确地判断出解缙就是那个能胜任大典主编工作的人。于是，在永乐元年（1403），朱棣郑重地将这项可以光耀史册也可以累死人的工作交给了解缙。他的要求是"凡书契以来经史子集百家直言，至于天文地志阴阳医卜僧道技艺之言，备辑成一书，毋厌浩繁"。

当时，书籍即使出版后也是很容易失传的，因为当年也没有出版后送一本给图书馆的习惯，小说之类的书很多人看，但某些经史子集之类的学术书籍就很少有人问津（这点和现在差不多），极易失传。而某些不传世的书籍就更像武侠小说中的秘籍一样，隐藏于深山密林之中，不为人知。要采集这些书籍，必须有大量的金钱和人力物力。所以虽然每个朝代都修书，却大有不同。比较穷的朝代官方修书数量有限，只求修好必须修的那一本——前朝的史书。

而朱棣要修的不是一本，也不是一部书，他要修的是涵盖古今、包容万象、蕴含一切知识财富的百科全书！

大典之外，再无他书！

当朱棣将这项工作交给解缙时，他把希望和重担一起赋予了这个年仅三十四岁的年轻人，可是让人啼笑皆非的是，在朱棣看来无比重要的事情，在解缙那里却成了一项"一般任务"。

解缙在这件事情上并没有表现出政治敏锐性，他天真地以为，这不过是皇帝一时的兴趣，想编本书玩儿一玩儿。于是在永乐二年（1404）十一月，他就向皇帝呈送了初稿，名《文献大成》。应该说这套初稿也是花费了解缙很多心血的，但他没有想到，自己的这番心血换来的是朱棣的一顿痛骂。

解缙如此之快地完成任务，倒是让朱棣十分高兴，可当他看到解缙送上来的书时，才明白这位书呆子根本就没有领会领导的意图。于是他狠狠地斥责了解缙一顿，然后摆出了大阵势。

这个阵势实在是大，完全体现了明朝当时的综合国力。首先，朱棣派了五个翰林学士担任总裁（不是今天我们说的总裁），此五人以王景为首，都是饱学之士。并另派二十名翰林院官员为副总裁，这二十个人也都是著名的学者。其次，朱棣还在全国范围内发起总动员令，召集所有学识渊博的人，不管你是老是少、是贫是富，瘸子、跛子也没关系，脑袋能转得动，脚能走得动就行了，全部召集来做编撰，大概相当于我们今天的编辑。

这还没完，朱棣拿出了拼命的架势，一定要做到精益求精，他还在全国各个州县寻找有某种特定能力的人，但这种能力并不是学问，那么他到底找的是什么人呢？

答案是：字写得好的人。

由于当时是修一部全书，所以要采集大量的书籍和资料，这些资料找来之后需要找人抄写，这也情有可原，因为当时并没有电脑排版技术，在编撰过程中只有找人用手来写。

既然是大明帝国编的书，自然要体面，书籍的字迹必须漂亮清晰，一个每天只会在电脑面前打字的人去抄书是要杀头的。那年头啊，你要是写得一手烂字，你都不好意思和人打招呼。

这是名副其实的文化总动员，朱棣集中了全国的精英知识分子来做这件事情。修书能充分体现国家的经济实力，是因为你要召集这么多的知识分子来为你修书，你就得在招聘广告上写明：包食宿，按月发工资。千万不要以为知识分子读书人就会心甘情愿地干义务劳动，人家也有老婆孩子。

朱棣是一个做事干脆的人，他雷厉风行地解决了问题。他将编撰的总部设在了文渊阁，并给这些编书的人安排了住处，要吃饭时自然有光禄寺的人来送饭，编书的人啥也不用管，编好你的书就行了。

没有钱，没有很多的钱，这书能修成吗？

贫穷的王朝整日只能疲于奔命，一点国库收入拿来吃饭就不错了，哪里还有闲钱去修书？

盛世修书，实非虚言。

除了以上所说的这些人外，朱棣还给解缙派去了一个帮手，和他共同主编此书。这个人说是帮手，实际上应该是监工，因为在此之前，他只做过一次"二把手"，不巧的是，"一把手"正是朱棣。

这个监工就是姚广孝。

姚广孝不但精于权谋，还十分有才学，明朝初年第一学者宋濂也十分欣赏他的才华，而那个时候，解缙还在穿开裆裤呢。

把这样的一个重量级人物放在解缙身边，朱棣的决心可想而知。

解缙终于明白，自己将要完成的是一件多么光荣的事情。如果干不好，就真的光荣了。

啥也别说了，开始玩儿命干吧！

在经过领导批示后，解缙同志终于端正了态度，沿着领导指示的方向前进，事实证明，朱棣确实没有看错人。解缙充分发挥了他的才学，他合理地安排着各项工作，采购、辨析、编写、校对都有条不紊地进行着，每次编写完一部分，他都要亲自审阅，并提出修改意见。作为这支庞大的知识分子队伍中的佼佼者，他做得很出色。

当这上千人的编撰队伍在他的手中有序运转，所修大典不断接近完成和完善时，解缙终于实现了自己的人生价值和梦想，他不再是怀才不遇的书生，而是国家的栋梁。

在修撰大典的过程中，朱棣还不断地给予帮助和关照，永乐四年（1406）四月，朱棣在百忙之中专门抽出时间探望了日夜战斗在工作岗位上的各位修撰人员，并亲切地询问解缙在工作和生活中有何困难，解缙感谢领导的关心，并表示一定再接再厉，把工作做好，以报答皇帝陛下的恩情，不辜负全国知识分子的期望。最后他提出，大典经史部分已经差不多完成了，但子集部分还有很多缺憾。

朱棣当即表示，哪里有困难，就来找我，一定能够解决，不就是缺书吗？给你钱，去买，要多少给多少！之后他立刻责成有关部门（礼部）派人出去买书。

有了这样的政治支持和经济支持，再加上解缙的得力指挥和安排，无数勤勤恳恳的知识分子日夜不休地工作着，他们在无数个灯火通明的夜晚笔耕不辍，舍弃了自己的家庭和娱乐，付出了健康甚至生命的代价（其中有不少人因为劳累过度而死），只为了完成这部古往今来最为伟大的著作。

他们中间的很多人可能并没有什么伟大的理想，因为大部分人只是平凡的抄写员、编撰人，在当时，他们也都只是普通的读书人而已。他们的人生似乎和伟大这两个字扯不上任何关系，但他们所做的却是一件伟大的事。历史不会留下他们的名字，但这部伟大著作的每一页、每一行都流淌着他们的心血。

永乐五年（1407）十一月，这部大典终于完成。

此书收录上自先秦，下迄明初各种书籍七八千种，共计一万一千零九十五册，二万二千八百七十七卷，三亿七千万字。

全部由人手一个字一个字地抄写而成。

它的内容包括经史子集、天文、地理、阴阳、医术、占卜、释藏、道经、戏剧、工艺、农艺，涵盖了中华民族数千年来的知识财富，它绝不仅仅是一部书，而是一座中华文明史上的金字塔。

更为难得的是，以解缙为首的明代知识分子们以广博的胸怀和兼容并包的思想，采集了几乎所有珍贵的文化资料，为我们留下了一笔巨大的财富。

朱棣的梦想终于实现了，他郑重地为这部伟大的巨作命名——《永乐大典》。

在我的统治下，编成了一部有史以来最大、最全、最完美的书！终有一天，我会老去，但这部书的光荣将永远光耀后世。

经历了数千年，曾光耀四方，强盛一时，曾屈膝受辱，几经危亡。最终没有屈服，文明终究传承万世。

如果没有它，很多古代书籍，我们将永远也看不到了。

如果要给这些书开个书单，恐怕会很长，只列举其中一些书目，如《旧唐书》《旧五代史》《宋会要辑编》《续资治通鉴长编》等书，后全部失传，直到清代时，方才从《永乐大典》中辑录出来，流传于世上。

解缙没有万军之中攻城拔寨的豪迈，没有大漠挥刀、金戈铁马的风光，他的武器就是他的笔墨，他让我们了解了那光荣的过往和先人的伟大。

然而，对于解缙而言，仅此而已。

投机

《永乐大典》是解缙一生的最辉煌的成就，也是他一生的最高点，然而在此书完结时，那些欢欣雀跃的人中却没有解缙的身影，因为此时，他已经从人生的高峰跌落下来，被贬到了当时人迹罕至的广西。

落到这步田地，只能用一个词来形容——咎由自取。

因为他做了一件自己并不擅长的事情——投机。

要说到投机，解缙并不是生手，我们之前介绍过他拒绝了建文帝方面低微官职的诱惑，排除万难毅然奔赴朱棣身边的光辉事迹，当然，他的这一举动是有着充分理由的。因为朱棣需要他，而他也需要朱棣。解缙有名气和才能，朱棣有权和钱，互相利用而已。

读书种子方孝孺已经被杀掉了，为了证明天下的读书人并非都是硬骨头，为了证明这个世界上还是有人愿意和新皇帝合作，朱棣自然把主动投靠的解缙当成宝贝。他不但任命解缙为《永乐大典》和第二版《太祖实录》的总编，还在政治上对他委以重任，在明朝的首任内阁中给他留了一个重要的位置。此任内阁总共七人，个个都是精英，后来为明朝"仁宣盛世"做出巨大贡献的"三杨"中的两杨都在此内阁中担任要职。

除此之外，朱棣还经常在下班（散朝）之后单独找解缙谈话，用今天的话来说，这叫"重点培养"。朱棣不止一次在大臣们面前说："得到解缙，真是上天垂怜于我啊！"

解缙以政治上的正直直言出名，却因政治投机得益，这真是一种讽刺。

解缙终于满足了，他似乎意识到，自己多年来没有成功，只是因为当年政治上的幼稚，为什么一定要说那么多违背皇帝意志的话呢？那不是难为自己吗？

而这次政治投机的成功也让他认定，今后不要再关心那些与己无关的事情，只有积极投身政治，看准政治方向，并放下自己的政治筹码，才能保证自己的权力和地位。

于是，当年的那个一心为民请命、为国效力的单纯的读书人死去了，取而代之的是一个跃跃欲试、胸有城府的政客。

也许在很多人看来，这也并没有什么值得大惊小怪的，只不过是一个人对自己人生的选择罢了，但问题在于，解缙在做出这个选择的时候忘记了一个重要而简单的原则，而正是这个简单的原则断送了他的一生。

这条原则就是：不要做你不擅长的事。

这句话倒不一定是打击，在很多情况下，它是真诚的劝诫。

上天是很公平的，它会把不同的天赋赋予不同的人，有人擅长这些，有人擅长那些，这才构成了我们这个多姿多彩的世界。综合解缙的一生来看，他所擅长的是做学问，而不是搞政治。

可是这位本该埋头做学问的人从政治投机中尝到甜头，在长期的政治斗争中积累了一定的经验，便天真地认为自己已经成为政治高手，从此他义无反顾地投入到了政治斗争的旋涡之中。

很不幸的是，他跳入的还不是一般的旋涡，而是关系到帝国根本的最大旋涡——继承人问题。

战争年代，武将造反频繁，原因无他，权位而已，要获得权位，最好的办法是自己当皇帝。但这一方法难度太大（参见朱元璋同志发展史），于是很多武将退而求其次，只要能够拥立一个新的皇帝，自己将来就是开国功臣，新老板自然不会忘记穷兄弟，多少是要给点好处的，虽然这行也有风险，比如你遇上的老板不姓赵而是姓朱，那就完蛋了。但和可能的收益比起来，收益还是大于成本的。

和平年代就不能这么干了，造反的成本太大，而且十分不容易成功（可参考朱棣同志的生平经历），但一步登天、青云直上是每一个人都梦想的事。于是诸位大臣退而求其次，寻找将来皇位的继承者。因为皇帝总有一天是要死掉的，如果在他死掉之前成为继承人的心腹，将来必能被委以重任。但这一行也有风险，因为考虑到皇帝的特殊身份和兴趣爱好，以及我国长期以来男女不平等的状况，在很多情况下，皇帝的儿子数量皆为N（N大于等于2）。而如果你遇到一个精力旺盛的皇帝（比如康熙），那就麻烦了。

所以说拥立继承人可实在不是开玩笑的事情，可以比作一场赌博，万一你押错了宝，下错了筹码，新君并非你所拥立的那位，那就等着倒霉吧，覆巢之下，岂有完卵？你的主子都完蛋了，你还能有出头之日吗？

可是解缙决心赌一把，应该说他是一个有远见的人，虽然朱棣现在信任他，但朱棣会老、会死，要想长久保住自己的位置，就必须早做打算，解缙经过长期观察，终于选定了自己的目标。

永乐二年（1404），他在一位皇子的名下押上了自己所有的筹码——朱高炽。

关于朱高炽和朱高煦的权位之争，我们后面还要专门介绍，这里只说与解缙有关的一些事情。

其实这二位殿下的矛盾从靖难之时起就已经存在了，大臣们心中都有数，朱棣心里也明白。其实就其本心而言，确实是想传位给朱高煦的，因为朱高煦立有大功，而且长得比较帅。而朱高炽却是个残疾，眼睛还有点问题，要当国家领导人，形象上确实差点。

但是朱高炽是长子，立长也算是长期以来的传统，所以朱棣一直犹豫不决，于是他便去征求靖难功臣们的意见。不出所料，大部分参加过靖难的人都推荐朱高煦，这也可以理解，毕竟在一条战线上打过仗，有个战友的名头将来好办事。

只有一个人反对。

这个人叫金忠，时任兵部尚书，和那些支持朱高煦的公侯勋贵比起来，他这个二品官实在算不得什么。然而让人想不到的是，正是这个人影响了最后的结果。

这倒不是因为他本人的能力，而是因为在他的身后，有一个巨大的身影在支持着他，而这个身影就是那位不见踪影却又似乎无处不在的姚广孝。

如果我们翻开金忠的履历，就会发现他和姚广孝有着纠缠不清的关系，正是姚广孝向朱棣推荐了他，而此人的主要能力和姚广孝如出一辙，都是占卜、谋划、机断这些玩意儿。很多人甚至怀疑，他就是姚广孝的学生。

此人一反常态，面对无数人的攻击始终不改变自己的意见，并向朱棣建议，如果拿不定主意，不如去问当朝的大臣。

这真是高明至极，当朝和皇帝最亲近的大臣还有谁呢，不就是那七个人吗？而他们大都是读书人，立长的正统观念十分强烈，且这些人也很有可能已经和姚广孝搭上了关系，后来的事情发展也证实了，正是金忠的这一建议，使得原先一边倒的局面发生了根本性的变化。

我们实在有理由怀疑，这一切的幕后策划者就是那位表面上看起来不问世事的姚广孝，我们也不得不佩服这位"黑衣宰相"，他总是在关键时刻、关键问题上插上一脚，是十足的不安定因素，哪里有他出没，哪里就不太平。十处敲锣，九处有他，他活在这个时代，真可以说是生逢其时。

下面就轮到我们的解缙先生出场了，他正是被询问的对象之一，在这次历史上著名的谈话中，他展现了自己的智慧，证明了他明代第一才子的评价并非虚妄，而事实证明，也正是他的那一番话（确切地说是三个字）奠定了大局。

双方开门见山。

朱棣问："你认为该立谁？"

解缙答："世子（指朱高炽）仁厚，应该立为太子。"

朱棣不说话了。但解缙明白，这是一种否定的表示，他并没有慌乱，因为他还有"撒手锏"，只要把下一个理由说出来，大位非朱高炽莫属！

解缙再拜道："好圣孙！"

朱棣笑了，解缙也笑了，事情就此定局。

所谓好圣孙是指朱高炽的儿子朱瞻基（后来的明宣宗），此人天生聪慧，深得朱棣喜爱，解缙抓住了最关键的地方，为朱高炽立下了汗马功劳。

这是一次载入史册的谈话，在这次谈话中，解缙充分发挥了他扎实的才学和心理学知识，在这件帝国第一大事上做出了巨大的贡献，当然这一贡献是相对于朱高炽而言的。

朱高炽了解此事后十分感激解缙，他跛着脚来到解缙的住处，亲自向他道谢。

朱高炽放心了，解缙也放心了，一个放心皇位在手，另一个放心权位不变。

然而事实证明，他们都太乐观了。朱高炽的事情我们后面再讲，这里先讲解缙，解缙的问题在于他根本不明白，所谓的大局已定是相对而言的，只要朱棣一天不死，朱高炽就只能做他的太子，而太子不过是皇位的继承人，并不是所有者，也无法保证解缙的地位和安全。

更为严重的是，解缙拥护朱高炽的行为已经使他成为朱高煦的眼中钉、肉中刺。而解缙并不清楚：朱高煦就算解决不了朱高炽，解决一个小小的解缙还是绰绰有余的。

然而解缙还沉浸在成功的喜悦中，他太自大了，他似乎认为自己搞权谋手段的能力并不亚于做学问。但他错了，他的那两下子在政治老手面前简直就是小孩子把戏，一场灾难即将向解缙袭来。

来得还真快。

永乐二年（1404），朱棣立朱高炽为太子后，事情并没有像解缙所预料的那样进行下去，他也远远低估了朱高煦的政治力量。事实上，随着朱高煦政治力量的不断发展，他的地位和势力甚至已经超过了太子一党，而且他的行为也日渐猖獗，所用的礼仪已经可以赶得上太子了。

此时，解缙做出了他人生中最为错误的一个决定，他去向朱棣打了小报告，报告的内容是，应该立刻制止朱高煦的越礼行为，否则会引起更大的争议。

真是笑话，朱高煦用什么礼仪自然有人管，你解缙既不姓朱，也不是朱棣的什么亲戚，管得着吗？此时的解缙脑海中都是那些朱棣对他的正面评价，如"我一天也离不开解缙，解缙是上天赐给我的"之类肉麻的话。在他看来，朱棣对他是言听计从的。

然而这次朱棣只是冷冷地告诉他：知道了。

解缙太天真了，他不知道朱棣从根本上讲是一个政治家，政治家说话是不能信的，你对他有用时或他有求于你时，他会对你百依百顺，恨不得叫你爷爷。但事情办完后，你就会立刻恢复孙子的身份。很明显，解缙搞错了辈分。

朱棣给了解缙几分颜色，解缙就准备开染坊了，还忘了向朱棣要经营许可证。

这件事情发生后，解缙就在朱棣的心中被戴上了一顶帽子——干涉家庭内政。你解缙是什么东西？第一家庭的内部事务什么时候轮到你来管了？

此后解缙的地位一落千丈，渐渐失去了朱棣的信任，加上他反对朱棣出兵讨伐安南（今越南，后面我们会详细介绍此事），使得朱棣更加讨厌他。于是，这位当年的第一宠臣，《永乐大典》《太祖实录》的主编在朱棣的眼中变成了一个多余的人，他做的每一件事都得不到朱棣的赞许，取而代之的是不断地斥责和批评。

朱棣讨厌他，不希望再看到这个人，只想让他走远一点，越远越好。但他并没有急于动手，因为他还需要解缙为他做一件大事。

这件大事就是《永乐大典》的编纂工作，如果此时把解缙赶走，大典的完成必然会受到影响，想到这里，朱棣把一口恶气暂时压在了肚子里。

可叹的是，解缙对此一无所知，他还沉浸在天子第一宠臣的美梦中，仍旧我行我素。朱棣终于无法继续忍耐了，解缙实在过于嚣张、不知进退了，于是，永乐五年（1407）二月，忍无可忍的朱棣终于把还在编书的解缙赶出了朝廷，远远地打发到了广西当参议。

这对于解缙来说是一个晴天霹雳，好端端的书不能编了，翰林学士、内阁成员也干不成了，居然要打起背包去落后地区搞扶贫（当时广西比较荒凉），第一大臣的美梦只做了四年多就要破灭了吗？

解缙并没有抗旨（也不敢），老老实实地去了广西，此时的解缙心中充满了茫然和失落，但他没有绝望，因为类似的情况他之前已经遇到过一次，他相信机会还会来临的，上天是不会抛弃他的。

毕竟自己还只有三十八岁，朝廷还会起用我的。

然而他等了四年，等到的只是到化州督饷的工作，督饷就督饷吧，平平安安过日子不就得了，可解缙偏偏就要搞出点事来，这一搞就把自己给搞到牢里去了。

事情是这样的，永乐九年（1411），解缙获得了一个难得的机会，进京汇报督饷情况，一个偏远地区的官员能够捞到这么个进城的机会是很不容易的，按说四处逛逛、买点土特产，回去后吹吹牛也就是了，能闹出什么事情呢？

可是大家不要忘了，解缙同志不一样，他是从城里出来的，见过大场面，此刻重新见识京城的繁华，引起了他的无限遐思，就开始忘乎所以了。偏巧朱棣此刻正带着五十万人在蒙古出差未归（远征鞑靼），解缙没事干，加上他还存有东山再起的幻想，便在没有请示的情况下，私自去见了太子朱高炽。

真是糊涂啊，朱高炽家是什么地方？是能够随便去的吗？

解缙的荒唐行为还不止于此，他私自拜见太子之后，居然不等朱棣回来，也不报告，就这么走了！解缙真是昏了头啊。

果然，等到朱棣回来后，朱高煦立刻向朱棣报告了此事，朱棣大为震惊，认定解缙有结交太子、图谋不轨的形迹，便下令逮捕解缙。就这样，一代大才子解缙偷鸡不着蚀把米，官也做不成了，变成了监狱里的一名囚犯。

至此，解缙终于断绝了所有希望，皇帝不信任他，太子帮不了他，这下是彻底完了。

回望自己的一生，少年得志，意气风发，虽经历坎坷，却能够转危为安，更上一层楼，百官推崇，万人敬仰。那是何等的风光，何等的得意！

可是现在呢？除了整日不见光的黑牢、脚上的镣铐和牢房里那令人窒息的恶臭，自己已经一无所有。输了，彻底输了，愿赌就要服输。

解缙想不通的是，他为什么最终会失败。自己并不缺乏政治斗争的权谋手段，却落得这个下场，他百思不得其解。

其实在解缙之前和之后，有无数与他类似的人都问过这个问题。但他们都没有找到答案，我们也只能说，解缙是在错误的时间、错误的地点，参加了一场错误的赌局。从才子到囚徒，怪谁呢？只能怪他自己。

终点

如果事情就这样结束，解缙也许会作为一个囚徒走完自己的一生，或者在某一次大赦中出狱，当一个老百姓，找一份教书先生的工作糊口，但上天注定要让他的一生有一个悲剧的结局，以吸引后来的人们更多的目光。

永乐十三年（1415），锦衣卫指挥使纪纲向朱棣上报囚犯名单，朱棣在翻看时找到了解缙的名字，于是他说出了一句水平很高的话："解缙还在吗（缙犹在耶）？"

缙犹在耶？这句话的意思很明显，就是问纪纲为什么这个人还活着，但同时这句话的另一层意思就是——他不应该还活着。

朱棣是擅长暗语的高手，在此之前的永乐七年（1409），他说过一句类似的话，而那句话的对象是平安。

事情的经过十分类似，朱棣在翻看官员名录时看到了平安的名字，便说了一句："平安还在吗（平保儿尚在耶）？"

平安是一个很自觉的人，听到朱棣的话后便自杀了。

平安是可怜的，解缙比他更可怜，因为他连自杀的权利都没有。

长年干特务工作的纪纲对这种暗语是非常精通的，加上他一直以来就和解缙有矛盾，于是便有了开头的那一幕。

解缙就在雪地里结束了自己的一生，洁白的大雪掩盖了解缙的尸体和他那颗不再洁白的心，当年那个正义直言的解缙大概也想不到自己会有这样的结局。

无论如何，解缙的一生是有意义的，因为不管他做了什么事情，是错还是对，都无法掩盖他的功绩。由他主编的《永乐大典》一直保留至今，为我们留下了大量的知识财富，当我们看到那些宝贵的典籍时，我们应该记得，有一个叫解缙的人曾为此费尽心力。

第三章 帝王的抉择

最大的一次。今天的北京拥有上千万口，是我们国家的首都，也是世界上最繁华的城市之一，而这一切的起点就源自朱棣的一个决定。

永乐元年（1403）三月，蒙古军队进攻辽东，大肆抢掠了一通，当地的都指挥沈永是个无能之辈，既无法抵御，又不及时向领导汇报，朱棣听说此事，

朱棣所做的另一件影响深远的事情就是迁都，而迁都这种事情无论在哪个朝代都是一件大事，朱棣的这次迁都无疑是对后世影响最大的一次。今天的北京拥有上千万人口，无数的高楼大厦，是我们国家的首都，也是世界上最繁华的城市之一，而这一切的起点就源自朱棣的一个决定。

永乐元年（1403）三月，蒙古军队进攻辽东，大肆抢掠了一通。当地的都指挥沈永是个无能之辈，既无法抵御，又不及时向领导汇报，朱棣听说此事，大为恼火，立刻杀掉了沈永，并召集大臣，询问北方军事形势恶化的原因。

朱棣质问他的大臣们，北方防御如此之弱，蒙古军队竟然如入无人之境，这样下去怎么得了，谁该为此负责？

然而出乎朱棣意料的是，大臣们虽然个个都不开口，却并不胆怯，反而直愣愣地看着他。朱棣心头一阵无名火起，正准备发作，突然心念一转，把话又缩了回去。

为什么呢？

因为他终于明白这些大臣为什么一直盯着他了，该为此事负责的人正是他自己！

在明朝的防御体系中，负责北方防御的主要就是燕王朱棣和宁王朱权，可是在靖难之战中，朱权被他绑票，他也跑到南京做了皇帝，北方边界少了他们两个人，基本上就属于不设防地段了，怎么怪得了别人呢？

南京是一个很不错的地方，也很适宜建都，因为这里地势险要、风水好，外加是主要粮食产地，由于当时中国的经济中心已经南移，建都于此是很有利于维持明朝统治的。

但问题在于，明帝国的住宿地并不是独门独院，在帝国的北方有着几个并不友好的邻居，这些邻居经常不经主人允许就擅自进屋拿走自己喜欢的东西，还从来不写欠条。一次两次也就罢了，长此下去怎么得了？

出兵讨伐也没有什么效果，因为这些邻居基本上都是游击队编制，使用的是你进我退，你退我再来的政策，他们自己属于游牧民族，又不种地，每天的工作也就是骑马跑来跑去，闲着也是闲着，不抢你抢谁？

讨伐不行，不管更不行。

军事政治形势固然是后来迁都的主要原因，但还有一些原因也是不可忽视的，这就是朱棣本人的特点。

难道朱棣个人与迁都也有关系吗？

答案是肯定的，如果你还记得，我们之前提过朱棣虽然在南京出生，是南京户口，但他二十一岁就去了北平，并在那里生活了二十年，虽然并没有转户口（当年进北平不难），但他的生活习惯已经完全北方化了。

据史料记载，朱棣偏好北方饮食，而且十分喜欢朝鲜泡菜，当时的朝鲜国王李芳远曾派出朝鲜厨师（火者）侍奉朱棣，而他也欣然接受，想来喜好北方口味的朱棣对南方菜不会太感兴趣。北方虽然多风沙，远远不如南方的秀美山水，但朱棣一直以来就在这样的环境下生活，对他而言，熟悉的才是最好的。

当然了，朱棣迁都的主要原因还是政治需要，既然下定了主意，那就迁吧。

且慢！这可不是说迁就能迁的，迁都不是搬家，绝对不是打好包袱，打个电话叫搬家公司来就行的。最大的难题在于，朱棣并不是一个人搬去北平，如果是这样，那倒是省事了。

迁都不但要迁走朱棣，还要迁走他的大小老婆若干人、王公大臣若干人、士兵百姓若干人，这些人也要找地方住，也要修房子。北平打了很多年的仗，街道、宫殿都要重修，城市布局也要重新安排。而且跟他去北平的都不是一般人，需要大笔的资金才能安置好这些人。其难度绝对不亚于重新建都。

这些问题虽然难办，但毕竟还是可以解决的，摆在朱棣面前的还有一个更大的难题，如果这个难题不解决，迁都就等于白迁。

我们知道，朱棣迁都的主要原因是为控制北方边界，保证国家安全。按说迁都就能解决这一问题，但还有一样东西是必需的。

那就是粮食。

北平附近不是产粮区，而迁都必然会有很多人口涌入（中国人向来有往大城市跑的习惯），这些人要消耗大量的粮食，而且要控制边界，就必须养着大批士兵，虽然明朝实现了军屯（军人平时种地，战时打仗），能够解决部分军队的粮食问题，但京城的精锐部队（如三大营）是不种地的，这么多人吃什么，总不能喝西北风吧？

更严重的问题在于，仅仅保证北平士兵百姓的粮食还不够，因为明朝政府将来可能会经常出去慰问一下那些不太友好的邻居，给他们一点小小的教训。所谓兵马未动，粮草先行，派十万人去打仗，你就要准备十万人的粮食，而北平附近的粮食产量是绝对不足以保障这些行动的。

可能有人会说，这算什么难题，从南方产粮区运输粮食到北方不就行了？

如果你这样想，那就恭喜你了，你终于找到了这个问题的难点所在。

粮食问题之所以成为迁都的最大障碍，难就难在运输上，在那个年代，既没有火车、汽车，也没有飞机，要运送粮食只能靠人力。今天我们搭乘现代化交通工具从南京到北京也要花费不少时间，而当年的人们走一趟要花一个多月，而且大家可不要忽略一个问题，那就是运输粮食的人也是要吃饭的。无论他们多么尽忠职守，你也应该有一个清醒的认识：他们在吃光自己所运的粮食之前，是绝对不会饿死的。

所以如果你找人从陆路上运输粮食，你就必须额外准备运输者的口粮，让他推两辆粮车上路，运一辆，吃一辆，等到了目的地，交出还没有吃完的那部分，就算交差了。而你额外准备的那部分口粮可能比他运过去的粮食还要多。

如果有哪个政府愿意长期用这种方式来运输物资，那么等待这个政府的命运只有一个——破产。

所以，明朝政府剩下的唯一选择就是——河运（又称漕运）。

是啊，问题似乎已经解决了，答案很简单嘛，用船来运输粮食不就能又快又多地完成运输任务吗？那你干吗还要兜那么大的圈子呢？

关于这个问题，我可以用两个字来回答：

不通。

在当时，从南方主要产粮区到北方的河道是不通畅的，运河栓塞，河流改道给当时的河运带来了极大的不便，除非明代的船只是水陆两用型，否则想一路顺风是绝对不可能的。明太祖朱元璋就在这上面吃过大亏，想当年他老人家打仗的时候，需要从南方向辽东、北平一带调集军粮，但河运不通，无奈之下，只好取道海路，经渤海运输，绕远路不说，还因为风浪太大，很不安全，十斤军粮能送到一半已经是谢天谢地了。

可是修整河道绝不是一件可以随便提出的事情，大家应该还记得，元朝灭亡的导火线就是治理河道。水利工程无论在哪个年代都绝对是国家重点投入的项目，需要大笔的金钱和众多的劳力。而且万一花钱太多，动摇了国家根本，问题可就严重了（隋炀帝的京杭大运河就是例子），所以这件事情和修书一样，不是强国盛世你连想都不要想。

朱棣的时代就是盛世。

经过洪武年间的长期恢复，加上朱棣正确的治国方略，当时的明朝已经有了足够的经济实力去完成以前无法想象的事情。《永乐大典》也修出来了，搞点水利自然不在话下。

永乐九年（1411），朱棣命令工部尚书宋礼治理会通河，以保证河道的畅通，宋礼是一个很有能力的水利专家，他完成了任务。此后漕运总督陈瑄进一步疏通了河道，从此南北漕运畅通无阻，所谓"南极江口，北尽大通桥，运道三千余里"，粮食问题最终得到了解决。

而迁都的其他工作也一直在紧张地进行之中，中央各部门的办公单位早在永乐七年（1409）就已经修好，而京城的建设工作于永乐十五年开始，一直进行了三十余年才结束。

眼见机会成熟，朱棣于永乐十九年（1421）正式下令：迁都！

原先的京师改名为南京，北京作为明帝国新的都城被确定下来，从此北京这个城市正式成为明朝首都，并一直延续了二百余年。但它的历史却并未随着明朝的灭亡而结束，相反，它一直富有生气地存在和发展着，并最终成为世界上最有影响力的城市之一。

当今天的我们徜徉在北京这个现代化都市，看着高楼林立、车水马龙的繁华景象时，不应该忘记，正是五百多年前一个叫朱棣的人奠定了这一切的基础。

要说明的是，朱棣在建设北京时，是有着相当的现代意识的，他十分注意城市的整体规划，分别修建了数条主线和支线，把北京市区规划成形状整齐的方块，并制定了严厉的规定，禁止乱搭乱盖，还铺设了完整的下水道系统。

而现在我们看到的故宫和天坛等北京著名建筑，都是朱棣时代打下的基础（此后清朝整修过）。特别值得一提的是故宫，它占地十七万平方米，征用无数劳力，用了二十年完成，它原先只是供皇帝居住的地方，老百姓绝对与之无缘，也没有买票参观这一说，但这并不能影响它在历史上的地位。现在故宫已作为中华民族的历史瑰宝成为我们每个中国人的骄傲。

不可否认，这正是朱棣的功绩，不能也无法抹杀。

值得一提的是，当年的迁都绝不是一帆风顺、众人响应的，实际上，根本没有几个人赞成朱棣的这一决策。

原因很简单，除了朱棣靖难带过来的那些人之外，朝廷大部分大臣都是长期在南方生活的，老婆孩子都在南京，狐朋狗友、社会关系也都在这里，谁愿意跟着朱棣去北方吹风？

恰好在迁都后不久，皇宫发生火灾，而且全国很多地方都出现了自然灾害，当时人们称为"天灾"，大臣们自然而然地就把这些事情归结为——都是迁都惹的祸。

朱棣为人虽然够狠、够绝，但毕竟自然科学理论知识修养不足，他也有点慌乱，便向群臣征求意见，以便弥补过失。

但他没有想到的是，大臣们却借此机会对他发起了猛烈的攻击。

许多大臣上书，陈说迁都的害处，并表示之所以有天灾，就是因为迁都造成的。其中主事萧仪的言辞最为激烈，史料记载"仪言之尤峻"，至于他到底说了些什么并未列出，但估计是骂了朱棣，大家知道，朱棣从来就不是个忍气吞声的人，他的回应也很干脆，直接就把萧仪杀掉了。

这下可捅了马蜂窝，要知道读书人可不是好惹的，自幼聆听圣贤之言，以天子门生自居，皇帝又怎么样？怕你不成？

于是众多大臣纷纷上书，言论如潮，还在午门外集会公开辩论，说是辩论会，但会上意见完全是一边倒，其实就是针对朱棣的集会。如果换个一般的皇帝，看到如此多的手下反对自己，很可能会动摇，但朱棣不是一般的皇帝，他坚持了自己的看法，坚定了迁都的决心。

"你们都不要再说了，迁都是我做的决定，一定要迁，我说了算，就这么办了！"

朱棣这样做是需要勇气的，他在反对者占多数的情况下，还敢于坚持观点，毫不退让，事实上，很多大臣提出的意见也是很中肯的，如迁都劳民伤财、引发贪污腐败等，都是客观存在的事实。但历史将会证明，朱棣的选择是正确的。

在历史上，经常会出现一些十分有水平的人物，他们能够在形势尚不明朗之前预见到事物将来的发展，如诸葛亮在破草房里就能琢磨出天下将来会三分等，但诸葛亮的这种琢磨是不需要成本的，即使他琢磨得不对，也没有人去找他麻烦。

容易出麻烦的是抉择，也就是说，必须牺牲某些眼前的利益去换取将来更长远的利益。这种抉择往往是极为痛苦的，因为眼前的利益是大家都能看到的，长远的利益却是看不到的。就好比你让大家丢下手中已有的钞票，跟着你去挖金矿，金矿固然诱人，但是否真有却着实要画个大问号，你说有就有？凭什么？

一百多年后伟大的改革家张居正就是栽倒在这种抉择上的，因为那些大臣宁可抱着手上的那点家当等死，也不肯跟他去走那条未知的道路。

朱棣就是这样一个很有水平的领导，也是一个敢于抉择的领导，他知道迁都是一项大工程，耗时耗力，但他准确地判断出，影响明帝国长治久安的最大因素就是北方的蒙古，要想将来平平安安地过日子，就必须舍弃眼前的利益，迁都北京。否则明朝将难逃南宋的厄运。

与张居正相比，朱棣有一个优势——他是皇帝，而且还是一个铁腕皇帝，一个敢背骂名我行我素的皇帝，所以他能够一直坚持自己的信念，所以他终于完成了迁都这项艰难的工作。

朱棣迁都的行为招致了当时众人的反对，很多人也断言此举必不可行，但十九年后站在北京城头遥望远方的于谦应该不会这样想。

历史才是事物发展最终的判断者，在不久之后，它将毫无疑问地告诉每一个人：朱棣的抉择是正确的。

第四章

郑和之后,再无郑和

郑和,这个名字我们大家都熟悉,朱棣曾派此人去寻找建文帝,为他从事的是秘密工作,大肆宣传是不好的,但也不奇怪,因为他从事的是秘密工作,大肆宣传是不好的,但这经讲过了。

不但闻名于当时,我们不禁要问:同样是执行秘密使命,境遇却如此不同,我们不禁要问:同样是人,差距怎么那么大呢?。原因很多,如队伍规模、附带使命等,但在我看来,能成就如此壮举最大的功劳应当归于这支舰队的指挥者——伟大的郑和。伟大这个词用在郑和身上是绝对不过分的,他不是皇室宗亲,也没有显赫的家世,但他以自己的努力和智慧成就了一段传奇——中

之前我们介绍过，朱棣曾派出两路人去寻找建文帝，一路是胡濙，他的事情我们已经讲过了，这位胡濙的生平很多人都不熟悉，这也不奇怪，因为他从事的是秘密工作，大肆宣传是不好的。

但另一路人马的际遇却大不相同，不但闻名于当时，还名留青史，千古流芳。这就是鼎鼎大名的郑和舰队和他们七下西洋的壮举。

同样是执行秘密使命，境遇却如此不同，我们不禁要问：同样是人，差距怎么那么大呢？

原因很多，如队伍规模、附带使命等，但在我看来，能成就如此壮举，最大的功劳应当归于这支舰队的指挥者——伟大的郑和。

伟大这个词用在郑和身上是绝对不过分的，他不是皇室宗亲，也没有显赫的家世，但他以自己的努力和智慧成就了一段传奇——中国人的海上传奇，在郑和之前历史上有过无数的王侯将相，在他之后还会有很多，但郑和只有一个。

郑和之后，再无郑和。

——梁启超

下面就让我们来介绍这位伟大航海家波澜壮阔的一生。

郑和，洪武四年（1371）出生，原名马三保，云南人，自小聪明好学，更为难得的是，他从小就对航海有着浓厚的兴趣。按说在当时的中国，航海并不是什么热门学科，而且云南也不是出海之地，为什么郑和会喜欢航海呢？

这是因为郑和是一名虔诚的伊斯兰教教徒，他的祖父和父亲都信奉伊斯兰教，而所有的伊斯兰教教徒心底都有着一个最大的愿望——去圣城麦加朝圣。

去麦加朝圣是全世界伊斯兰教教徒的最大愿望，居住在麦加的教徒们是幸运的，因为他们可以时刻仰望圣地，但对于当时的郑和来说，这实在是一件极为不易的事情。麦加就在今天的沙特阿拉伯境内，有兴趣的朋友可以在地图上把麦加和云南连起来，再乘以比例尺，就知道有多远了。不过好在他的家庭经济条件并不差，他的祖父和父亲都去过麦加，在郑和小时候，他的父亲经常对他讲述朝圣途中破浪远航、跋山涉水的惊险经历和万里之外、异国他乡的奇人逸事，这些都深深地影响了郑和。

也正是因此，幼年的郑和与他同龄的那些孩子并不一样，他没有坐在书桌前日复一日地背诵圣贤之言，以求将来图个功名，而是努力锻炼身体，学习与航海有关的知识，因为在他的心中，有着这样一个信念：有朝一日，必定乘风破浪，朝圣麦加。

如果他的一生就这么发展下去，也许在十余年后，他就能实现自己的愿望，完成一个平凡的伊斯兰教教徒的夙愿，然后平凡地生活下去。

可是某些人注定是不会平凡地度过一生的，伟大的使命和事业似乎必定要由这些被上天选中的人去完成，即使有时是以十分残忍的方式。

洪武十四年（1381），傅友德、蓝玉奉朱元璋之命令，远征云南，明军势如破竹，仅用了半年时间就平定了云南全境，正是这次远征改变了郑和的命运。顺便提一句，在这次战役中，明军中的一名将领戚祥阵亡，他的牺牲为自己的家族换来了世袭武职，改变了自己家族的命运，从此他的子孙代代习武。这位戚祥只是个无名之辈，之所以这里要特意提到他，是因为他有一个十分争气的后代子孙——戚继光。

对于明朝政府和朱元璋来说，这不过是无数次远征中的一次，但对于郑和而言，这次远征是他人生的转折，痛苦而未知的转折。

战后，很多儿童成为战俘，按说战俘就战俘吧，拉去干苦力也就是了，可当时对待儿童战俘有一个极为残忍的惯例——阉割。

这种惯例的目的不言而喻，也实在让人不忍多说，而年仅十一岁的马三保正是这些不幸孩子中的一员。

无数的梦想似乎都已经离他而去了，但历史已经无数次地告诉我们，悲剧的开端，往往也是荣耀的起点。

悲剧，还是荣耀，只取决于你，取决于你是否坚强。

从此，这个年仅十一岁的少年开始跟随明军征战四方，北方的风雪、大漠的黄沙，处处都留下了他的痕迹，以他的年龄，本应在家玩耍、嬉戏，却突然变成了战争中的一员，在那血流成河、尸横遍野的战场上飞奔。刀剑和长枪代替了木马和玩偶，在军营里，没有人会把他当孩子看，也不会有人去照顾和看护他，在战争中，谁也不能保证明天还能活下来，所以唯一可以照顾他的就是他自己。

可是一个十一岁的孩子怎么能照顾自己呢？

我们无法想象当年的马三保吃过多少苦，受过多少累，多少次死里逃生，我们知道的是，悲惨的遭遇并没有磨灭他心中的希望和信念，他顽强地活了下来，并最后成为伟大的郑和。

总结历史上名人（如朱元璋等）的童年经历，我们可以断言：小时候多吃点苦头，实在不是一件坏事。

在度过五年颠沛流离的生活后，他遇到了一个影响他一生的人，这个人就是朱棣。

当时的朱棣还是燕王，他一眼就看中了这个沉默寡言却又目光坚毅的少年，并挑选他做了自己的贴身侍卫，从此马三保就跟随朱棣左右，成为他的亲信。

金子到哪里都是会发光的，马三保是个注定要成就大事业的人。在之后的靖难之战中，他跟随朱棣出生入死，立下大功，我们之前介绍过，在郑村坝之战中，朱棣正是采用他的计策，连破李景隆七营，大败南军。

第四章 郑和之后，再无郑和

朱棣从此也重新认识了这个贴身侍卫，永乐元年（1403），朱棣登基后，立刻封马三保为内官监太监，这已经是内官的最高官职。永乐二年（1404），朱棣又给予他更大的荣耀，赐姓"郑"，之后，他便改名为郑和，这个名字注定要光耀史册。

要知道，皇帝赐姓是明代至高无上的荣耀，后来的郑成功被皇帝赐姓后，便将之作为自己一生中的最大光荣，他的手下也称呼他为"国姓爷"，可见朱棣对郑和的评价之高。

上天要你受苦，往往会回报更多给你，这也是屡见不鲜的。郑和受到了朱棣的重用，成为朝廷中炙手可热的人物，作为朱棣的臣子，他已经得到了很多别人想都不敢想的荣耀，想来当年的郑和应该也知足了。

但命运似乎一定要让他成为传奇人物，要让他流芳千古，更大的使命和光荣将会降临到他的头上，更大的事业等待着他去开创。

出航

朱棣安排郑和出海是有着深层次目的的，除了寻找建文帝外，郑和还肩负着威服四海、胸怀远人的使命，这大致也可以算是中国历史上的老传统。但凡强盛的朝代，必定会有这样的一些举动，如汉朝时候贯通东西的丝绸之路，唐朝时众多发展中国家及不发达国家留学生来到我国学习先进的科学文化技术，都是这一传统的表现。

中国强盛，万国景仰，这大概就是历来皇帝们最大的梦想吧。历史上的中国并没有太多的领土要求，这是因为我们一向都很自负，天朝上国，万物丰盛，何必去抢人家的破衣烂衫？

锋芒自有毕现之日，强盛于东方之中国的光辉是无法掩盖的，当它的先进和文明为世界所公认之时，威服四海的时刻自然也就到来了。

实话实说，在中国强盛之时，虽然也因其势力的扩大与外国发生过领土争端和战争（如唐与阿拉伯之战），也发动过对近邻国家的战争（如征高丽之战），但总体而言，中国的外交政策还是比较开明的，我们慷慨地给予外来者帮助，并将中华民族的先进科学文化成就传播到世界各地，四大发明就是最大的例证。

综合来看，我们可以用四个字来形容中国胸怀远人的传统和宗旨：

以德服人。

现在中国又成为一个强盛的国家，经过长期的战乱和恢复，以及几位堪称劳动模范的皇帝的辛勤耕耘和工作，此时的华夏大地已经成为真正的太平盛世，人民安居乐业，国家粮银充足，是该做点什么的时候了。地上的事都折腾明白了，再折腾，就只能去海上了。

最先映入人们眼帘的就是西洋，需要说明的是"西洋"这个名词在明朝的意义与今日并不相同，当时的所谓西洋其实是现在的南洋，之前的朝代虽也派出船只远航过这些地区，但那只是比较单一的行动，并没有什么大的影响，海的那边到底有些什么，人们并不是十分清楚。而朱棣是一个与众不同的人，他之所以被认为是历史上少有的英明君主，绝非由于仁慈或是和善，而是因为他做了很多历史上从来没有人做过的事情。

现在，朱棣将把一件历史上从来没有人做过的事情交给郑和来完成，这是光荣，也是重托。

无论从哪个角度来看，郑和都是最合适的人选，他不但具有丰富的航海知识，还久经战争考验，军事素养很高，性格坚毅顽强，而且，他要去的西洋各国中有很多人都信奉伊斯兰教，而郑和自己就是一个虔诚的穆斯林。

按说这只是一次航海任务而已，何必要派郑和这样一个多样型人才去呢？然而事实证明，郑和此次远航要面对的，绝不仅仅是大海而已。

历史将记住这个日子，永乐三年六月十五日（1405年7月11日），郑和在福建五虎门起航，开始了中国历史上最伟大的远航征程，郑和站在船头，看着即将出发的庞大舰队和眼前的茫茫大海。

他明白自己此次航程所负的使命和职责，但他并不知道，此时此刻，他正在创造一段历史，将会被后人永远传颂的历史。

自幼年始向往的大海现在就在他的眼前，等待着他去征服！一段伟大的历程就要开始了！

扬帆！

无敌舰队

看了下面的介绍，相信你就会认同，除了无敌舰队外，实在没有别的词语可以形容他的这支船队了。

托当年一代枭雄陈友谅的福，朱元璋对造船技术十分重视，这也难怪，当年老朱在与老陈的水战中吃了不少亏，连命也差点搭进去。在他的鼓励下，明朝的造船工艺有了极大的发展。据史料记载，当时郑和的船只中最大的叫作宝船，这船到底有多大呢？"大者，长四十四丈四尺，阔一十八丈；中者，长三十七丈，阔一十五丈"。大家可以自己换算一下，按照这个长度，郑和大可在航海之余举办个运动会，设置百米跑道绝不成问题。

而这条船的帆绝非我们在电视上看到的那种单帆，让人难以想象的是，它有十二张帆！它的锚和舵也都是巨无霸型的，转动的时候需要几百人喊口号一起动手才能摆得动。南京市在二十世纪五十年代挖掘过明代宝船制造遗址，出土过一根木杆，这根木杆长十一米，问题来了：这根木杆是船上的哪个部位呢？

鉴定结论出来了，让所有的人都目瞪口呆，这根木杆不是人们预想中的桅杆，而是舵杆！

如果你不明白这是个什么概念，我可以说明一下，桅杆是什么大家应该清楚，所谓舵杆只不过是船只舵叶的控制联动杆，经过推算，这根舵杆连接的舵叶高度大约为六米，也就是说这条船的舵叶有三层楼高！

航空母舰，名副其实的航空母舰。

这种宝船就是郑和舰队的主力舰，也就是我们通常所说的旗舰，此外还有专门用于运输的马船、用于作战的战船、用于运粮食的粮船和专门在各大船只之间运人的水船。

郑和率领的就是这样的一支舰队。

他带了多少人下西洋呢？

"将士卒二万七千八百余人。"

说句实话，从这个数字看，这支船队无论如何也不像是去寻人或是办外交的，倒是很让人怀疑是出去找碴儿打仗的。但事实告诉我们，舰队所到之处，没有战争和鲜血，只有和平和友善。

强而不欺，威而不霸，是一个伟大国家和民族的气度与底蕴。

郑和的船队向南航行，首先到达了占城，然后他们自占城南下，半个月后到达爪哇（印度尼西亚爪哇岛），此地是马六甲海峡的重要据点，但凡由马六甲海峡去非洲必经此地，在当时，这里也是一个人口稠密、物产丰富的地方。当然，当时这个地方还没有统一的印度尼西亚政府。而且直到今天，我们也搞不清当时岛上的政府是由什么人组成的。

郑和的船队到达此地后，本想继续南下，但一场悲剧突然发生了，船队的航程被迫停止了，而郑和将面对他的航海生涯中的第一次艰难考验。

事情是这样的，当时统治爪哇国的有两个国王，互相之间开战，史料记载是"东王"和"西王"，至于到底是些什么人，那也是一笔糊涂账，反正是"西王"战胜了"东王"。"东王"战败后，国家也被灭了，"西王"准备秋后算账，正好此时，郑和的船队经过"东王"的领地，"西王"手下的人杀红了眼，也没细看，竟然杀了船队上岸船员一百七十多人。

郑和得知这个消息后，感到十分意外，手下的士兵们听说这个巴掌大的地方武装居然敢杀大明的人，十分愤怒和激动，跑到郑和面前，声泪俱下，要求就地解决那个什么"西王"，让他上西天去做一个名副其实的王。

郑和冷静地看着围在他四周激动的下属，他明白，这些愤怒的人之所以没有动手攻打爪哇，只是因为还没有接到他的命令。

那些受害的船员中有很多人郑和都见过，大家辛辛苦苦地跟随他下西洋，是为了完成使命，并不是来送命的，他们无辜被杀郑和也很气愤，他完全有理由去攻打这位所谓的"西王"，而且毫无疑问，这是一场毫无悬念的战争，自己的军队装备了火炮和火枪等先进武器，而对手不过是当地的一些土著而已。只要他一声令下，自己的舰队将轻易获得胜利，并为死难的船员们报仇雪恨。

但他没有下达这样的命令。

他镇定地看着那些跃跃欲试的下属，告诉他们，绝不能开战，因为我们负有更大的使命。

和平的使命。

如果我们现在开战，自然可以取得胜利，但那样就会偏离我们下西洋的原意，也会耽误我们的行程，更严重的是，打败爪哇的消息传到西洋各地，各国就会怀疑我们的来意，我们的使命就真的无法完成了。

郑和说完后，便力排众议，制止了部下的鲁莽行为，命令派出使者前往西王驻地交涉此事。

在手握重兵的情况下，能够保持清醒的头脑，克制自己的愤怒，以大局为重，这需要何等的忍耐力！郑和的行为不是懦弱，而是明智。

郑和需要做的是忍耐，而那位西王面对的却是恐惧，极大的恐惧。

当他知道自己的下属杀掉了大明派来的舰队船员时，吓得魂不附体，立刻派出使者去郑和处反复解释误会。他又怕这样做不奏效，便命人连夜坐船赶到中国去谢罪，这倒不一定是因为他有多么惭愧和后悔，只是他明白，以大明的实力，要灭掉自己，就如同捏死一只蚂蚁那么简单。

朱棣得知此事后，称赞了郑和顾全大局的行为，并狠狠地教训了西王的使者，让他们赔偿六万两黄金（这个抚恤金的价码相当高）。两年后，西王派人送上了赔偿金，只有一万两黄金，这倒不是因为他们敢于反悔，实在是这么个小岛即使挖地三尺也找不出六万两黄金来。

实在是没法子了，家里就这么点家当，该怎么着您就看着办吧。

当西王的使者忐忑不安地送上黄金后，却得到了他意想不到的回答，朱棣明确地告诉他，我早知你们是筹不出来的，要你们赔偿黄金，只不过是要你们明白自己的罪过而已，难道还缺你们那点金子吗？

朱棣的这一表示完全征服了爪哇。自此之后，他们自发自觉地年年向中国进贡。

在这一事件中，郑和充分地展现了他冷静的思维和准确的判断能力，也说明朱棣看人的眼光实在独到。

在经过这段风波之后，郑和的船队一路南下，先后经过苏门答腊、锡兰山等地，一路上与西洋各国交流联系并开展贸易活动，这些国家也纷纷派出使者，跟随郑和的船队航行，准备去中国向永乐皇帝朝贡。

带着贸易得来的物品和各国的使者，郑和到达了此次航行的终点——古里。

古里就是今天印度的科泽科德，位于印度半岛的西南端。此地是一个重要的中转站，早在洪武年间，朱元璋就派使者到过这里，而此次郑和前来，却有着另一个重要的使命。

由于古里的统治者曾多次派使者到中国朝贡，并向中国称臣，所以在永乐三年（1405），明成祖给古里统治者发放诏书（委任状），正式封其为国王，并赐予印诰等物。当然了，古里人不一定像中国人一样使用印章，但既然是封国王，总是要搞点仪式意思一下的。

可是诏书写好了，却没那么容易送过去，因为这位受封的老兄还在印度待着呢，所以郑和此次是带着诏书来到古里的，他拿着诏书，以大明皇帝的名义正式封当地统治者为古里国王。从此两国关系更加紧密，此后郑和下西洋，皆以此地为中转站和落脚点。

在办完这件大事后，郑和开始准备回航，此时距离他出航时已经一年有余，他回顾了此次航程中的种种际遇，感慨良多，经历了那么多的风波，终于来到了这个叫古里的国家，完成了自己的最终使命。

这里物产丰富、风景优美，人们和善大度、友好热情，这一切都给郑和留下了极其深刻的印象。

留个纪念吧。

他带领属下和当地人一起建立了一个碑亭，并刻上碑文，以纪念这段历史，文曰：

> 其国去中国十万余里，民物咸若，熙暭同风，刻石于兹，永昭万世。

这是一座历史的里程碑。

宿命的安排，郑和不会想到，古里不但是他第一次航程的终点，也将会成为他传奇一生的终点！

第一次远航就这样完成了，船队浩浩荡荡地向着中国返航，然而上天似乎并不愿意郑和就这样风平浪静地回到祖国，它已经为这些急于回家的人准备好了最后一道难关，而对于郑和和他的船队来说，这是一场真正的考验，一场生死攸关的考验。

自古以来，交通要道都绝不是什么安全的地方，因为很多原本靠天吃饭的人会发现其实靠路吃饭更有效，于是陆路上有了路霸，海上有了海盗，但无论陆路、海路，他们的开场白和口号都是一样的——要想从此过，留下买路财。

按说郑和的舰队似乎不应该受到这些骚扰，但这绝不是因为强盗们为这支舰队的和平使命而感动，而是军事实力的威慑作用。

即使是再凶悍的强盗，也要考虑抢劫的成本，像郑和这样带着几万士兵拿着火枪招摇过市，航空母舰上架大炮的主儿，实在是不好对付的。

北欧的海盗再猖獗，也不敢去抢西班牙的无敌舰队，干抢劫之前要先掂掂自己的斤两，这一原则早已被古今中外的诸多精明强盗们都牢记在心。

但这个世界上，有精明的强盗就必然有拙劣的强盗，一时头脑发热、误判形势，带支手枪就敢抢坦克的人也不是没有，下面我们要介绍的就是这样一位头脑发热的仁兄。

此人名叫陈祖义，他正准备开始自己人生中最大的一次抢劫。

当然，也是最后一次。

陈祖义，广东潮州人，洪武年间因为犯罪逃往海外，当年没有国际刑警组织，也没有引渡条例，所以也就没人再去管他。后来，他逃到了三佛齐（今属印度尼西亚）的渤林邦国，在国王麻那者巫里手下当上了大将。

真是厉害，这位陈祖义不过是个逃犯，原先也没发现他担任过什么职务，最多是个村长，到了这个渤林邦国（不好意思，我实在不知道是现在的哪个地方），居然成了重臣，中国真是多人才啊！

更厉害的还在后面，国王死后，他召集了一批海盗，自立为王，就这样，这位陈祖义成了渤林邦国的国王。

以上就是陈祖义先生的奋斗成功史，估计也算不上为国争光吧。

陈祖义有了兵（海盗），便在马六甲海峡附近干起了老本行——抢劫，这也很正常，他手下的都是海盗，海盗不去打劫还能干啥。周围的国家深受其害，但由于这些国家都很弱小，也奈何不得陈祖义。

就这样，陈祖义的胆子和胃口都越来越大，逐渐演变到专门打劫大船和商船，猖獗了很多年，直到他遇到了郑和。

郑和的船队浩浩荡荡地开过三佛齐时，刚好撞到陈祖义，郑和对此人也早有耳闻，便做好了战斗准备，而陈祖义却做出了一个让所有人都意想不到的决定。

他决定向郑和投降。

要知道，陈祖义虽然贪婪，但绝不是个疯子，他能够混到国王的位置（实际只是一个小部落），也是不容易的。看着那些堪称庞然大物的战船和黑洞洞的炮口，但凡神志清醒的人都不会甘愿当炮灰的。

但海盗毕竟是海盗，陈祖义的投降只不过是权宜之计，郑和船上的那些金银财宝是最大的诱惑，在陈祖义看来只要干成了这一票，今后就一辈子吃穿不愁了。

但要怎么干呢？硬拼肯定是不行了，那就智取！

陈祖义决定利用假投降麻痹郑和，然后召集大批海盗趁官军不备突袭郑和的旗舰，控制中枢打乱明军部署，各个击破。

应该说这算是个不错的计划，就陈祖义的实力而言，他也只能选择这样的计划，在经过精心筹划之后，他信心满满地开始布置各项抢劫前的准备工作。

在陈祖义看来，郑和是一只羊，一只能够给他带来巨大财富的肥羊。

很快就要发财了。

陈祖义为了圆满地完成这次打劫任务,四处寻找同伙,七拼八凑之下,居然也被他找到了五千多人,战船二十余艘,于是他带领属下踌躇满志地向明军战船逼近,准备打明军一个措手不及。

不出陈祖义所料,明军船队毫无动静,连船上的哨兵也比平日要少,陈祖义大喜,命令手下海盗发动进攻,然而就在此时,明军船队突然杀声四起,火炮齐鸣,陈祖义的船队被分割包围,成了大炮的靶子。目瞪口呆的海盗们黄粱美梦还没有醒,就去了黄泉。

陈祖义终于明白,自己已经中了明军的埋伏,这下是彻底完蛋了。

训练有素的明军给这些纪律松散的海盗上了一堂军事训练课,他们迅速地解决了战斗,全歼海盗五千余人,击沉敌船十余艘,并俘获多艘,而此次行动的组织者陈祖义也被活捉。

陈祖义做梦也想不到,那个一脸和气接受他投降的郑和突然从肥羊变成了猛虎,他有一种上当的感觉。

其实陈祖义之前之所以会认为自己必胜无疑,一方面是出于自信,另一方面则是因为他不了解郑和是一个什么样的人。

可能陈祖义是在三佛齐待久了,还当上了部落头领,每天被一群人当主子供着,就真把自己当回事了,其实从两个人的身份就可以看出来,陈祖义是在中国混不下去了才逃出来的一般犯人,而郑和却是千里挑一的佼佼者!

陈祖义长期以来带着他的海盗部下打劫船只,最多也就指挥几千人,都没有遇到什么抵抗,他似乎天真地以为打仗就这么简单,这个叫郑和的人也必然会成为他的手下败将。

而郑和从十一岁起就已经从军,有着丰富的军事经验,他在朱棣手下身经百战,参加的都是指挥几十万军队的大战役,还曾经和那个时代最优秀的将领铁铉、盛庸、平安等人上阵交锋,那些超级猛人都奈何不了他,何况小小的海盗头子陈祖义。

陈祖义的这些花招根本逃不过郑和的眼睛,郑和之所以没有立刻揭穿陈祖义，是因为他决定将计就计，设置一个更好的圈套让陈祖义跳进去，等到他把四周的海盗都找来，才方便一网打尽。此外，在郑和看来，活捉陈祖义很有必要，因为这个人将来可以派上用场。至于派上什么用场，我们下面会介绍。

在清除了这些海盗后，郑和继续扬帆向祖国挺进。永乐五年（1407）九月，郑和光荣地完成使命，回到了京城，并受到了朱棣的热烈欢迎和接见。

此时，陈祖义成了一个有用的人，由于他本就是逃犯，又干过海盗，为纪念此次航海使命的完成和清除海盗行动的成功，朱棣下令当着各国使者的面杀掉了陈祖义，并斩首示众，警示他人。这么看来，陈祖义多少也算为宣传事业做出了点贡献。

这次创造历史的远航虽然没有找到建文帝，却带来了一大堆西洋各国的使者，这些使者见证了大明的强盛，十分景仰，纷纷向大明朝贡，而朱棣也终于体会到了君临万邦的滋味。

国家强盛就是好啊，感觉实在不错。

而朱棣也从他们那里知道了很多远方国家的风土人情，他还得知在更遥远的地方，有着皮肤黝黑的民族和他们那神秘的国度。

这实在是一件很有意思的事情，不但可以探访以往不知道的世界，还能够将大明帝国的威名传播海外，顺道做点生意，何乐而不为呢？虽然出航的费用高了点，但这点钱大明朝还是拿得出来的，谁让咱有钱呢？

于是，在朱棣的全力支持下，郑和继续着他的远航，此后，他分别于永乐五年（1407）九月、永乐七年（1409）九月、永乐十一年（1413）冬、永乐十五年（1417）冬、永乐十九年（1421）春，五次率领船队下西洋。

这五次航海过程与第一次比较类似，除了路线不同，到达地方不同、路上遇事不同外，其他基本相同，所以这里就不一一阐述了。

郑和之后的五次下西洋的主要目的已经转变为了和平交流和官方贸易，当然他和他的舰队在这几次航程中也干过一些小事，如下：

1.调节国家矛盾，维护世界和平（暹罗与苏门答腊）；

2.收拾拦路打劫、不听招呼的国家（锡兰山国），把国王抓回中国坐牢（够狠）；

3.带其他国家的国王到中国观光（苏禄国代表团，国王亲自带队，总计人数三百四十余人，吃了一个多月才回去）；

4.带回了中国人向往几千年的野兽——麒麟（后来证实是长颈鹿）。

（这么总结一下，发现这些似乎也不是小事。）

经过郑和的努力，西洋各国与明朝建立了良好的关系，虽然彼此之间的生活习惯不同，国力相差很大，但开放的大明并未因此对这些国家另眼相看，它以自己的文明和宽容真正从心底征服了这些国家。

大明统治下的中国并没有在船队上架上高音喇叭，宣扬自己是为了和平友善而来，不像后来那些拿着《圣经》，乘坐着几艘小船，高声叫嚷自己是为了传播福音而来的西方人。

郑和的船队带来的是丰富的贸易品和援助品（某些国家确实很穷），他的船队从未主动攻击过，即使是自卫也很有分寸（如那位锡兰山国国王，后来也被放了回去），从不仗势欺人（虽然他们确实有这个资本），西洋各国的人们，无论人种，无论贫富，心里都是有数的。

而西方探险家们在经历最初的惊奇后，很快发现这些国家有着巨大的财富，却没有强大的军事实力，于是他们用各种暴力手段杀人放火，只是为了抢夺本属于当地人的财产。

南非的一位著名政治家说过：西方人来到我们面前时，手中拿着《圣经》，我们手中有黄金。后来就变成了，他们手中有黄金，我们手中拿着《圣经》。

这是一个十分中肯的评价，对于那些西方人，中肯到了极点。

即使他们最终被这些西方人所征服，但他们绝不会放弃反抗，他们会争取到自由的那一天，因为这种蛮横的征服是不可能稳固的。

要相信群众，群众的眼睛是雪亮的。

以德服人，绝对不是一句笑话，君不见今日某大国在世界上呼东喝西，指南打北，很是威风，却也是麻烦不断，反抗四起。

暴力可以成为解决问题的后盾，但绝对不能解决问题。

当时世界上最强大的大明朝在拥有压倒性军事优势的情况下，能够平等地对待那些小国，并尊重它们的主权和领土完整，给予而不抢掠，是很不简单的。

它不是武力征服者，却用自己友好的行动真正征服了航海沿途几乎所有的国家。

这种征服是心底的征服，它存在于每一个人的心中。用今天的话说，叫服气。

在我看来，这才是真正的征服。

除了圆满完成外交使命之外，郑和还成功地开辟了新的航线，他发现经过印度古里（今科泽科德）和溜山（今马尔代夫群岛），可以避开风暴区，直接到达阿拉伯半岛红海沿岸和东非国家。这是一个了不起的成就。

在前六次航程中，郑和的船队最远到达了非洲东岸，并留下了自己的足迹。他们拜访了许多国家，包括今天的索马里、莫桑比克、肯尼亚等国，这也是古代中国人到达过的最远的地方。

一切的荣誉，都属于他。

然而，到此为止了，一个不幸的消息沉重地打击了他，永乐二十二年（1424），最支持他的航海活动的朱棣去世了，大家忙着争权夺位，谁也没心思去理睬这个已经年近花甲、头发斑白的老人和他那似乎不切实际的航海壮举。

郑和被冷落了，他突然之间就变成了一个无人理会、无任何用处的人，等待他的可能只有退休养老这条路了。

幼年的梦想终归还是没能实现啊，永乐皇帝已经去世了，远航也就此结束了吧！

上天终究没有再次打击这位历经坎坷的老者，他给了郑和实现梦想的机会。

宣德五年（1430），宣德帝朱瞻基突然让人去寻找郑和，并亲自召见了他，告诉他：立刻组织远航，再下西洋！

此时距离上次航行已经过去了七年之久，很多准备工作都要重新做起，工作十分艰巨，但郑和仍然十分兴奋，他认为，新皇帝会继续永乐大帝的遗志，继续下西洋的航程。

事实证明，郑和实在是过于天真了，对于朱瞻基而言，这次远航有着另外的目的，只不过是权宜之计而已，并非一系列航海活动的开始，恰恰相反，是结束。

朱瞻基为什么要重新启动航海计划呢？我引用他诏书上的一段文字，大家看了就清楚了，摘抄如下：

"朕祇嗣太祖高皇帝（这个大家比较熟悉）、太宗文皇帝（朱棣、爷爷）、仁宗昭皇帝（朱高炽、爹）大统，君临万邦，体祖宗之至仁，普辑宁于庶类，已大赦天下，纪元宣德，咸与维新。尔诸番国远外海外，未有闻知，兹特遣太监郑和、王景弘等赍诏往谕，其各敬顺天道，抚辑人民，以共享太平之福。"

看明白了吧，这位新科皇帝收拾掉自己的叔叔（这个后面会详细讲）后，经过几年时间，稳固了皇位，终于也动起了君临万邦的念头，但问题在于，"万邦"比较远，还不通公路，你要让人家来朝贡，先得告诉人家才行。想来想去，只能再次起用郑和，目的也很明确：告诉所有的人，皇位轮流坐，终于到我朱瞻基了！

不管朱瞻基的目的何在，此时的郑和是幸福的，他终于从众人的冷落中走了出来，有机会去实现自己的梦想了。

作为皇帝的臣子，郑和的第一任务就是完成国家交给他的重任，而他那强烈的愿望只能埋藏在心底，从几岁的顽童到年近花甲的老者，他一直在等待着，现在是时候了。

宣德六年（1431）十二月，郑和又一次出航了，他看着跟随自己二十余年的属下和老船工，回想起当年第一次出航的盛况，不禁感慨万千。经历了那么多的风波，现在终于可以实现梦想了！

他回望了不断远去而模糊的大陆海岸线一眼，心中充满了惆怅和喜悦，又要离开自己的祖国了，前往异国的彼岸，和从前六次一样。

但郑和想不到的是，这次回望将是他投向祖国的最后一瞥，他永远也无法回来了。

最后的归宿

郑和的船队越过马六甲海峡，将消息传递给各个国家，然后穿越曼德海峡，沿红海北上，驶往郑和几十年来日思夜想的地方——麦加。

伊斯兰教教派有三大圣地，分别是麦加、麦地那、耶路撒冷。其中麦加是第一圣地，伟大的穆罕默德就是在这里创建了伊斯兰教，穆斯林一生最大的荣耀就是到此地朝圣。

这也是郑和的梦想，他梦想着能像他的父亲一样，触摸到那神圣的圣石，实现自己的梦想。

没有任何史料能够确凿地告诉我们，他是否实现了这个梦想，但我希望他实现了。

这是一次长达五十余年的旅程，五十余年前梦想开始，五十余年后梦想实现。这正是郑和那传奇一生的轨迹。

从幸福的幼年到苦难的童年，再到风云变幻的成年，如今他已经是一个风烛残年的老者，经历了残酷的战场厮杀、尔虞我诈的权谋诡计，还有那浩瀚大海上的风风雨雨、惊涛骇浪，无数次的考验和折磨终于都挺过来了。

我已别无所求。

船队开始归航，使命已经完成，梦想也已实现，是时候回家了。

但郑和却再也回不去了。

长期的航海生活几乎耗尽了郑和所有的精力，在归航途中，他终于病倒了，而且一病不起，当船只到达郑和第一次远航的终点古里时，郑和的生命终于走到了尽头。

伟大的航海家郑和就此结束了他的一生，由于他幼年的不幸遭遇，他没能够成家、留下子女，但这并不妨碍他成为一个伟大的、为后人怀念的人。

他历经坎坷、九死一生，终于实现了这一中国历史乃至世界历史上伟大的壮举，他率领庞大的船队七下西洋，促进了明朝和东南亚、印度、非洲等国的和平交流，并向他们展示了一个强大、开明的国家的真实面貌。

虽然他的个人生活是不幸的，也没有能够享受到夫妻之情和天伦之乐。但他却用自己的行动为我们留下了一段传奇，一段中国人的海上传奇。

而创造这段传奇的郑和，是一个英雄，一个真正的英雄，是我们这个国家和民族的骄傲！

古里成了郑和最后到达的地方，似乎是一种天意。二十多年前，他第一次抵达这里，意气风发之余，立下了"刻石于兹，永昭万世"的豪言壮语。二十多年后，他心满意足地在这里结束了自己传奇的一生。

郑和，再看一眼神秘而深邃的大海吧，那里才是你真正的归宿，你永远属于那里。

古里的人们再也没有能够看到大明的船队，郑和之后，再无郑和。

六十多年后，一支由四艘船只组成的船队又来到了古里，这支船队的率领者叫达·伽马。

这些葡萄牙人上岸后的第一件事就是四处寻找所谓的财宝，当他们得知这里盛产香料、丝绸时，欣喜若狂，心想这下真的要发财了。

找到这个可以发大财的地方后，达·伽马十分得意，便在科泽科德竖立了一根标柱，用他自己的话说，这根标柱象征着葡萄牙的主权。

在别人的土地上树立自己的主权，这是什么逻辑？其实也不用奇怪，这位达·伽马在他的这次航行的所到之地都竖了类似的标柱，用这种乱搭乱建的方式去树立他所谓的主权，这就是西方殖民者的逻辑。

然而这位挂着冒险家头衔的殖民者永远也不会知道，早在六十多年前，有一个叫郑和的人率领着大明国的庞大舰队来到过这里，并树立了一座丰碑。

一座代表和平与友好的丰碑。

第五章

纵横天下

当我国的明成祖朱棣在积极着手修主进行着此时的中国是亚洲乃至世界上最强大的国家之一。如果考虑到同时代的东罗马帝国已经奄奄一息、英法百年战争还在打、哈布斯堡家族外强中干、德意志帝国四分五裂,我们似乎也可以把前面那句话中的"之一"两个字去掉。我们经常会产生一个疑问,

让我们回到永乐大帝的时代，在朱棣的统治下，国泰民安，修书、迁都、远航这些事情都在有条不紊地进行着，此时的中国是亚洲乃至世界上最强大的国家之一，如果考虑到同时代的东罗马帝国已经奄奄一息、英法百年战争还在打、哈布斯堡家族外强中干、德意志帝国四分五裂，我们似乎也可以把前面那句话中的"之一"两个字去掉。

我们经常会产生一个疑问，那就是怎样才能获得其他国家及其人民的尊重，在世界上风光自豪一把，其实答案很简单——国家强大。

明朝在这方面就是一个典型的例子。

自元朝中期国力衰落以后，原先那威风凛凛横跨欧亚的蒙古帝国就已经成了一副空架子，元朝皇帝成了名义上的统治者，很多国家再也不来朝贡，甚至断绝了联系。

生了病的老虎非但不是老虎，连猫都不如。

而自从朱元璋接手这个烂摊子后，励精图治，努力发展生产，国力渐渐强盛，而等到朱棣继位，大明帝国更是扶摇直上，威名远播。

于是那些已经"失踪"很久的各国使臣又纷纷出现，进贡的进贡，朝拜的朝拜。不过你可千万别把这些表面上的礼仪当真，要知道，他们进贡、朝拜后，是有回报的，即所谓的"锦绮、纱罗、金银、细软之物赐之"，要是国家不强盛，没有钱，你看他还来不来拜你。

之前我们说过，洪武年间，朝鲜成了明朝的属国，自此之后，朝鲜国凡册立太子、国王登基必先告知明朝皇帝，并获得皇帝的许可和正式册封，方可生效。永乐元年（1403），新任国王李芳远即派遣使臣到中国朝贡，此惯例之后二百余年一直未变。

而郑和下西洋后，许多东南亚国家也纷纷前来朝贡，不过其中某些国家的朝贡方式十分特别。

按说朝贡只要派个大臣充当使者来就行了，但某些国家的使臣竟然就是他们的国王！

据统计，仅在永乐年间，与郑和下西洋有关的东南亚及非洲国家使节来华共三百余次，平均每年十余次，盛况空前。而文莱、满剌加、苏禄、古麻剌朗国每次来中国的使团都是国王带队，而且这些国王来访绝不像今天的国家元首访问，待个两三天就走，他们往往要住上一两个月，带着几百个使团成员吃好玩好再走，与其说是使团，似乎更类似观光旅游团。

让人吃惊的还在后面，在这一系列过程中，居然有多达三位国王率团访问期间在中国病逝，更让人难以置信的是，他们是如此钦慕中国，在遗嘱中竟都表示要将自己葬于中华大地。而明朝政府也尊重他们的选择，按照亲王的礼仪厚葬了他们。

贵为一国之君，死后竟不愿回故土，而宁愿埋葬于异国他乡的中国，可见当年大明之吸引力。

此外，当时的琉球群岛三国：中山、山南、山北，也纷纷派遣使臣来中国朝贡，其中中山最强，也是最先来的，山南、山北也十分积极，不但定期朝贡，还派遣许多官方子弟来到中国学习先进文化。

而亚洲另一个国家的朝贡也是值得仔细一说的，这个国家就是近现代与中国打过许多交道的日本。

在当时无数的朝贡使团中，也有日本的身影。永乐元年（1403），日本的实际统治者源道义派遣使臣到中国朝贡，当时朝贡国家很多，大都平安无事，可偏偏日本的朝贡团就出了问题。

什么问题呢？原来当时的明朝政府是不允许外国使臣携带兵器的，但这些日本朝贡团却不同其他，他们不但自己佩刀，还往往携带大量兵器入境。在完成外交使命后，他们竟然私自将带来的大批武士刀在市场上公开出售，顺便赚点外快（估计也是因为没有其他的东西可卖）。按照今天海关和工商局的讲法，这种行为是携带超过合理自用范围的违禁品，并在没有经营许可证的情况下擅自出售，应予处罚，大臣李至刚就建议将违禁者抓起来关两天，教训他们一下。

在这个问题上，朱棣显示了开明的态度，他认为日本人冒着掉到海里喂王八的危险，这么远来一趟不容易，就批准他们公开在市场上出售兵器（外夷修贡，履险蹈危，所费实多……毋阻向化）。

可能有的朋友已经注意到了，我们在上文中并没有说日本国王或是日本天皇，而是用了一个词——实际统治者。因为之后我们还要和这个叫日本的国家打很多交道，这里就先解释一下这样称呼的原因，下面我们将暂时离开明朝，进入日本历史。

在日本，天皇一直是至高无上的统治者，但天皇实际统治的时间并不长，真正的实权往往掌控在拥有土地和士兵的大臣手上，他们才是这个国家真正的统治者。到了公元十三世纪，随着一件事情的发生，这个倾向进一步深化。

这件事就是日本历史上著名的源平合战，源、平两家都是日本著名的武士家族，当时源氏的领军人物源赖朝在他的弟弟、日本第一传奇人物源义经的帮助下打败了平氏，获得了日本的统治权。

源赖朝是日本历史上著名的政治家，后来的德川家康一直奉此人为偶像。他为了更好地控制政权，在京都之外建立了幕府，作为武士统治的基地。由于幕府建在镰仓，日本史称镰仓幕府。源赖朝还给了自己一个特别的封号——征夷大将军，这就是后来日本历史上所谓幕府将军的来历。

而那位永乐年间来朝贡的源道义就是当时的日本将军，当然，在明朝和之后的清朝史书中都是找不到日本将军这个称呼的，对于这个来历复杂、不清不楚的将军，中国史书全部统称日本王，这倒也是理所应当的，毕竟名分再怎么乱、怎么复杂，那也是日本自己的事情。

也正是由于这一原因，日本的国家政治和发布政令（包括发动侵略战争）都是由占据统治地位的将军或实权大臣（如丰臣秀吉就不是将军，而是关白）主使的。

当然了，近现代发动甲午战争和侵华战争的那几位仁兄除外（明治维新之后，天皇已经掌握了实权）。

但在当时，在强大的明朝面前，日本还是表现得比较友好的，虽然这种友好只是表面上的、暂时的。

永乐三年（1405），日本国派遣使臣向明朝朝贡，此时中国沿海一带已经出现了较多的倭寇，他们经常四处打家劫舍、杀人放火。朱棣大发雷霆，他严厉质问日本使臣，并让他带话回去，要日本国王（将军）好好管管这件事情。这番辞令换成今天的外交语言来说，应该是，如果日本不管，由此造成的一切后果将由日方负责等。如果按照朱棣的性格直说，那就是，如果你不管，我替你管。

当时的日本将军是个聪明人，他明白朱棣这番话的含义，便马上发兵，剿灭了那些作乱的人，并把其中带头的二十个人押送到了中国，朱棣十分满意，他也给足了日本将军面子，又让他们把这些人押回日本自己处置。

可是朱棣没有想到的是，使臣走到宁波时，觉得这些人带来带去太麻烦，占位置不说还费粮食，就地把他们解决了，还是用比较特别的方式——"蒸杀之"。

从此事可以看出，当时的日本是很识时务的。

但好景不长，不久之后，明朝派遣使臣去日本，日本将军竟然私自扣押明朝使臣，此后，日本停止向明朝朝贡，两国关系陷入低谷。

总体而言，当时的大多数国家与明朝的关系都是极为融洽的，而在明帝国的西北部，西域各国也与明朝恢复了联系，并开始向明朝朝贡。

此时的明朝，疆域虽然不及元朝，但已北抵蒙古，西达西域，东北控制女真，西南拥有西藏，并有朝鲜、安南（今越南）为属国，其影响力和控制力更是远播四方。

第五章　纵横天下

如此辽阔之疆域，如此强大之影响力，当时的大明已经成为堪与汉唐媲美的强大帝国。

在大明帝国统治下的百姓们终于摆脱了战乱和流浪，不再畏惧异族的侵扰，因为这个强大的国家足可以让他们引以为傲。

西南边疆的阳谋

虽然明帝国十分强大，但捣乱的邻居还是有的，也多多少少带来了一些麻烦，而最早出现麻烦的地方，就是安南。

安南（今越南），又称交趾，汉唐时为中国的一部分，到了五代时候，中原地区打得昏天黑地，谁也没时间管它，安南便独立了，但仍然是中国的属国，且交往密切。明洪武年间，朱元璋册封过安南国王陈氏，双方关系良好，自此安南仿效朝鲜，向大明朝贡，且凡国王继位等大事都要向大明皇帝报告，得到正式册封后方可确认为合法。

然而在建文帝时期，安南的平静被打破了，国内发生了一件惊天动地的大事，由于有人及时封锁了消息，大明对此一无所知。

永乐元年（1403），安南国王照例派人朝贺，朱棣和礼部的官员都惊奇地发现，在朝贺文书上，安南国王不再姓陈，而是姓胡。文书中还自称陈氏无后，自己是陈氏的外甥，被百姓拥立为国王，请求得到大明皇帝的册封。

这篇文书看上去并没有什么破绽，事情似乎也合情合理，但政治经验丰富的朱棣却感觉到其中一定有问题，便派遣礼部官员到安南探访实情。

被派出的官员名叫杨渤，他带着随从到了安南，由于某些未知原因，他在安南转了一圈，回朝后便证明安南国王所说属实，并无虚构。朱棣这才相信，正式册封其为安南国王。

于是，安南的秘密被继续掩盖着。

事后看来，这位杨渤如果不是犯了形式主义错误，就是犯了受贿罪。

但黑幕终究会被揭开的。

永乐二年（1404），安南国大臣裴伯耆突然出现在中国，并说有紧急事情向皇帝禀报。他随即被送往京城，在得到朱棣接见后，他终于以见证人的身份说出了安南事件的真相。

原来在建文帝时期，安南丞相黎季犛突然发难，杀害了原来的国王及拥护国王的大臣，此后他改名为胡一元，并传位给他的儿子胡奃，并设计欺骗大明皇帝，骗取封号。

裴伯耆实在是一等一的忠臣，说得声泪俱下，还写了一封书信，其中有几句话实在感人："臣不自量，敢效申包胥之忠，哀鸣阙下，伏愿兴吊伐之师，隆继绝之义，荡除奸凶，复立陈氏，臣死且不朽！"

裴伯耆慷慨陈词，然而效果却不是很好，因为朱棣是一个饱经政治风雨的权场老手，对这一说法也是将信将疑。而且从裴伯耆的书信看来，很明显，此人的用意在于借明朝的大军讨伐安南，这是一件大事，朱棣是不可能仅听一面之词就发兵的。于是，朱棣并没有马上行动，而是安排裴伯耆先住下，容后再谈。

然而同年八月，另一个不速之客的到来打破了朱棣的沉默。

这个人就是原先安南陈氏国王的弟弟陈天平，他也来到了京城，并证实了裴伯耆的说法。

这下朱棣就为难了，如果此二人所说的是真话，那么这就是一起严重的政治事件，必须出兵了，可谁又能保证他们没有撒谎呢？现任安南国王大权已经在握，自然会否认陈天平的说法，真伪如何判定呢？

而且最重要的问题在于，朱棣以前并没有见过陈天平，对他而言，这个所谓的陈天平不过是一个来历不明的人，万一要听了他的话，出兵送他回国，最后证实他是假冒的，那堂堂的大明国就会名誉扫地，难以收拾局面。

这是一个政治难题。

然而朱棣就是朱棣，他想出了一个绝妙的主意解开了难题。

大凡年底，各国都会来提前朝贡，以恭祝大明来年风调雨顺、国泰民安。安南也不例外，就在这一年年底，安南的使臣如同以往一样来到明朝京城，向朱棣朝贡，但他们绝没有想到，一场好戏正等待着他们。

使臣们来到宫殿里，正准备下拜，坐在宝座上的朱棣突然发话："你们看看这个人，还认识他吗？"

此时陈天平应声站了出来，看着安南来的使臣们。

使臣们看清来人后，大惊失色，出于习惯立刻下拜，有的还痛哭流涕。

一旁的裴伯耆也十分气愤，他站出来斥责使臣们明知现任国王是篡权贼子，却为虎作伥，不配为人臣。他的几句话击中了使臣们的要害，安南使臣们惶恐不安，无以应对。

老到的朱棣立刻从这一幕中明白了事情的真相，他拍案而起，厉声斥责安南使臣串通蒙蔽大明，对篡国奸臣却不闻不问的恶劣行径。

在搞清事情经过后，朱棣立刻发布诏书，对现任安南国王胡查进行严厉指责，并表示这件事情如果没有一个让自己满意的答复，就要他好看。

朱棣的这一番狠话很见成效，安南现任胡氏国王的答复很快就传到了京城，在答复的书信中，这位国王进行了深刻的批评和自我批评，表示自己不过是临时占个位置而已，国号纪年都没敢改，现在已经把位置空了出来，诚心诚意地等待陈天平回国继承王位。

这个回答让朱棣十分满意，他也宽容地表示，如果能够照做，不但不会追究他的责任，还会给他分封土地。

然后，朱棣立刻安排陈天平回国。

话虽这样说，但朱棣是个十分精明的人，他深知口头协议和文书都是信不过的（这得益于他早年的经历），因为当年他自己就从来没有遵守过这些东西。

为保障事情的顺利进行，他安排使臣和广西将军黄中率领五千人护送陈天平回国，按照朱棣的设想，陈天平继位之事已是万无一失。

可是之后发生的事情只能用一个词语来形容：耸人听闻。

黄中护送陈天平到了安南之后，安南军竟然设置伏兵在黄中眼皮底下杀害了陈天平，还顺道杀掉了明朝使臣，封锁道路，阻止明军前进。

消息传到了京城之后，朱棣被激怒了，被真正地激怒了。

真是胆大包天！

阳奉阴违也就罢了，竟敢当着明军杀掉王位继承人，连大明派去的使臣都一齐杀掉！

不报此仇，大明何用！养兵何用！

安南平定战

杀掉了陈天平，胡氏父子安心了，陈氏的后人全部被杀掉了，还顺便干掉了明朝使臣，他虽然知道明朝一定会来找他算账，但他也早已安排好了军队进行防御，并在显要位置设置了关卡。

只要占据有利地势，再拖上了几年，明朝也不得不承认自己的地位。

这就是胡氏父子的如意算盘。

算盘虽然这样打，但他们也明白，明朝发怒攻打过来不是好玩儿的，于是他们日夜不停地操练军队，布置防御，准备应对。

但出乎他们意料的是，过了三个多月，明朝那边一点动静都没有，莫非他们觉得地方偏远，不愿前来？

存有侥幸心理的胡氏父子没有高兴多久，战争的消息就传来了，明朝军队已经正式出发准备攻取安南。

这早在胡氏父子的预料之中，所以当部下向他们报告军情时，父子俩还故作镇定，表明一切防御工作都已经预备好，没有什么可怕的。

这对父子之所以还能如此打肿脸充胖子，强装镇定，很大一部分原因在于这父子两个并不知道为何明朝要过三个多月才来攻打他们。

那是因为军队太多，需要动员时间。

多少军队需要动员几个月？

答：三十万。

当然了，根据军事家们的习惯，还有一个号称的人数，这次明军军队共三十万，对安南号称八十万，胡氏父子从手下口中听到这个数字后，差点没晕过去。

带领这支庞大军队的正是名将朱能，此人我们之前已经介绍过多次，让他出征表明朱棣对此事的重视，朱棣期盼着朱能可以发扬他靖难事后的无畏精神，一举解决问题。

可惜天不如人愿，估计朱能也没有想到，他不但没有能够完成这次任务，而且连安南人的影子都没能看见。

明军的行动计划是这样的，兵分两路，一路以朱能为统帅，自广西进军；另一路由沐晟带领，自云南进军。

这是一个历史悠久的军事计划，凡是攻打安南，必从广西和云南分兵两路进行攻击，这几乎已经是固定套路，从古一直用到今。

可是意外发生了，朱能在行军途中不幸病倒，经抢救无效逝世，这也难怪，因为大军出发走到广西足足用了三个月。一路上颠簸不定，朱能的所有精力在那场惊天动地的大战中已经消耗得差不多了，再去参加一场战争也太苛责他了，应该休息休息了。

朱能的位置空出来了，代替他的倒也不是外人，此人就是被朱棣称为"靖难第一功臣"的张玉的儿子——张辅。

这是一个艰巨的任务，因为朱能的突然去世让很多人对战争的前景产生了忧虑，而这位威信远不如朱能的人能否胜任主帅职位也很让人怀疑。

令人欣慰的是，在这紧急时刻，张玉似乎灵魂附体到了张辅的身上。张辅继承了张玉的优良传统，在这场战争中，他不是一个人在战斗。

张辅在接任统帅位置后，面对下属们不信任的目光，召开了第一次军事会议，在这次会议上，他详细地介绍了作战方针和计划，其步骤之周密精确让属下叹服，在会议的最后，张辅说道："当年开平王（常遇春）远征中途去世，岐阳王（李文忠）代之，大破元军！我虽不才，愿效前辈，与诸位同生共死，誓破安南！"

在稳定士气，准备充分后，张辅自广西凭祥正式向安南进军，与此同时，沐晟自云南进军，明军两路突击，向安南腹地前进。

事实证明，安南的胡氏父子的自信是靠不住的，张辅带兵如入无人之境，连破隘留、鸡陵两关，一路攻击前行，并在白鹤与另一路沐晟的军队会师。

至此，明军已经攻破了安南外部防线，突入内地，现在横在张辅面前、阻碍他前进的是安南重镇多邦。

据史料记载，当时的安南有东西两都，人口共有七百余万，且境内多江，安南沿江布防，不与明军交战，企图拖垮明军。

张辅识破了安南的企图，他派出部将朱荣在嘉林江打败安南军，建立了稳固阵地，然后他与沐晟合兵一处，准备向眼前的多邦城进攻。

多邦虽然是安南重镇，防御坚固，但在优势明显的明军面前似乎也并不难攻克，这是当时大多数将领的看法，然而这些将领似乎并没有注意到，在历史上，轻敌的情绪往往就是这样出现并导致严重后果的。所幸的是张辅并不是这些将领中的一员，他派出了许多探子去侦察城内的情况，直觉告诉他，这座城池并不那么简单。

张辅的感觉是正确的，这座多邦城不但比明军想象的更为坚固，在其城内还有着一种秘密武器——大象。

安南军队估计到了自己战斗力的不足，便驯养了很多大象，准备在明军进攻时放出这些庞然大物，突袭明军，好在张辅没有轻敌，及时掌握了这一情况。

可是话虽如此，掌握象情的张辅也没有什么好的办法来对付大象，这种动物皮厚、结实又硕大无比，战场之上，仓促之间，一般的刀枪似乎也奈何它不得。该怎么办呢？

这时，有人给张辅出了一个可以克制大象的主意，不过在今天看来，这个主意说了与没说似乎没有多大区别。

这条妙计就是找狮子来攻击大象，因为狮子是百兽之王，必定能够吓跑大象。

我们暂且不说在动物学上这一观点是否成立，单单只问一句：去哪里找狮子呢？

大家知道，中国是不产狮子的，难得的几头狮子都是从外国进口的，据《后汉书》中记载，汉章帝时，月氏国曾进贡狮子，此后安息国也进贡过，但这种通过进贡方式得来的狮子数量必然不多，而且当年也没有人工繁殖技术，估计也是死一头少一头。就算明朝时还有狮子，应该也是按照今天大熊猫的待遇保护起来的，怎么可能给你去打仗？

那该怎么办呢？狮子没有，大象可是活生生的在城里等着呢，难不成画几头狮子出来打仗？

答对了！没有真的，就用画的！

你没有看错，我也没有写错，当年的张辅就是用画的狮子去打仗的。

张辅不是疯子，他也明白用木头和纸糊的玩意儿是不可能和大象这种巨型动物较劲的，不管画得多好，毕竟也只是画出来的，当不得真。作为一名优秀的将领，张辅已经准备好了一整套应对方案，准备攻击防守严密的多邦城。

其实，到底是真狮子还是假狮子并不重要，关键看在谁的手里，怎么使用，因为最终决定战争胜负的是指挥官的智慧和素质。

张辅的数十万大军在多邦城外住了下来，但却迟迟不进攻，城内人的神经也从紧绷状态慢慢松弛了下来，甚至有一些城墙上的守兵也开始和城边的明军士兵打招呼。当然了，这是一种挑衅，在他们看来，自己的战略就要成功了，明军长期待在这里，补给必然跟不上，而攻城又没有把握，只有撤退这一条路了。

安南守军不知道的是，其实明军迟迟不进攻的理由很简单：刀在砍人之前磨得时间越久，就越锋利，用起来杀伤力也会越大。

事实正是如此，此时的张辅组织了敢死队，准备攻击多邦城。他所等待的不过是一个好的时机而已。

在经过长时间的等待后，明军于十二月的一个深夜对多邦城发起了攻击。在战斗中，明军充分发挥了领导带头打仗的先锋模范作用，都督黄中手持火把，率队先行渡过护城河，为部队前进开路，都指挥蔡福亲自架云梯，并率先登上多邦城。这两名高级军官的英勇行为大大地鼓舞了明军的士气，士兵们奋勇争先，一举攻破外城，安南士兵们无论如何也想不到，平日毫无动静的明军突然变成了猛虎，如此猛烈之进攻让他们的防线全面崩溃，士兵们四散奔逃。

战火蔓延到了内城，此时安南军终于使出了他们的"撒手锏"——大象，他们驱使大象攻击明军，希望能够挽回败局，然而，早有准备的张辅拿出了应对的方法。

考虑到画的狮子虽然威武，但也只能吓人而已，不一定能吓大象，张辅另外准备了很多马匹，并把这些马匹的眼睛蒙了起来，在外面罩上狮子皮（画的），等到大象出现的时候便驱赶马匹往前冲，虽然从动物的天性来说，马绝对不敢和大象作对，但蒙上眼睛的马就算是恐龙来了也会往前冲的。与此同时，张辅还大量使用火枪攻击大象，杀伤力可能不大，但是火枪的威慑作用却相当厉害。

在张辅的这几招作用下，安南军队的大象吓得不轻，结果纷纷掉头逃跑，冲散了后面准备捡便宜的安南军。在丧失了所有的希望后，安南军彻底失去了抵抗的勇气，明军一举攻克多邦城。

多邦战役的胜利沉重地打击了安南的抵抗意志，此后明军一路高歌猛进，先后攻克东都和西都，并于此年（永乐五年）五月，攻克安南全境，俘获胡氏父子，并押解回国，安南就此平定。

在安南平定后，朱棣曾下旨寻找陈氏后代，但并无结果，此时又有上千安南人向明朝政府请愿，表示安南以前就是中国领地，陈氏已无后代，希望能归入中国，成为中国的一个郡。

朱棣同意了这一提议，并于永乐五年（1407）六月，改安南为交趾，并设置了布政使司，使之成了中国的一部分，于是自汉唐之后，安南又一次成为中国领土。

安南问题的解决使得中国的西南边界获得了安宁和平静，但明朝政府还有着一个更大的烦恼，这个烦恼缠绕了明朝上百年，如同噩梦一般挥之不去。

第六章

天子守国门！

自朝国国来，这个头疼不已，数代皇帝被打得头疼不已，鞑靼（蒙古古称）、瓦剌（蒙古古称）、朝鲜，后代伐北元被打成鞑靼。可是不管怎么打，就是没消停过。几十年打下来，蒙古军队从政府军，正规军被打成了杂牌军、游击队，但该抢的地方还是抢，该抢的时候还是来，这倒也不难理解。本来在中原地区好好的，饭来张口、衣来伸手，全国各地到处走。作为四级民族制度中的头等人，日子过得自然很不错。但是好日子才过了九十几年，平地一声炮响，出来了一个朱元璋，把原来的贵族

蒙古

自明朝开国以来,蒙古这个邻居就始终让大明头疼不已,打仗无数次,谈判无数次,打完再谈,谈完再打,原来的元朝被打成了北元(后代称谓),再从北元被打成鞑靼(蒙古古称),可是不管怎么打,就是没消停过。几十年打下来,蒙古军队从政府军、正规军被打成了杂牌军、游击队,但该抢的地方还是抢,该来的时候还是来。

这倒也不难理解,本来在中原地区好好的,饭来张口、衣来伸手,全国各地到处走,作为四级民族制度中的头等人,日子过得自然很不错。但是好日子才过了九十几年,平地一声炮响,出来了一个朱元璋,把原来的贵族赶到了草原上去干老本行——放牧。整日顶风和牛羊打交道,又没有什么娱乐节目,如此大的反差,换了是谁也不会甘心啊!更严重的问题在于,他们没有自己的手工业和农业,经济结构严重失衡,除了牛羊肉什么都缺,就算想搞封闭自然经济也没法搞起来。想拿东西和明朝换,干点进出口买卖,可是人家不让干。这也容易理解,毕竟经常打仗,谁知道你是不是想趁机潜入境内干点破坏活动,所以大规模的互市生意是没有办法做起来的。

该怎么办呢?需要的、缺少的东西不会从天上掉下来,也不能通过做生意换回来，人不能让尿憋死，那就抢吧！

你敢抢我，我就打你！于是就接着上演全武行，你上次杀了我父亲，我这次杀你儿子。仇恨不断加深，子子孙孙无穷匮也！

在这样的历史背景下，明朝展开了与蒙古部落的持久战，这一战就是上百年。

下面我们介绍一下永乐时期蒙古的形势。之前我们说过，北元统治者脱古思帖木儿被蓝玉击败后，逃到土剌河，被也速迭儿杀死。之后蒙古大汗之位经过多次传递，于建文四年（1402）被不属于黄金家族的鬼力赤所篡夺，并改国名为鞑靼。我查了一下，这位鬼力赤虽然不是黄金家族直系，但也不算是外人，他的祖先是窝阔台，由于他不是嫡系，传到他这里血统关系已经比较乱了。也许就是因为这个，他没有正统黄金家族的那种使命感，所以他废除了元朝国号，并向大明称臣，建立了朝贡关系。从此，北方边境进入了和平时期。

可是这个和平时期实在有点短，只有六年。

鬼力赤不是黄金家族的人，也对黄金家族没有多少兴趣，可他的手下却不一样，当时的鞑靼太师阿鲁台就是这样一个传统观念很重的人，他对鬼力赤的行为极其不满，整日梦想着恢复蒙古帝国的荣光。在这种动机的驱使下，他杀害了鬼力赤，并拥戴元朝宗室本雅失里为可汗，但这位继承蒙古正统的本雅失里统治的地方实在小得可怜。

这是因为经过与明朝的战争，北元的皇帝已经逐渐丧失了对蒙古全境的控制权。当时的蒙古已经分裂为三块，分别是蒙古本部（也就是后来的鞑靼）、瓦剌（这个名字大家应该熟悉）和兀良哈三卫。

蒙古本部鞑靼我们介绍过了，他们占据着蒙古高原，由黄金家族统治，属于蒙古正统。

瓦剌，又称作西蒙古，占据蒙古西部，在明初首领猛可帖木儿死后，瓦剌由马哈木统领。

兀良哈三卫，就是我们之前提到过的参加过靖难的精锐朵颜三卫，这个部落是怎么来的呢？那还得从几十年前说起。

洪武二十年（1387），朱元璋派遣冯胜远征辽东。冯胜兵不血刃地降伏了纳哈出，并设置了泰宁、福余、朵颜三卫（军事单位），后统称朵颜三卫，并在此安置投降的蒙古人。朱元璋将这些人划归宁王朱权统领之下，在靖难之战中，朱棣绑架宁王，其中很大的一个原因就在于他想得到这些战斗力极强的蒙古骑兵。而这些骑兵在靖难中也确实发挥了巨大作用，战后，朱棣封赏了朵颜三卫，并与其互通贸易，他们占据着辽东一带，向明朝朝贡，接受明朝的指挥。

昔日的元帝国分裂成了三部分，不得不说是一种悲哀，而此三部分虽然都是蒙古人组成的部落，互相之间的关系却极为复杂，当然，这种复杂关系在很大程度上是明朝有意造成的。

首先，鞑靼部落自认为是蒙古正统，瞧不起其他两个部落，而且他们和明朝有深仇大恨，一直以来都采取敌对态度。

瓦剌就不同了，他们原先受黄金家族管辖，黄金家族衰落后，他们趁机崛起，企图获得蒙古的统治权。明朝政府敏锐地发现了这个问题，并加以利用，他们通过给予瓦剌封号，并提供援助的方式扶持瓦剌势力，以对抗鞑靼。

而在瓦剌首领马哈木心中，部落矛盾是大于民族矛盾的，他并不喜欢明朝，但他更加讨厌动不动就指手画脚以首领自居的鞑靼。

都什么时候了，还想摆老大的架子。

出于这一考虑，他和明朝政府达成了联盟。当然这种联盟是以外敌的存在为前提的，大家心里都清楚，一旦情况变化，昨日的盟友就是明日的敌人。

兀良哈三卫可以算是明朝的老朋友了，但这种朋友关系也是不稳固的。虽然他们向明朝朝贡，并听从明朝的指挥，但他们毕竟是蒙古人，与鞑靼和瓦剌之间存在着千丝万缕的联系。

最后是明朝，他可算是这一切的始作俑者，特长就是煽风点火。北元是他打垮的，瓦剌是他扶持的，兀良哈三卫是他安置的。搞这么多动作，无非只有一个目的，分解元帝国的势力，使其永不能翻身。

大致情况就是这样，鞑靼和瓦剌打得死去活来，兀良哈在一旁看热闹，明朝不断地给双方加油，看到哪方占优势就上去打一拳维护比赛平衡。

如果成吉思汗在天有灵，见到这些不肖子孙互相打来打去，昔日风光无限的蒙古帝国四分五裂，不知作何感想。

一次性解决问题

蒙古本部鞑靼太师阿鲁台在拥立本雅失里为可汗后，奉行了对抗政策，与明朝断绝了关系，更为恶劣的是，永乐七年（1409）四月，鞑靼杀害了明朝使节郭骥，他们的这一举动无疑是在向大明示威。但他们没有想到，他们的这一举动实在是利人损己。

因为明朝政府其实早已做好准备要收拾鞑靼，缺少的不过是一个借口和机会而已，而这件事情的发生正好提供了他们所需要的一切。

鞑靼之所以成为明朝的目标，绝不仅仅是因为他们对明朝抱有敌对态度。

鞑靼的新首领本雅失里与太师阿鲁台都属于那种身无分文却敢于胸怀天下的人，虽然此时鞑靼的实力已经大不如前，他们却一直做着恢复蒙古帝国的美梦，连年出战，东边打兀良哈，西边打瓦剌，虽然没有多大效果，但声势却也颇为吓人。

鞑靼的猖狂举动引起了朱棣的注意。为了打压鞑靼的嚣张气焰，他于永乐七年（1409）封瓦剌首领马哈木为顺宁王，并提供援助，帮助他们作战。瓦剌乘势击败前来进攻的本雅失里和阿鲁台，鞑靼的势力受到了一定的压制。

为了一次性解决问题，朱棣决定派出大军远征，兵力为十万，并亲自拟订作战计划，但在最重要的问题上，他犹豫了。

这就是指挥官的人选，朱棣常年用兵，十分清楚打仗不是儿戏，必须有丰富战争经验的人才能胜任这一职务。最好的人选自然是曾经与自己一同靖难的将领们，可是问题在于，当年的靖难名将如今已经死得差不多了。最厉害的张玉在东昌之战中被盛庸干掉了，朱能也已经死了，张玉的儿子张辅倒是个好人选，可惜刚刚平定的安南并不老实，经常闹独立，张辅也走不开。想来想去，只剩下了一个人选：邱福。

对于邱福，我们并不陌生，前面我们也介绍过他，在白沟河之战中，他奉命冲击李景隆中军，却没有成功，但这并没有影响他在朱棣心中的地位，此后他多次立下战功，并在战后被封为淇国公（公爵）。但朱棣也很清楚，这位仁兄虽然作战勇猛，却并非统帅之才，但目下正是用人之际，比他更能打的差不多都死光了，无奈之下，朱棣只得将十万大军交给了这位老将。

永乐七年（1409）七月，邱福正式领兵十万出发北征，在他出发前，朱棣不无担心地叮嘱他千万不可轻敌，要谨慎用兵，看准时机再与敌决战。邱福表示一定谨记，跟随他出发的还有四名将领，分别是副将王聪、霍亲，左右参将王忠、李远。

此四人也绝非等闲之辈，参加此次远征之前都已经被封为侯爵，战场经验丰富。

朱棣亲自为大军送行，他相信如此强的兵力，加上有经验的将领，足可以狠狠地教训一下鞑靼。

看着大军远去，朱棣的心中却有一种不安感油然而生，多年的军事直觉让他觉得自己似乎漏掉了什么。他思虑再三，终于想起，便立刻派人骑快马赶到邱福军中，只为了传达一句话。

这句话是对邱福说的："如果有人说敌人很容易战胜，你千万不要相信（军中有言敌易取者，慎勿信之）！"

邱福接收了皇帝指示，并表示一定不辜负皇帝的信任和期望。

朱棣不愧为一位优秀的军事家，他敏锐地意识到了这支军队最大的隐患就在于轻敌冒进，而最容易犯这个错误的就是主帅邱福，在军队出发后，竟然还派人专程赶去传达这一指示，实在是用心良苦。

后来的事实也证明了朱棣的判断是准确的，问题在于，主帅邱福偏偏就是一个左耳进、右耳出的人，遇到这样的主帅，真是神仙都没办法。

邱福率领军队一路猛进，赶到了胪朐河（今中蒙边境克鲁伦河），击溃了一些散兵，并抓获了鞑靼的一名尚书。邱福便询问敌情，这位尚书倒是个直爽人，也没等邱福用什么酷刑和利诱手段，就主动交代，鞑靼军队主力就在此地北方三十里，如果现在进攻，必然可以轻易获得大胜。

邱福十分高兴，干脆就让这个尚书当向导，照着他所指引的方向前进。这样看来，邱福倒真是有几分国际主义者的潜质，竟然如此信任刚刚抓来的俘虏，而从他的年纪看，似乎也早已过了天真无邪的少年时代，但在这件事情上，他实在是天真得过头了。

另一方面，我们也不得不佩服朱棣的料事如神，他好像就是这场战争的剧本编剧，事先已经告诉了男主角邱福应对的台词和接下来的剧情，可惜大牌演员邱福却没有按照剧本来演。

在那位向导的带领下，邱福果然找到了鞑靼的军营，但是并没有多少士兵，那位向导总会解释说，大部队在前面。就这样，不停地追了两天，依然如此，总是那么几百个鞑靼士兵，而且一触即溃。

部下们开始担忧了，他们认为那个向导不怀好意，然而邱福却没有这种意识，第三天，他还是下令部队跟随向导前进，这下子他的副将李远也坐不住了。

李远劝邱福及时回撤，前面可能有埋伏，可是邱福不听，他固执地认为前方必然有鞑靼的大本营，只要前行必可取胜，李远急得跳脚，也顾不得上下级关系，大喊道："皇上和你说过的话，你忘记了吗？"

这下可惹恼了邱福，他厉声说道："不要多说了，不听我的指挥，就杀了你！"

邱福如同前两日一样出发了，带路的还是那位向导，这一次他没有让邱福失望，找了很久的鞑靼军队终于出现了。但与邱福所预期的不一样，这些鞑靼骑兵是主动前来的，而且并没有四散奔逃，也没有惊慌失措，反而看上去吃饱喝足、睡眠充分，此刻正精神焕发地注视着他们。

亲征

永乐七年（1409）八月，远征军的战报传到了京城，战报简单明了：全军覆没。

这是一次惨痛的失败，不但十万大军全部被消灭，邱福、王聪、霍亲、王忠、李远五员大将也全部战死沙场。

朱棣震怒了，他打了很多年仗，多次死里逃生，恶仗乱仗见得多了，但像这样惨痛的败仗他还真没见过。

邱福无能！无能！

骂人出气虽然痛快，但骂完后还是要解决问题，明军的战斗力还是很强的，关键问题就在于指挥官的人选。邱福固然无能，但现在朝廷里还有谁能代替邱福出征呢？谁又能保证一定能取胜呢？

人选只有一个——朱棣。

于是在靖难之战后七年，朱棣再次披上了盔甲，拿起了战刀，准备走上战场去击败他的敌人，与之前的那次战争不同的是，上一次他是皇子，这一次他是皇帝，上一次是为了皇位，这一次是为了国家。

朱棣不但是一个优秀的皇帝，也是一个优秀的将领，这种上马冲锋、下马治国的本领实在是很罕有的，鞑靼已经领教过了皇帝朱棣的外交手段和政治手腕，现在他们将有幸亲身体会到名将朱棣那闪亮的刀锋掠过身体的感觉。

朱棣完全继承了朱元璋的人生哲学——"要么不做，要么做绝"，这次也不例外，为了给鞑靼一个致命的打击，他下达了总动员令，命令凡长江以北全部可以调动的士兵，立刻全部向北方集结，于是长江以北无数人马浩浩荡荡地开始向集结地进发，到永乐八年（1410）一月，部队集结完毕，共五十万，朱棣自任统帅。

与此同时，朱棣派遣使者分别向瓦剌和兀良哈传递消息，大致意思是大明马上就要出击鞑靼，希望你们不要多管闲事，如果多事，大可连你们一起收拾。

瓦剌和兀良哈都十分识时务，而且他们与鞑靼本来就有着矛盾，怎么肯花力气替自己的敌人出头？

而此时的鞑靼却十分没有自知之明，击败明军后，本雅失里与阿鲁台十分得意，甚至开始谋划恢复元帝国，重新做皇帝，因而对瓦剌和兀良哈更加傲慢。这两位尚在做美梦的仁兄根本不会想到，刀已经架在了他们的脖子上，只等砍下去了。

做好了一切准备工作，朱棣率领着他的五十万大军出塞远征，目标直指鞑靼！

八年未经战阵的朱棣终于回到了战场，一切似乎都是那么的熟悉，在他看来，江南水乡的秀丽和宁静远远比不上北方草原的辽阔与豪迈。

丝竹之音、轻柔吴语对他没有多少吸引力，万马嘶鸣、号角嘹亮才是他的最爱！

这就是朱棣，一个沉迷于战场搏杀、陶醉于金戈铁马的朱棣，一个真正而彻底的战士。

朱棣率领着他的大军不断向北方挺进，当军队经过大伯颜山时，朱棣纵马登上山顶，远望大漠，唯见万里黄沙，极尽萧条，二十年前，他远征经过此地，那一年他三十岁，这里还有很多人家，是繁华之地，如今却变成了一片荒漠。朱棣感叹良多，对身边的大臣说道："元兴盛之时，这里都是民居之地啊。"

容不得朱棣的更多感叹，大军于同年五月到达了几个月前邱福全军覆没的胪朐河，由于时间不长，四处仍然可见死难明军的尸骨和盔甲武器，很明显，蒙古军队管杀不管埋。

朱棣看到了这一场景，便让手下的士兵们去寻找明军尸骨，并将他们就地埋葬，入土为安。然后他看着那条湍流不息的胪朐河，沉默不语，思索良久，才开口说道："自此之后，此河就改名为饮马河吧。"

言罢，他便率领大军渡过大河。

过河之后，明军抓到了少数鞑靼士兵，他们供认鞑靼首领本雅失里就在附近，经过仔细分析，朱棣确认了这一情报的真实性，他立刻下令部将王友就驻扎此地，自己则率领精锐骑兵带上二十天口粮继续追击。

兵贵神速，朱棣深深懂得这个道理，而种种迹象表明，自己寻找已久的目标就在附近！

朱棣的判断没有错，本雅失里确实统领着大队鞑靼骑兵驻扎在附近，但他的老搭档阿鲁台却不在身边，这是为什么呢？

原来他们吵架了。

本雅失里是阿鲁台扶植上台的，两人关系一向很好，也甚少争吵，但在得知朱棣亲率五十万大军前来讨伐时，他们慌张之余，竟然发生了激烈的争吵，令人啼笑皆非的是，他们争吵的内容并不是要不要抵抗和怎么抵抗，而是往哪个方向逃跑！

这二位仁兄虽然壮志凌云，但还是有自知之明的，听说朱棣亲率五十万大军来攻击自己后，他们立刻意识到，这次明朝政府是来玩儿命的，无论怎么掰指头算，自己手下的这点兵力也绝对不够五十万人打的，向瓦剌和兀良哈求援又没有回音，那就只有跑了。

可是往哪边跑呢？这是个重要的问题。

本雅失里说：往西跑，西边安全。

阿鲁台说：西边是瓦剌的地盘，我刚和人家打完仗，哪好意思去投奔，不如往东跑，东边安全。

本雅失里反对，他说：东边的兀良哈是明朝的附属，绝不肯收留自己这个元朝宗室，要去你去，反正我不去。

两人僵持不下，越吵越激烈，后来他们决定停止争吵（再不停明军就要来了），分兵突围。

就这样，本雅失里一路向西狂跑，可还没有赶到瓦剌就撞到了朱棣的大军，不能不说是运气不好。

本雅失里发现了明朝大军的动向，他立刻命令部队加速前进。

与此同时，率领精锐骑兵的朱棣也快马加鞭，向本雅失里不断靠近。

这是一场战场上的赛跑，最终朱棣占据了优势，因为他明智地把辎重和后勤留在了饮马河畔，只带上口粮日夜追击，而本雅失里却舍不得他抢来的那些东西，带着一大堆家当逃跑，自然跑不快。

朱棣终于追上了本雅失里，并立刻向他发动了攻击，本雅失里万万没有想到，朱棣来得这么快，毫无招架之功，被朱棣一顿猛打，丢下了所有辎重，只带着七个人逃了出去。战后，朱棣不打收条就全部收走了本雅失里辛辛苦苦带过来、一直舍不得丢掉的那些金银财宝，而可怜的本雅失里就这样无偿地为朱棣干了一趟搬运工。

无论如何，本雅失里总算是捡了一条命，继续着他的逃亡之路，但他却未必知道，他的这次战败不但是他的耻辱，也会让他的祖先蒙羞。

或许是宿命的安排吧，朱棣追上并击溃这位成吉思汗子孙的地方，就是斡难河（今蒙古鄂嫩河）。

朱棣正在马上俯视着这片刚刚经过大战的土地，大风吹拂着一望无际的草原，斡难河水在阳光的照耀下，映出迷人的光彩，刚发生的那场恶战似乎与这片美丽的土地毫无关系。

胜利的喜悦已经消退的朱棣突然想起了什么，他沉思了一会儿，对身边的侍卫感叹道："这里是斡难河，是成吉思汗兴起的地方啊。"

是的，二百年前，就在斡难河畔，铁木真统一了蒙古部落，成为伟大的成吉思汗。术赤、窝阔台、拖雷、哲别等后来威震欧亚大陆的名将们环绕在他的周围，宣誓向他效忠。之后他们各自出征，将自己的宝剑指向了世界的各个角落，并最终建立了横跨欧亚的蒙古帝国。

转眼之间，二百年过去了，草原上的大风仍旧呼啸，斡难河水依然流淌，但那雄伟的帝国早已不见了踪影，而就在不久之前，伟大的成吉思汗的子孙在这里被打得落荒而逃。

一切都过去了，只有那辽阔的草原和奔流的河水似乎在向后人诉说着这里当年的盛况。

百年皇图霸业，过眼烟云耳！

阿鲁台的厄运

本雅失里逃走了，他如愿逃到了瓦剌，然而命运和他开了一个小小的玩笑，虽然以往与瓦剌的战争都是太师阿鲁台指挥，本雅失里并未参与过，可是瓦剌的首领马哈木充分发挥了一视同仁的精神，不但没有给他什么优厚待遇，反而从他这里拿走了一样东西——他的脑袋，报旧仇之余，还顺便去向明朝要两个赏钱。

朱棣击败了本雅失里，但办事向来十分周到的他并未忘记阿鲁台，他随即命令大军转向攻击阿鲁台。

此时阿鲁台的情况比本雅失里好不了多少，兀良哈也不肯接纳他，这倒也怪不得兀良哈，被人追斩的人一般都是不受欢迎的。阿鲁台只好在茫茫草原和大漠间穿行，躲避着明军。

明军此时也不断寻找着阿鲁台，但由于阿鲁台采用游击战术，方位变幻不定，和明军玩儿起了捉迷藏，而明军的粮食就快接济不上了，无奈之下，只好班师，看上去，阿鲁台算是逃过了这一劫。

但人要是倒霉起来，连喝凉水也会塞牙的。

明军在班师途中，经过阔滦海子（今呼伦湖）时，居然撞上了正在此地闲逛的阿鲁台！这真是踏破铁鞋无觅处，得来全不费功夫。

天堂有路你不走，地狱无门偏闯进来！

朱棣立刻命令军队摆好阵势，五十万大军随时准备发起攻击。此刻的阿鲁台吓得魂不附体，朱棣抓住了阿鲁台的这一心理，派使者传话，要阿鲁台立刻投降，否则后果自负。

阿鲁台十分想投降，他很清楚明军的实力，如果要强行对抗，只有死路一条，但部下们却死不同意，双方争执不下。阿鲁台急得跳脚，却又无计可施，在这种情况下，阿鲁台和部下达成了一个共识，那就是能拖多久，就拖多久。

阿鲁台以需要考虑的时间为理由，把使者打发走了，然后他接着回去和那些部下讨论对策，会议中，有人提出趁此机会可以偷偷逃走，明军必然追赶不及。这个观点获得了很多人的支持，阿鲁台也认为不错，便决定派遣部分军队先走。

然而就在他们调遣军队之时，外面突然传来了巨大的喧哗声和马鸣声！阿鲁台立刻意识到，明军开始进攻了！

然而此刻的明军大营并没有接到发动总攻的命令，掌管中军的副将安远侯柳升听到外面乱成一片，大为吃惊，马上出营察看。他惊奇地发现有数千骑兵已经奔离营区，杀向敌军。柳升大为恼火，认为是有人违反军纪私自出战，但当他看清那支骑兵的帅旗后，就立刻没有了火气。

因为那是皇帝陛下的旗帜。

这可了不得，万一出了什么事情可不是闹着玩儿的，柳升立刻命令大营士兵不必列队，立刻紧跟皇帝，发起总攻！

这一幕混乱的发起者正是朱棣，自从他派遣使者前往阿鲁台军中后，便一直注视着对方的动向，而阿鲁台的缓兵之计自然瞒不过他的眼睛，要知道，他自己就是搞阴谋诡计的行家里手，当年为了争取时间，还装过一把精神病人，在这方面，阿鲁台做他的学生都不够格。

而当他发现敌军迟迟不做答复，阵形似乎有所变化时，他就敏锐地判断出，敌军准备有所动作了，至于是进攻还是逃跑，那并不重要，真正重要的是，要立刻抓住时机，痛击敌军。

于是他顾不得通知后军，便亲率数千骑兵猛冲对方大营！在他统率下的骑兵们个个英勇无比，以一当十，要知道，带头冲锋的可是皇帝啊！那可不是一般人，平日神龙见首不见尾，贵为天子的人，现在居然拿起刀和普通士兵一起冲锋，还身先士卒，冲在前面。领导做出了这样的表率，哪里还有人不拼命呢？

跟着皇帝冲一把，死了也值啊。

榜样的力量是无穷的，在朱棣的鼓舞下，明军如下山猛虎般冲入敌阵，疯狂地砍杀蒙古士兵，朱棣更是自己亲自挥刀斩杀敌人，士兵们为了在皇帝面前表现得更好一点，自然更加卖命。经过两三次冲锋，阿鲁台军就彻底崩溃了，阿鲁台带头逃跑，而且逃跑的效率很高，一下子逃出去上百里地。他本以为安全了，可是明军却紧追不舍，一直跟在他屁股后面追杀，阿鲁台精疲力竭，跑到了回曲津，实在跑不动了，便停下来休息，可还没有等他坐稳，明军就已赶到，又是一顿猛砍，阿鲁台二话不说，扭头就逃，并最终以其极强的求生本能再次逃出生天，但他的手下却已几乎全军覆没。

在获得全胜后，朱棣班师回朝，经过这次打击，鞑靼的势力基本解体，大汗被杀，实力大大削弱。阿鲁台被明朝的军事打击搞得痛苦不堪，手忙脚乱，四处求援却又无人援助，无奈之下，他于永乐八年（1410）冬天正式向明朝朝贡，表示愿意顺服于明朝。

此战过后，北方各蒙古部落无不心惊胆战，因为明朝的这次军事行动让他们认识到，这个强大的邻居是不能随意得罪的，说打你就打你，绝对不打折扣。

朱棣的这次出征虽然没有能够完全解决问题，但也沉重地打击了敌对势力，为北方边界换来了一个长期和平的局面（至少他本人是这样认为的）。

第七章

逆命者必剪除之！

很多蒙古部落,他们没有想到,一部居然如此不堪一击,而在他们前面说过,瓦剌和鞑靼之间有很深的仇就是瓦剌,结果却十分高兴,这个部落朝政府的嘉奖。作为这场战争中的旁观者,不但不帮忙,还替明了明朝政府的嘉奖。作为这场战争中的旁观者,瓦剌得到了许多利益,然而明朝政府想不到的是,不久之后,这位旁观者就将转变为一个参与者,瓦剌首领马哈木是

鞑靼战败的消息，震惊了很多蒙古部落。他们没有想到，由黄金家族统领的蒙古本部居然如此不堪一击。而在他们中间，有一个部落对这一结果却十分高兴，这个部落就是瓦剌。

我们前面说过，瓦剌和鞑靼之间有很深的仇恨，估计也超过了人民内部矛盾的范畴。在明军进攻时，瓦剌作为与鞑靼同一种族的部落，不但不帮忙，还替明朝政府解决了本雅失里这个祸害，这样的功劳自然得到了明朝政府的嘉奖。作为这场战争中的旁观者，瓦剌得到了许多利益，然而明朝政府想不到的是，不久之后，这位旁观者就将转变为一个参与者。

瓦剌首领马哈木是一个比较有才能的统治者，他并不满足于自己的地盘，而自己的最大竞争对手阿鲁台已经被明军打成了无业游民，他所占据的东部蒙古也变得极为空虚。马哈木是个见了便宜就想占的人，他开始不断地蚕食西部蒙古的地盘。几年之间，瓦剌的实力开始急剧膨胀，占领了很多地方。此时阿鲁台却缺兵少将，成了没娘的孩子，他只能去向明朝政府哭诉，可是每次得到的都是"知道啦""你回去吧，我们会和他打招呼的"之类的话。

上学时候的经历告诉我们，打小报告的一般都没有好下场，阿鲁台也不例外。他告状之后境况不但没有改变，反而经常挨打，而且一次比一次狠，鞑靼从此陷入了极端困顿的境地。

应该说，阿鲁台落得如此下场，不但是因为瓦剌的进攻，明朝政府的默许和支持也是其中的一个因素。眼看鞑靼就要一蹶不振，然而此时时局又出现了意想不到的变化。

瓦剌变得过于强大了。

不管瓦剌和鞑靼有什么样的矛盾，但他们毕竟还是蒙古人，"攘外必先安内"也并不单单是汉族的传统。在打垮了鞑靼后，瓦剌的马哈木也动起了统一蒙古、恢复帝国的念头。他立答里巴（黄金家族阿里布哥系）为汗，还侵占了和林。

明朝政府终于发现，这个旁观者竟然已经变得如此强大，大有一统蒙古之势。而此时阿鲁台也已经被打得失魂落魄，竟然带着自己的部落跑到长城边上来，说自己已经没有活路了，要求政治避难。

事到如今，再也不能不管了，明朝政府如同古往今来的所有政权一样，都遵循一条准则：

没有永远的朋友，也没有永远的敌人，只有永远的利益。

昔日的朋友终于变成了敌人。

明朝对瓦剌说："从哪里来，就滚回哪里去！"

瓦剌说："我不滚。"

"不滚，我就打你！"

"你来吧，怕你不成！"

不再废话，开打。

瓦剌的自信

马哈木敢与明朝如此叫板，绝不是一时冲动，他还是有点资本的。当时瓦剌所管辖的西蒙古一直没有受到过明朝的正面打击，而在明朝攻击鞑靼的军事行动中，他还趁机捡了不少便宜，越发耀武扬威起来。这就如同一个小康之家突然中了几百万彩票，便摆起了排场，想去跟人比富。

马哈木明白，一旦和明朝撕破脸，就要动真格的了，但马哈木并不畏惧，因为他也有自己的"撒手锏"——骑兵。

在当时，蒙古草原上最强大的骑兵部队已经不再是蒙古本部鞑靼，而是瓦剌。事实证明，蒙古不愧是马上的民族，他们生长在马上，血管里流着游牧民族的血液，即使不复当年之荣光，他们也无愧于最优秀骑兵部队的称号。

马哈木仔细观察了明朝和鞑靼的战争，他敏锐地发现明朝的骑兵并不比鞑靼的强，只是因为明军势头很大，而鞑靼却出现了内部分裂，所以才会如此轻易地击败鞑靼。

瓦剌将在我的统一指挥下诱敌深入，然后发动出其不意的攻击，一举歼灭明军，重现蒙古的辉煌！这大概就是马哈木的想法。

马哈木并不是一个只会空喊口号的人，他已经准备了一个详尽的作战计划，并预设了决战的地点。他相信，只要明军被引入了这个圈套，他就一定能够取得战役的胜利。

他几乎成功了。

敌人就在前方！

自从瓦剌表示不服从明朝的调遣，不肯回到西蒙古领地后，朱棣就下定决心，要拔掉这颗钉子。自小以来，只有他抢别人的东西，别人乖乖地听他的话，他不去欺负别人已经是谢天谢地，还没有谁敢欺负他，而如今小小的瓦剌竟然敢于和他公开叫板，不教训一下是不行了。

永乐十二年（1414）二月，他再次带领五十万大军远征，安远侯柳升等部将随同出征，大军浩浩荡荡，向瓦剌出发。

朱棣是一个十分有经验的将领，他很清楚，自己的骑兵并不能在与蒙古骑兵的直接冲突中占到多少便宜，毕竟自己手下最精锐的骑兵还是蒙古人组成的朵颜三卫，而这些人还是拿钱的雇佣兵。如今要到瓦剌的土地上与他们作战，瓦剌的骑兵必然会全力以赴，其战斗力是很强大的。

骑兵战斗力上的差异不是一朝一夕可以解决的，全民作战的瓦剌也必然会充分利用这一战斗兵种上的优点，加上深入敌境，敌军必有埋伏，如何应付这些问题呢？

朱棣早已准备好了对策，他演练了全新的阵形，并带上了一支特殊的军队，他相信，这支军队一定会给马哈木意想不到的打击。

大军出发后，行军四个多月，一路扫荡瓦剌势力。但让朱棣吃惊的是，即使在深入瓦剌境内后，他们也并未遇到过像样的抵抗。朱棣与邱福不同，他的直觉告诉他，瓦剌军队正在某个地方等待着他进行一场决战。

六月初三，明军前锋将领刘江到达康哈里海，无意之间发现了瓦剌军队，他立刻发动进攻，将其全军击溃，并抓到了俘虏，据俘虏交代，马哈木就在此去百里的忽兰忽失温（今蒙古图拉河），且毫无准备。

走了几个月的将领和士兵们都十分兴奋，他们已经走了很远的路，希望能够一举打垮瓦剌，如今已经得到了确切敌情，正好可以给对方来一个措手不及。但朱棣的反应却出乎每个人的意料。

朱棣在听到这个消息后，仔细分析了敌情，他也认为敌人就在附近，但这些敌人绝不是毫无防备的，而是已经做好了决战准备，所以他下令军队不可轻动。

属下们听到这个消息都很沮丧，但他们毕竟不敢违背皇帝的军令。但出人意料的是，过了不久，朱棣又改变了主意，命令军队立刻兼程前进，将领们十分高兴，却又摸不着头脑，这位皇帝陛下打的是什么算盘？

朱棣陷入了矛盾之中。

他长期以来的军事经验告诉他，从种种迹象看，瓦剌军队是有意识地诱敌深入，而刘江打败的先锋部队很明显是瓦剌故意放出来的诱饵，如果继续深入必然会遭到瓦剌的伏击。

最好的办法无疑是在此地等待瓦剌前来决战，但这是不可能的。

作为一支深入敌境的军队，找到敌人主力速战速决才是关键，粮食就这么多，无论如何是耗不起的。

没办法了。

敌人就在前方等着我们，那就来吧，龙潭虎穴也要闯上一闯！

更何况，我也有自己的"撒手锏"。

明知山有虎，偏向虎山行！

前方百里，忽兰忽失温！

此时的瓦剌首领马哈木沉浸于喜悦之中，他看着部落的另两个首领太平和博罗，得意之情溢于言表。正是在他的周密策划之下，瓦剌保存了实力，并集结了部落最为强大的三万骑兵，在忽兰忽失温设下了圈套，等待着明军的到来。

马哈木之所以挑选忽兰忽失温为战场，是有着充分的考虑的。忽兰忽失温附近多山，有利于骑兵部队隐藏，而且将骑兵藏于山上还有着一个很大的优势，那就是一旦发现明军，可以借助山势直冲而下，以万钧难当之势一举冲垮明军阵形，只要明军阵形一乱，即使人再多也起不了任何作用，只能乖乖地任自己宰割。

马哈木是对的，虽然他肯定没有学过物理，不会懂得势能这个概念，但将骑兵放在高处一冲而下确实有着极强的冲击作用，如果明军没有什么别的办法，阵营必然会被截成几部分，到时首尾无法呼应，形成不了强大的战斗力，就是一盘散沙。

这实在是马哈木所能想到的最好的方法，坚壁清野、诱敌深入、居高而下、一举荡平，如同一部完整的动作片，前三个动作是准备，最后一个是结局。但这部动作片要想得到一个完美的结局必有一个前提条件，那就是当瓦剌军队从高处向下冲击时，明军"没有什么别的办法"。

明军已是我囊中之物！不久之后，瓦剌和我马哈木必将成为蒙古新的领袖！

可惜明军统帅朱棣偏偏是一个"有办法"的人，北平城造反时他有办法，白沟河大战时他也有办法，被挡在山东之外进退两难时，他还是有办法。

没有办法，他也走不到今天这一步。

六月初七，他带着自己的办法来到了忽兰忽失温，来到了马哈木为他安排的战场。

看完四周的环境，朱棣不由得吸了一口冷气，和他想象的丝毫不差，此处山多险峻，是伏击作战的不二之选。

无论如何，这里就是决战的地点了。

当那浩浩荡荡的大军来到自己眼前的时候，马哈木感觉到了强烈的兴奋，身后的三万大军只等待他的一声号令，就可以杀下山去，把明军击溃，彻底地击溃！

离成功只差一步！

更让马哈木惊喜的是，明军打头的并不是什么精锐骑兵，而是一些步兵，这简直是天助我也，只要打开了突破口，明军必然无法抵抗自己的攻击。

虽然离明军还有一段距离，但在仔细观察了明军的阵形后，马哈木已有了必胜的把握，他随即下达了总攻的命令！三万骑兵自山上一冲而下，以猛虎之势扑向山下的明军，杀声遍野，马匹嘶鸣，震天动地。马哈木得意地在山上指挥着他的军队，等待着瓦剌骑兵一举冲垮明军的景象。

胜利就在眼前！

然而，就在瓦剌骑兵发动冲锋后不久，这场看起来一边倒的战役局势突然出现了意想不到的变化！

突击！神机营！

在发现瓦剌军队发动进攻后，明军迅速变换了阵形，原先在队伍前列的步兵迅速地由中间向两翼后退，中军后阵立刻涌出一支部队填补了空位。

这支部队与明军中的骑兵和步兵不同，他们手中拿着的并不是马刀或是长剑，而是火铳。

在迅速排布好阵形之后，士兵们将手中的火铳对准了不断逼近的瓦剌骑兵，他们等待着指挥官柳升的命令。

瓦剌骑兵注意到了明军阵营的变化，但他们并未在意，而是继续纵马猛冲。此时山上的马哈木也看到了这一幕，和他手下的那些人不同，他是见过世面的，明军阵形的这一突然变化让他汗毛直竖，血液几乎凝固，他声嘶力竭地喊道："是神机营！快退！"

已经来不及了。

中军主帅柳升一声令下，万枪齐发，冲锋中的瓦剌骑兵万料不到会有这样的突然打击，纷纷受伤倒地，损失惨重。一时间战场上人仰马翻，惨烈无比。

但仗已经打到这个地步，已经冲锋了，难道还能退回去不成？索性拼到底吧！

于是，剩下的瓦剌骑兵更加拼死地向明军冲去。

这也是瓦剌骑兵所能做出的最正确的抉择，因为当时明军所使用的火铳是需要装填火药的，而装填火药需要时间，因而在最初的一轮齐射之后，战场上陷入了短暂的宁静之中。

瓦剌骑兵见状大喜，他们认定，只要能够冲入明军阵营，一样能够打败明军，获得全胜。

然而此时，战场上又出现了意想不到的情况。

瓦剌军眼看就要冲入明军阵营，也就在此刻，明军开始了第二次变阵！

神机营发动齐射之后，并没有出现手忙脚乱装填火药的情形，相反，他们将火铳收好，开始有条不紊地向阵形两翼迅速后撤。明军大队骑兵随即从后军冲出，并分为三路，左路由部将李彬、谭青指挥，右路由部将王通指挥，中军由朱棣亲自统率。

在朱棣的统一指挥下，明军左右两翼分别向瓦剌骑兵发动侧击，朱棣更是神勇无比，又一次亲率大军冲入敌阵，挥舞马刀砍杀瓦剌骑兵，与敌军展开激战。

可怜从山上冲下来的瓦剌骑兵，跑了这么远的路，到了明军跟前却发现原先密集的大队人马突然分散，瓦剌军还没有缓过神来，其左右两翼就受到了明军的猛烈攻击，而自己正面的明军更是勇猛无比。四面受敌，到处挨打，之前看似不堪一击的绵羊突然变成了恶狼，这所有的一切让瓦剌军陷入了极端的窘境，几万大军就此溃灭。

瓦剌首领马哈木是个聪明人，见势不妙，立刻带头逃跑，而已是一盘散沙的瓦剌军也纷纷抱头鼠窜，要知道，游牧骑兵虽然打仗勇猛，但逃跑起来和一般人也没有什么区别，反而跑得更快。

此战明军大胜，"斩其王子数十人（不知是谁的儿子）"，杀伤瓦剌军万余人。按说人家跑了也就算了，但问题在于这支明军的统帅是朱棣，他秉承父亲朱元璋同志的优良传统，牢记"凡事做绝"的行为准则，继续猛追马哈木。

明军连续追击，马哈木叫苦不迭，跑了上百里地，还是没有摆脱敌军，这样下去不是办法，而且如此狼狈不堪也实在太丢人，马哈木随即鼓起勇气，整合军队，再战明军，用我们今天的话说，叫挽回一点面子。

可朱棣实在不给一点面子，瓦剌军整队反攻，正中他下怀，明军势不可当，一举攻破瓦剌军阵（又败之），马哈木十分果断，转身就跑。

马哈木接着跑，明军接着追，一直跑到图拉河边，马哈木眼见逃不脱，便要起了流氓，甩掉了难兄难弟太平和博罗，让他们去殿后，自己一个人逃走。

而朱棣这边也不轻松，虽然追击很顺利，但中途的一个突发事件，却把朱棣着实吓了一跳。

在追击开始时，明军使用以乱打乱的战术，分散追击瓦剌军，本来这一战术没有什么问题，可有一个人过于兴奋，几乎惹下了大祸。

这个人就是朱棣的内侍李谦，他当时也在痛打落水狗的人群之中，但由于他追击太猛，以致深入敌军之地，被瓦剌军包围。按说李谦并不是什么大人物，死了也就死了吧，但和他在一起的偏偏还有一个朱瞻基。

朱瞻基是朱棣的孙子，朱高炽的儿子，即所谓的皇太孙，朱瞻基自幼聪明伶俐，朱棣并不喜欢他的残疾儿子朱高炽，却十分喜爱朱瞻基，而朱高炽之所以能够当上皇帝，很大程度上也是因为有这么一个机灵的好儿子。

朱棣一直以来就把朱瞻基当成将来的接班人来培养，此次出征他特意带上朱瞻基，也是希望朱瞻基能够借此机会见见世面，锻炼一下。

话虽如此，也不过是锻炼而已，就如同今天的领导下基层体验生活，挂职锻炼，不会真的动刀动枪去上阵拼杀。朱棣喜欢亲自抄家伙砍人，那是因为他长年从事该项运动，经验丰富，且善于躲闪，能够砍人而不被人砍，朱瞻基不过是个毛孩子，带出来转转而已，但这个毛孩子竟然不知深浅，一时头热，跟着李谦逞英雄去了。

当朱棣发现自己身边少了朱瞻基时，顿时傻了眼，冷汗直冒，这一仗胜负不要紧，输了可以重来，但要是把接班人弄没了，那才真是得不偿失。他火冒三丈，立刻派人询问朱瞻基和李谦的去向，得知他们已经追到了九龙口后，便火速派出军队接应自己的孙子回来，也算老天有眼，瓦剌军慌乱之间，也没有想到自己围住的是这么个大人物，见有人来接应，也就四散奔逃了。

朱瞻基平安回来了，但内侍李谦却不敢回来，他极为后怕，感到自己问题严重，还没等朱棣向他问罪，就自杀了。

虽然有这样一段小插曲，但此次战役，明军还是彻底击败了瓦剌军主力，自此之后几十年内，瓦剌再也不敢向明军挑衅，边境从此太平了一段时间。

现代的一位伟人这样描述过战争与和平的关系：

一仗打出十年和平。

至理名言，古今通用。

战后总结大会

下面我们就这次战役开一个总结大会，现在开始：

这次忽兰忽失温战役虽然并不是什么决定性的战役，但却很值得分析，因为这个看似普通的战役中蕴含了一些明军作战的秘密和规律，是应该认真研究的。

这次会议主要探讨两个问题。

第一，为什么明军能够战胜？

要知道，一场战争的胜负是有很多决定因素的，之前我们介绍过，明军骑兵的个人能力不一定能够胜过瓦剌骑兵，但为什么明军却能在瓦剌军占据天时地利人和的情况下击败他们呢？

这是因为朱棣统率下的明军有一套极有技术含量的战法和几支高素质的部队。战法问题过于复杂，我们下面再讨论，先说说明军的高素质部队：三大营。

三大营是朱棣同志组建的部队，这支部队也是明朝的最精锐部队，它们分别是：五军营、三千营、神机营。

先说五军营，五军营并不是指五个军种，实际上，五军营是骑兵和步兵的混合体，分为中军、左军、左掖军、右掖军、右哨军，这支部队是从各个地方抽调上来的精锐部队，担任攻击的主力。

下面说一下三千营，我们前面已经说过五军营是明军主力，那么为什么还要单设一个三千营呢？这是因为三千营与五军营并不相同，它主要是由投降的蒙古骑兵组成的。也就是说，三千营实际上是以雇佣兵为主的。

之所以叫三千营，是因为组建此营时，是以三千蒙古骑兵为骨干的，当然后来随着部队的发展，实际人数不止三千人。三千营与五军营不同，它的下属全部都是骑兵，这支骑兵部队人数虽然不多，却是朱棣手下最为强悍的骑兵力量，他们在战争中主要担任突击的角色。

最后，我们要介绍朱棣手下最特殊的一支部队，神机营。

之所以说它特殊，是因为这支部队使用的武器是火炮和火铳。明朝时，人们称呼这些火器为神机炮，许多游牧民族的骑兵就是丧命于这些神机炮下。马哈木同志就不要哭了，毕竟事情已经过去了。

可以说，这支部队就是明朝政府的炮兵部队，朱棣同志之所以要组建这样的一支部队，那是有着深刻的原因的。

我们看到朱棣同志沉痛地点了点头，没有错，在靖难的时候，朱棣同志主要使用的就是骑兵，但是盛庸先生却大量使用火器袭击他和他的军队，造成了极为不好的影响，朱棣同志自己也几次差点在战场上被干掉。

这也使得朱棣同志深刻吸取了教训，在他后来组建军队时，便专门设置了这样一个以使用火器为主的部队，正是这支部队在忽兰忽失温战役中发挥了巨大的作用。

好了，以上我们介绍了朱棣的高素质部队，但这并不是他获得胜利的根本原因，明军获胜的真正秘诀在于他们的战法。

下面我们就探讨第二个问题：明军使用了怎样的战法？

可能出乎很多人的意料，明军的战法是非常先进的，那到底先进到什么水平呢？

客观地说，明军的战术虽不能说领先世界几百年，但放眼全球，至少在当时，绝无可望其项背者。

这并不是信口胡说，是有着充分的证据的，请大家坐好，下面我们将详细介绍明朝军队先进战法的发展过程。

在朱元璋时代，明朝有徐达、常遇春、李文忠等十分优秀的骑兵将领，这些人使用骑兵作战堪称不世出之奇才，连靠骑兵起家的蒙古人也被他们打得狼狈不堪，但除了他们率领的骑兵之外，明朝在军事上还有另一招看家本领，那就是火器。

事实证明，中国人在发明火药之后，并不仅仅用它制作鞭炮，经过上百年的演化改进，明代时候朱元璋的军队中已经开始大规模地使用火器，包括火炮和火铳等。而相应于擅长使用骑兵的徐达等人，朱元璋的手下也涌现出了一大批善于使用火器作战的将领，这些将领中的佼佼者就是邓愈和沐英。

邓愈是偏好使用火器的，在洪都保卫战中，他的部下就使用火器重创过陈友谅的军队，但朱元璋时代，对火器战术的运用达到登峰造极程度的，却并不是他，而是沐英。

在那将星闪耀的年代，沐英并不如徐达等人那么耀眼夺目，但他也是一名十分优秀的将领。洪武十四年（1381），他随同傅友德、蓝玉攻击云南，虽不是主帅，但他的排名仅次于蓝玉，可见绝非等闲之辈，一年之后，云南平定，傅友德、蓝玉先后奉调回京，朱元璋下令，沐英暂不回京，镇守云南。按照当时的说法，这只是一个暂时的安排，然而沐英却迟迟没有等到调动工作的机会，慢慢地，他由临时工变成了合同工，他留在了云南。

他死后，他的子孙也留在了云南，接着执行祖辈与朱元璋签订的那份长期镇守合同，从此沐氏就成了云南的镇守者，而这份合同的年限也实在有点长——二百六十年，直到明朝灭亡。

但也正是在这片土地上，沐英创造出了他独特的火器战法。

沐英时代的云南绝不是我们今天看到的所谓春城和旅游胜地，实际上，当时的云南还是一片蛮荒之地，少数民族众多，且以造反为日常主要活动项目。云南之地少平原，骑兵没有多大作用，大部分的军事行动要靠步兵，本来毫无组织的少数民族应该不是训练有素的明朝步兵的对手，可偏偏当地有一种特产，而这种特产又是少数民族喜闻乐见，并极其乐于使用的。

这种特产就是大象。

话说大象这种动物，身高体胖皮厚，虽不惹事但也不好惹，连山中王老虎见了也要给它三分面子。当时象牙也没现在这么值钱，所以大象数量很多。当地少数民族造反时，总喜欢使用这种当地特产。

明军骑马，反军骑大象，这仗怎么打？

克制大象的方法还是有的，那就是火器，火铳和火炮不但能够有效地打击大象，在开枪时发出的响声还能起到威吓的作用。事实上，这也是当年明军唯一可以克制大象军团的方法。

但事实总是不尽如人意，沐英时代所使用的火铳是洪武火铳，这种火铳射程不远，且每次发射后都需要换黑火药和铅子，无法形成持续的杀伤力，发射火铳的士兵往往射完第一发子弹后就会被大象踩死，这种赔本买卖沐英是不会做的。

在经过无数次失败和思考后，沐英终于创造出了一种先进且足以克制大象的火器战法。

这种战法根据敌军大象兵打前阵的特点，将火铳兵列队为三行，发现敌象兵前进后，第一行首先发射火铳，然后第二行、第三行继续发射，在第二、第三行发射时，第一行就可以从容地装好子弹，形成完备而持续的强大火力（置火铳为三行，列阵中……前行退后，次行继之；又不退，次行退后，三行继之）。

这种开创性的战术克服了当时火铳的局限性，三行轮流开火，没有丝毫停歇，足以将任何敢于来犯之敌人（包括大象）打成漏斗。

正是凭借着这种战法，沐英彻底平定了云南境内的叛乱，这种战法由于其使用的地域性，并没有在明军中广泛流传，但这并不能否定其在军事史上的伟大意义。

在沐英发明三行火铳战法的百年之后，普鲁士国王腓特烈二世经过长期钻研，发明了与之类似的三线战法，其排兵布阵方法与沐英如出一辙，后来，他凭借着这一战法称雄欧洲。

当然，这位普鲁士国王认为自己才是三线战术当之无愧的首创者，如果此事发生在发明权和知识产权制度十分清晰的今天，我们是很有理由向这位国王收取专利权使用费的。

沐英的三行火器战法虽然并没有在明军中得以广泛流传和使用，但我们不需要为此感到遗憾，因为就在不久之后，一种威力更大、更先进的战法将代替它的位置，在明朝乃至世界军事史上写下辉煌的一页。

发明这种战法的是一位优秀的军事家，他就是我们熟悉的朱棣同志。

在明朝永乐时期，由于早期的徐达、常遇春等一群猛将都已故去，新一代的骑兵随着生活水平的提高，其吃苦耐劳精神有所退化（并非玩笑），不如他们的先辈。明朝骑兵对蒙古骑兵的个体战略优势已经失去，想要克制整日游牧抢劫的蒙古骑兵的冲击力，必须配合使用其他武力手段。

朱棣同志根据其长期武装斗争的经验，设置了三大营，并正式将火炮军队引入了明军的战斗序列，他希望用火器来压制蒙古骑兵的冲击。但问题在于，骑兵不同于象兵，其速度极快，由于当时火器杀伤力和射击距离以及换火药时间上的限制，即使朱棣使用沐英的三行火器战法，也是无法抵御骑兵冲击的。

在总结经验教训后，明军终于找到了一套能够有效克制蒙古骑兵的战法，本人给明军使用的这套战法取了一个名字，叫"要你命三板斧战斗系统"。

第七章　逆命者必剪除之！　　107

"要你命三板斧战斗系统"使用说明书

明军的这个三板斧战法是建立在三大营基础上的，与"要你命3000"武器系统类似的是，明军是对三大营军事力量进行合理调配与组合，达到克制蒙古骑兵的目的。

所谓的要你命三板斧战法的操作过程是这样的：

首先，在发现蒙古骑兵后，神机营的士兵会立刻向阵形前列靠拢，并做好火炮和火铳的发射准备，在统一指挥下进行齐射，这轮齐射是对蒙古骑兵的第一轮打击，也就是第一斧头；

神机营射击完毕后，会立刻撤退到队伍的两翼，然后三千营与五军营的骑兵会立刻补上空位，对已经受创的蒙古骑兵发动突击，这就是明军的第二斧头；

骑兵突击后，五军营的步兵开始进攻，他们经常手持制骑兵武器（如长矛等），对蒙古骑兵发动最后一轮打击，这也是明军的最后一斧头。

可以看到，这是一个完整的战斗系统，明军使用火器压制敌人骑兵推进挫其锐气后，立刻发动反突击，然后用步兵巩固战场（神机铳居前，马队居后，步卒次之）。这一系统的具体使用根据战场条件的不同各异，其细节操作过程也要复杂得多，比如多兵种部队的队形转换等，但其大致过程是相同的。

以冲击力见长的蒙古骑兵就是败在了明军的这套战术之下，无论多么凶悍的骑兵也扛不住这三斧头，这套"要你命三板斧战斗系统"经常搞得蒙古人痛苦不堪，却又无可奈何。

此外明军使用的武器也是很有特点的，据考证，当时的明军骑兵使用的兵器与蒙古骑兵也多有不同，某些明朝骑兵使用的不是马刀，而是另一种威力更大的独门兵器——狼牙棒。

虽然骑兵多数使用的是弯马刀，但据现代科技人员研究表明，高速移动中的骑兵在与敌方骑兵交锋时，使用狼牙棒的一方是占有优势的。这是因为狼牙棒的打击范围广，使用方便，马刀只有单面开刃，狼牙棒却是圆周面铁刺，无论哪一部分击打对手都会造成伤害，此外还兼具棍棒打击功能，其威力实在堪比现在街头斗殴时使用的王牌武器——三棱刮刀。

而且狼牙棒的批量制作费用低廉，没有统一标准，在棍棒上加装铁钉、铁扦等物体，几十分钟即可制作完成，简单方便，还可自由发挥创造力，如个别心理阴暗者会加装倒钩、倒刺等，不死也让你掉层皮，实在让人胆寒。正是所谓价格便宜，量又足，他们一直用它。

综合以上的分析，我们可以看出，明军的胜利绝不是侥幸，在他们辉煌战绩的背后，是对先进武器的研发、战术的科学分析和战斗过程的细节编排，是无数军事战术科研人员辛勤汗水的结晶。

所以在我看来，科学技术是第一推动力这句话实在是极为正确的。

和我们前面介绍过的沐英的三行战法一样，朱棣的这套战法在后来的时代里也有很多近似品。

三百多年后，一位矮个子开始使用与朱棣类似的战法，他的战术可以用三句话来概括：先用大炮轰，再用骑兵砍，最后步兵上。

可以看出，他的这套战法和朱棣时代的明军战法是比较类似的，正是凭借这套战法，他征服了大半个欧洲，并最终找到了一份和朱棣相同的工作——皇帝。

这位矮个子就是法国的拿破仑，他威震天下的资本正是他那独特而富于机动性的炮骑结合战术。

天才总是有某些共通点的。

会议开到现在，也该散会了，希望大家能够从这个总结会议中了解一些明朝的战术思想和技巧，也算没白开这个会。

对了，差点漏了最重要的一点，以上我们已经概括了明军的战术思想和战斗方法，虽然这些都是明军取胜的重要原因，但先进的武器和战术并不是影响战争胜负的决定性因素。事实上，古往今来，所有战争的胜负关系都遵循着一个最根本的原理：

最终决定胜负的是参加战争的人。

马哈木失败了，他的挑衅行为终于换来了教训，明白自己没有与明朝对抗的实力后，他也步阿鲁台后尘，于永乐十三年（1415）向明朝朝贡称臣。

不过总体看来，马哈木这个人还是比较守信用的，至少比阿鲁台强，或者说他很识时务，可能是那惨烈的一仗给他的心灵以沉重的打击，他终其一生再也没有侵犯过明朝边界，这无疑是一件好事。但从史料来看，他也并没有闲着，此后他将所有的精力都投入到了对子孙的培养中。

很明显，他认识到了最重要的一点，那就是以瓦剌目前的经济实力和科技实力，绝对不是明朝政府的对手。但他也明白，先进的武器和战术从来都不是胜利的保障，统帅和参与战争的人才是最为关键的。

事实证明，他确实培养出了堪称英才的下一代。

他的儿子叫脱欢，二十年后杀掉了鞑靼首领阿鲁台，最终统一了蒙古。

他的孙子叫额森，这位仁兄比他老子还厉害，干出了更加惊天动地的事，他还有一个广为人知的名字——也先。

第八章

帝王的财产

明帝国的边界终于安静了下来,自"不打不服,打服为止"这句俗语用在此处十分合适。永乐大帝朱棣就这样用武力为自己的国民创造了一个良好的生活环境,此时《永乐大典》已经修成,边疆平安无事,周边四夷争相向明朝皇帝朝贡,大明帝国可谓风光无比,在朱元璋和朱棣鞍马劳顿了一部落日的那一刻,鞑靼心有余悸,瓦剌奄奄一息,兀

朱棣对待蒙古部落的这种指哪打哪、横扫一切的军事讨伐有效地震慑了瓦剌和鞑靼，自永乐十二年（1414）征伐瓦剌得胜归来后，明帝国的边界终于安静了下来，瓦剌奄奄一息，鞑靼心有余悸，"不打不服，打服为止"这句俗语用在此处十分合适。永乐大帝朱棣就这样用武力为自己的国民创造了一个良好的生活环境，此时《永乐大典》已经修成，边疆平安无事，周边四夷争相向明朝皇帝朝贡，大明帝国可谓风光无比。

在朱元璋和朱棣父子的辛苦经营下，明帝国的文治武功达到了最高峰，国家繁荣昌盛、百业兴旺的景象又一次在中国大地上呈现。这固然是朱棣的成就，但究其根本还是朱元璋时代打下的良好基础在起作用，因为朱元璋就如同一个尽职的管家婆，早已为自己的子孙制定了一系列政策，让他们去照着执行。

事实上，朱棣时代奉行的仍然是他父亲的那一套系统，但朱棣本人在此基础上也有着自己的发明创造。下面我们将介绍朱棣统治时期出现的几个新机构，这些机构对之后的明代历史有着极为深远的影响，而且这些也确实可以算得上是朱棣辛苦劳动的结果，是超越前人的发明创造，值得一提。

我们先从最重要的一个说起。

这是一个全新的机构，是由朱棣本人设立的。但这个新机构的设立者朱棣做梦也不会想到，几十年之后，它会成长为一个可怕的庞然大物，庞大到足以威胁皇帝的地位和权力。

这个机构就是内阁。

永乐初年，被政事累得半死不活的朱棣终于无法忍受下去了。他总算领教了自己老爹朱元璋的工作效率和工作精神，自己纵然全力以赴、没日没夜地工作，还是很难完成。在这种情况下，他任命解缙等七人为殿阁大学士，参与机务。

这七个人组成了明朝的第一任内阁，自此之后，朱棣但凡战争、用人甚至立太子这样的事情都要与这七个人讨论方做决定，其职权责任不可谓不大。

但出人意料的是，内阁成员的官职却只有五品，远远低于尚书、侍郎等中央官员，这也是朱棣精心设置的，他对内阁也存有一定戒心，为防止这七个人权势过大，他特意降低了这些所谓阁员的品衔，他似乎认为这样就能够有效地控制内阁。

后来的事实证明，他错了。

谁也料不到这个当初丝毫不起眼的小机构最终竟然会成为明帝国统治的中枢，当年官位仅五品的阁臣成了百官的首领，更让人难以置信的是，这个机构的生命力竟然会比明朝这个朝代更长！

它已经由一个机构变成了一种制度，在此之后的五百余年一直延续下去，成为中国政治制度中极为重要的部分。

在我们之后的叙述中，这个机构将经常出现在我们的文章中，无数忠臣、奸臣、乱臣都将在这个舞台上表现他们的一生。

内阁固然重要，但下一个机构的知名度却要远远大于它，这个朱棣出于特殊目的建立的部门几百年来都笼罩着神秘色彩，它的名字也经常和罪恶、阴谋纠缠在一起。

这个部门的名字叫东厂。

我们前面提到过锦衣卫这个特务部门，虽然此部门一度被朱元璋废除，但朱棣登基后不久便恢复了该部门的建制，原因很简单，朱棣需要特务。

像朱棣这样靠造反上台的人，虽然嘴上不说，心里却是很虚的，自己搞阴谋的人必然总是认为别人也在搞阴谋，为了更加有效地监视百官，他重新起用了锦衣卫。

但不久之后，朱棣就感觉到锦衣卫也不太好用，毕竟这些人都是良民出身，和百官交往也很密，而朱棣本着怀疑一切、否定一切的科学精神，认定这些人也不可靠。

这下就难办了，特务还不可靠，谁可靠呢？

宦官

宦官最可靠，虽然这些家伙没文化，身体还有残疾（特等），大部分还有点心理变态（可以理解），但毕竟曾经帮助我篡位，一直在我身边，所以信任他们是没错的。

就这么定了，设立一个由宦官主管的机构，向我一个人负责，负责刺探情报，有事直接向我汇报请示，办公地点就设在东安门吧，这样调动也方便点。

至于名字，既然总部在东安门，就叫东厂吧。

永乐十八年（1420），朱棣设置东厂，这个明代最大的特务机构就此登上历史舞台，其权力之大、作恶之多、名声之臭实在罕有匹敌。

由于其机构位于东安门，所以被命名为东厂，家住北京的朋友有兴趣可以去原址看看，具体地址是今天的北京王府井大街北部，名字还叫东厂胡同。

东厂设立之初便十分有气派，主要反映在东厂的关防印上。别的部门的官印只是简单写明部门名称而已，东厂的关防印却大不相同，具体说来是十四个大字："钦差总督东厂官校办事太监关防"。虽然语法不一定通畅，却十分有派头，而在我看来，这样的印记还兼具一定的防伪作用，毕竟街头私刻公章的小贩要刻这么多的字花费的力气会更多，收费也更贵。

最初东厂只负责侦查、抓人，并没有审判的权力，抓获的人犯要交给锦衣卫北镇抚司审理，但到后来，为了方便搞冤假错案，本着人无我有、人有我优的精神，东厂充分发挥积极性，也开办了自己的监狱。

东厂设置有千户、百户、掌班、领班、司房等职务，但具体干活的是役长和番役，他们的职责很广，什么都管，什么都看：朝廷会审案件，东厂要派人听审；朝廷的各个衙门上班，东厂派出人员坐班；六部的各种文件，东厂要派人查看。这还不算，更让人瞠目结舌的是，这些人还负责市场调查，连今天菜市场的白菜、萝卜多少钱一斤，都要记录在案。

这些无孔不入的人不但监视百官，连他们的同行锦衣卫也监视，可见其权力之大。

能统率这么大的机构，拥有如此大的权力，东厂首领也就成了人人称羡的职业，但这个职业有一个先天性的限制条件：必须是宦官（有得必有失啊）。

东厂的首领称为东厂掌印太监，是宦官中的第二号人物。

第一号人物自然是鼎鼎大名的司礼监掌印太监。

这些东厂的特务在刺探情报、鱼肉百姓之余，也有着自己敬仰的偶像和信条，在东厂的府衙大厅旁边，设置了一座小厅，专门用于供奉这位偶像。

相信大家也绝对不会想到，这位拥有大量东厂崇拜者的偶像竟然是——岳飞。

更令人啼笑皆非的是，东厂人员还在东厂大堂前建造了一座牌坊，写上了自己的座右铭——百世流芳。

百世流芳相信他们是做不到了，遗臭万年倒是很有可能，而可怜的岳飞如果知道还有这样一群人把他当成偶像，只怕也是高兴不起来的。

这里也要特别说明，请大家不要相信《新龙门客栈》中的所谓绝顶太监高手之类的鬼话，现实中的东厂太监手边也没有什么《葵花宝典》，抓人逞凶等大部分的具体事情都是由东厂太监手下的那些正常人干的。

自从这个机构成立后，不光是朝廷百官倒霉，连锦衣卫也跟着郁闷，因为他们原本就是特务，东厂的人却成了监视特务的特务，锦衣卫的地位大受影响。

在东厂成立之前，锦衣卫也算是个有前途的职业，许多"有志青年"出于各种目的，纷纷投身于明朝的特务事业，但东厂机构出现后，其势头就盖过了锦衣卫，抢了锦衣卫的风头。

原因也很简单，东厂是直接向皇帝负责的，而且其首领东厂掌印太监是皇帝身边的人，与皇帝的关系不一般，也不是锦衣卫的首领锦衣卫指挥使能够相比的。

所以在之后的明代历史发展中，原本是平级的锦衣卫和东厂逐渐变成了上下级关系，有些锦衣卫指挥使见了东厂掌印太监甚至要下跪叩头。

不过事情总有例外，在明代的特务历史中，有一位锦衣卫指挥使依靠自己的才能和努力第一次压倒了东厂，这位指挥使十分厉害，在他任指挥使的时期，锦衣卫的威名和权力要远远大于东厂，可见事在人为。

这位堪称明代最强锦衣卫的人是一位重量级的人物，在他的那个时代有着强大的势力和深远的政治影响，我们将在以后的文章中详细介绍他的一生。

最后介绍的是我们经常在电视剧中听到的一个称谓——巡抚。

大家对这个名称应该并不陌生，这个名称最初出现在永乐年间，也算是朱棣的发明创造吧，实际上，那个时候的巡抚和之后的巡抚并不是一回事。

我们之前介绍过，朱元璋时期废除了中书省，设置布政使司，最高长官为布政使，主管全省事务，地位相当于我们今天的省长。本来布政使管事也算正常，但朱元璋有一个嗜好——分权，他绝不放心把一省的所有大权都交给一个人，于是他还另外设置了两个部门，分管司法和军事。

这两个部门分别是提刑按察使司和都指挥使司，最高长官为按察使和都指挥使。

老朱搞这么一手，无非是为了便于控制各省事务，防止地方坐大，本意不坏，但后来的事情发展又出乎了他的意料，这是因为他的这一举动正应了中国的一句俗话：三个和尚没水喝。

虽然这三位长官的职权并不相同，布政使管民政、财政，按察使管司法，都指挥使管军事，但大家都在省城办公，低头不见抬头见，关系处得不好，也是很麻烦的。平日里三家谁也不服谁，太平时期还好办，万一要有个洪灾、旱灾之类的天灾，如果没有统一调配，是很麻烦的，特别当时还经常出现农民起义这种群众性的活动，没有一个总指挥来管事，没准儿农民军打进官衙时，这三位大人还在争论谁当老大。

为了处理这三个和尚的问题，中央想了一个办法，就是由中央派人下去管理全省事务，这个类似中央特派员的人就叫巡抚。

要说明的是，中央可不是随便派个人下来当巡抚的，在论资排辈十分严重的中国，能被派下来管事的都不是等闲之辈，一般来说，这些巡抚都是各部的侍郎（副部级）。

与很多人所想的不同，在永乐时期，中央官员序列中实际上并没有巡抚这个官名，所谓的巡抚不过是个临时的官职，中央的本意是派个人下去管事，事情办完了你就回来，继续干你的副部级。

可是天不遂人愿，中央大员下到地方，小事容易办，要是遇到民族纷争问题和农民造反这些大事，就不是一年半年能回来的了。要遇到这种事情，巡抚可就麻烦了，东跑西跑，一忙就是大半年，这里解决了那里又闹，逢年过节的，民工都能回家过年，而有些焦头烂额的巡抚却几年回不了家。

本来只是个临时差事，却经常是一去不返，巡抚也有老婆孩子，也有夫妻分居、子女入学这些问题，长期挂在外面也实在苦了这些大人，中央也麻烦，往往是这个刚巡回来，又有汇报何处出事，地方处理不了，需要再派。周而复始，也影响中央人员调配，于是，在后来的历史发展中，巡抚逐渐由临时特派员变成了固定特派员，人还算是中央的人，但具体办公都在地方，也不用一年跑几趟了。

既然说到巡抚，我们就不得不说与之相关的两个官职。

巡抚虽然是大官，却并非最大的地方官员，事实上，比巡抚大的还有两级，这两级官员才真正称得上是举足轻重的人物。

明朝政府确定了巡抚制度后，又出现了新的难题，因为当时的农民起义军们经常会变换地点，也就是所谓的打一枪换一个地方，也算是游击战的一种，山东的往河北跑，湖北的往湖南跑，遇到这种情况，巡抚们就犯难了。比如浙江巡抚带着兵追着起义军跑，眼看就要追上，结果这些人跑到了福建，浙江巡抚地形不熟，也不方便跑到人家地盘上去，就会要求福建巡抚或是都指挥使司配合。如果关系好也就罢了，算是帮你个忙；关系不好的那就麻烦了，人家可以把眼一抬："你何许人也，贵姓？凭什么听你指挥？"

为了处理这种情况，中央只得再派出更高级别的官员（一般是尚书，正部级），到地方去处理事务，专门管巡抚。这些人就是所谓的总督。

总督一般管两个省或是一个大省（如四川总督只管四川），可以对巡抚发令。

按说事情到这里就算解决了，可是政策实在跟不上形势，到了明朝后期，如李自成、张献忠这样的猛人出来后，游击队变成了正规军，排场是相当的大，人家手下几十万人，根本不把你小小的巡抚、总督放在眼里，正规军不小打小闹，要打就打省会城市，一闹就几个省，总督也管不了。

在这种情况下，中国有史以来最大的地方官出场了，疲于应付的明朝政府最后只得又创造出一个新官名——督师。这个官专门管总督，农民军闹到哪里，他就管到哪里，当然了，这种最高级别的地方官一般都是由中央最高文官大学士兼任的。

以上三种机构或官职都是在永乐时期由朱棣首创的，其作用有好有坏，我们在这里介绍这些，是因为在后面的文章中，我们还要经常和他们打交道，所以在这里必须先打个底。

与这些制度机构相比，朱棣还给他的子孙后代留下了一样更加珍贵的宝物，也正是这件宝物不但开创了永乐盛世，还在朱棣死后，将这种繁荣富强的局面维持下去。

这件宝物就是人才。

朱棣和朱元璋一样，都是中国历史上十分有作为的英明君主，但综合来看，朱棣比朱元璋在各个方面都差一个层次，除了一点之外。

这一点就是看人才的眼光。

之前我们介绍过朱元璋给他的孙子留下的那三个人，事实证明这三个人是名副其实的书呆子，作用极其有限，朱棣也给自己的子孙留下了三个人，这三个人却与之前的齐、黄大不相同。

他们是真正的治世英才。

由于他们三个人都姓杨，所以史称"三杨"。

他们是那个时代最为优秀的人物，且各有特长，不但有能力，而且有心计，历经四朝而不倒，堪称奇人，下面我们就逐个介绍他们的传奇经历。

第一个人：博古守正的杨士奇

如果要评选中国历史上著名盛世之———仁宣盛世的第一缔造者，恐怕还轮不到仁、宣两位皇帝，此荣誉实非杨士奇莫属，因为如果没有他，朱高炽可能就不是所谓的明仁宗了。

这位传奇文臣活跃于四朝，掌控朝政，风光无限，但这一切都是他应得的，为了走到这一步，他付出了太多太多。

至正二十五年（1365），杨士奇出生在袁州，当年正是朱元璋闹革命的时候，各地都兵荒马乱、民不聊生，为了躲避饥荒，杨士奇的父母带着他四处奔走，日子过得很苦。在杨士奇一岁半的时候，他的父亲杨美终于在乱世中彻底得到了解脱——去世了。

幼年的杨士奇不懂得悲伤，也没有时间悲伤，因为他还要跟着母亲继续为了生存而奔走，上天还是公平的，他虽然没有给杨士奇幸福的童年，却给了他一个好母亲。

杨士奇的母亲是一个十分有远见的人，即使在四处漂泊的时候，她也不忘记做一件事——教杨士奇读书。在那遍地烽火的岁月中，她丢弃了很多行李，但始终带着一本书——《大学》，说来惭愧，此书我到二十岁才通读，而杨士奇先生五岁就已经会背了，如果在下生在那个时代，估计混到四五十岁还是个童生。

读书是要讲天分的，杨士奇就十分有天分，可读书还需要另一样更为重要的东西，那就是钱。

杨士奇没钱，他的母亲也没钱。

没有钱，就上不起私塾，就读不了书，就不能上京考试，就不能当官，毕竟科举考试并不是只考《大学》。

杨士奇和他的母亲就这样在贫困的煎熬中迎来了人生的转折。

洪武四年（1371），杨士奇的母亲改嫁了，杨士奇从此便多了一位继父，一位严肃且严厉的继父。

这位继父叫罗性，他同时也兼任杨士奇的老师。

罗性，字子理，事实上，他并不是一个普通人，此人出身世家，当时已经是著名的名士，且有官职在身，性格耿直，但生性高傲，瞧不起人。

杨士奇怀揣着好奇和畏惧住进了罗性的家，当然，也是他自己的家。

罗性是一个十分严厉孤傲的人，对这个跟着自己新娶妻子（或是妾）一道进门，却并非自家血亲的小孩儿并没有给什么好脸色。这似乎也是很自然的事。

进入罗家后不久，杨士奇就被强令改姓罗，这似乎也很正常，给你饭吃的人总是有着某种权力的。

杨士奇就这样在这个陌生的环境下开始了自己的生活，虽然改姓罗，但毕竟不是人家的孩子，差别待遇总是有的，罗性也并不怎么重视他，这一点，即使是幼年的杨士奇也能感觉得到。他唯一能做的就是更加小心翼翼，尽量不去惹祸，以免给他和他的母亲带来麻烦。

两年后，年仅八岁的杨士奇的一次惊人之举改变了他的生活状况。

洪武六年（1373），罗家举行祭祀先祖的仪式，还是小孩儿的杨士奇被触动了，他想起了自己故去的父亲和颠沛流离的生活，他也想祭拜自己的父亲和亲人。

可是罗家的祠堂绝不会有杨家的位置，而且如果他公开祭祀自己的家人，恐怕是不会让继父罗性高兴的。

这个年仅八岁的小男孩却并未放弃，他从外面捡来土块，做成神位的样子，找到一个无人注意的角落，郑重地向自己亡故的父亲跪拜行礼。

杨士奇所不知道的是，他这自以为隐秘的行为被一个人看在了眼里，这个人正是罗性。

不久之后，罗性找到了杨士奇，告诉他自己看到了他祭拜祖先的行为，还告知他从今往后，恢复他的杨姓，不再跟自己姓罗。

杨士奇十分惊慌，他以为是罗性不想再养他，要将他赶出门去。

罗性却摇了摇头，叹息道："我的几个儿子都不争气，希望你将来能够略微照顾一下他们。"

他接着感叹道："你才八岁，却能够寄人篱下而不堕其志、不忘祖先，你将来必成大器！你不必改姓了，将来你必定不会辱没生父的姓氏。"

罗性是对的，有志从来不在年高。

自此之后，罗性开始对杨士奇另眼相看，并着力培养他，供他读书。

如果事情就这样发展下去，杨士奇应该会通过各项考试，最终中进士入朝为官，因为他确实有这个实力，但上天实在弄人。

仅仅一年之后，罗性因罪被贬职到远方，杨士奇和他母亲的生活又一次陷入了困境。然而在这艰苦的环境下，有志气的杨士奇却没有放弃希望，他仍然努力读书学习，为自己的将来而奋斗。

由于家境贫困，杨士奇没有办法像其他读书人那样上京赶考图个功名，为了贴补家用，他十五岁就去乡村私塾做老师。当时私塾很多，没有形成垄断产业，每个学生入学时候交部分学费，不用开学时去教务处一次性交清，如果觉得先生教得不好，可以随时走人，所以老师的水平是决定其收入的关键，学生多收入就多。由于他学问根基扎实，很多人来做他的学生，但毕竟在农村贫困地区，他的收入还是十分微薄，只能混口饭吃。

生活贫困的杨士奇和他的母亲一直过着清贫的生活，不久之后，他又用自己的行动诠释了人穷志不短这条格言的意义。

杨士奇的一个朋友家里也十分穷困，但他没有别的谋生之道，家里还有老人要养，实在过不下去了。杨士奇主动找到他，问他有没有读过四书，这个人虽然穷点，学问还是有的，便回答说读过。杨士奇当即表示，自己可以把教的学生分一半给他，并将教书的报酬也分一半给他。

他的这位朋友十分感动，因为他知道，杨士奇也有母亲要养，家境也很贫穷，在如此情况下，竟然还能这样仗义，实在太不简单。

少了一半收入的杨士奇回家将这件事情告诉了母亲，他本以为母亲会不高兴，毕竟本来已经很穷困的家也实在经不起这样的折腾，但出乎他意料的是，母亲却十分高兴地对他说："你能够这样做，不枉我养育你成人啊！"

是的，穷人也是有尊严和信义的，正是因为有这样明理的母亲，后来的杨士奇才能成为一代名臣。

杨士奇就是这样成长起来的，在困难中不断努力，在贫困中坚持信念，最终成就事业。

人穷，志不可短！

没有功名的杨士奇的仕途并不顺利，他先在县里做了一个训导（类似今天的县教育局官员），训导是个小官，只是整天在衙门里混日子，可杨士奇做官实在很失败，他连混日子都没有混成。

不久之后，杨士奇竟然在工作中丢失了学印，在当年那个时代，丢失衙门印章是一件很大的事，比今天的警察丢枪还要严重得多，是有可能要坐牢的。此时，杨士奇显示了他灵活的一面。

如果是方孝孺丢了印，估计会写上几十份检讨，然后去当地政府自首，坐牢时还要时刻反省自己，杨士奇没有这么多花样，他直接就弃官逃跑了。

之后逃犯杨士奇流浪江湖，他这个所谓的逃犯是应该要画引号的，因为县衙也不会费时费力地来追捕他，说得难听一点，他连被追捕的价值都不具备。此后二十多年，他到处给私塾打工养活自己，值得欣慰的是，长年漂泊的生活没有让他变成二混子，在工作之余，他继续努力读书，其学术水平已达到了一个相当的高度。

在度过长期学习教书的流浪生活后，杨士奇终于等到了他人生的转机。

建文二年（1400），建文帝召集儒生撰写《太祖实录》，三十六岁的杨士奇由于其扎实的史学文学功底，被保举为编撰。

在编撰过程中，杨士奇以深厚的文史才学较好地完成了工作，并得到了此书主编方孝孺的赞赏，居然一举成为《太祖实录》的副总裁。

永乐继位后，杨士奇真正得到了重用，他与解缙等人一起被任命为明朝首任内阁七名成员之一，自此之后，他成了朱棣的重臣。

与解缙相同，他也不是个安分的人，此后不久，他卷入了立太子的纷争，他和解缙都拥护朱高炽，但与解缙不同的是，他要聪明得多。

青少年时期的艰苦经历磨炼了杨士奇，使他变得老成而有心计。他为人十分谨慎，别人和他说过的话，他都烂在肚子里，从不轻易发言泄密，他是太子的忠实拥护者，却从不明显表现出来，其城府可见一斑。

而杨士奇之所以能够有所成就，其经验大致可以概括为一句话：刚出道时要低调，再低调。

虽然杨士奇精于权谋诡计，但事实证明，他并不是一个滑头的两面派，在这场你死我活的夺位斗争中，他始终坚定地站在朱高炽一边，并依靠自己的智慧和忠诚最终战胜了政治对手，将朱高炽扶上了皇帝的宝座。

永乐年间，最为残酷的政治斗争就是朱高炽与朱高煦的皇位之争。在这场斗争中，无数人头落地，无数大臣折腰，阴谋诡计层出不穷，双方各出奇谋，经过更是一波三折，跌宕起伏。斗争一直延续到朱棣去世的那个夜晚，一个人冒着极大的风险，秘密连夜出发，奔波一个月赶路报信，方才分出了胜负。

事实上，不但杨士奇参加了这场斗争，我们下面要介绍的三杨中的另外两个也没有闲着，他们都是太子党的得力干将。在后面的文章中，我们会详细介绍这场惊天动地的皇位之争。

第二个人：足智多谋的杨荣

我们接着介绍的杨荣是三杨中的第二杨，他虽然没有杨士奇那样出众的政务才能和学问基础，却有一项他人不及的能力——准确的判断力。

杨荣，洪武四年（1371）生，福建人，原名杨子荣（注意区分），他虽然没有深入虎穴、剿灭土匪的壮举，但其大智大勇却着实可以和后来的那位战斗英雄相比。

与杨士奇不同，他小时候没有吃过那么多苦，家里环境不错的他走的正是读书、应试、做官的这条老路。建文二年（1400），他考中进士，由于成绩优秀，被授予编修之职，即所谓的翰林。

建文帝时代的翰林院可谓书呆子云集之地，这也难怪，毕竟掌权的就是黄子澄、方孝孺那样的人，上行下效也很正常。

然而后来的事实证明，杨荣这位优等生与他的那些同事有很大的不同，他实在不是个书呆子，而应该算是一位心思缜密的谋士。

与杨士奇一样，这个足智多谋的人也是在永乐时期才被重用的，但他飞黄腾达的经过却很有点传奇色彩，因为他凭借的不是才学，而是一句话。

建文四年（1402），朱棣终于打败了顽强的南军，进入京城，夺得了皇位，现在他只剩下一件事要办——登基即位。

然而就在他骑马向大殿进发时，意想不到的事情发生了。

一个人站了出来，阻挡了他的去路（迎于马首）。

这个人正是杨荣。

由于当时情况还比较混乱，敌友难分，难保某些忠于建文帝的大臣不会玩类似恐怖分子和荆轲那样的把戏，周围的人十分紧张，而朱棣本人也大为吃惊，但他不会想到，更让他吃惊的还在后面。

杨荣竟然对他说，现在不应该进宫即位。

不应该即位？笑话！打了那么多年的仗，装了那么久的傻，死了那么多的人，无非只是为了皇位，可眼前的这个书生竟敢阻止我即位，凭什么？真是可笑！

在场的人几乎已经认定杨荣发疯了，准备替他收尸。

但杨荣真的阻止了朱棣的即位，还让朱棣心悦诚服地照办，而他完成这个不可能的任务竟然只用了一句话。

"殿下是应该先去祭陵呢，还是先去即位呢（先谒陵乎，先即位乎）？"

一语惊醒梦中人。

我们前面说过，朱棣造反是披着合法外衣的，说得粗一点就是既要当婊子，又要立牌坊，胜利冲昏了他的头脑，竟然一时之间忘记了立牌坊，只是一心要当婊子。无论怎么说，如果不先拜一下老爹的坟，那是很不妥当的，朱棣连忙拨转马头，去给老爹上坟。

从这件事情上，我们可以看出杨荣已经精明到了极点，他摸透了朱棣的心理，也看透了遮羞布下权力斗争的真相。这样的一个人比他的上级方孝孺、黄子澄不知要高明多少倍。

同样老奸巨猾的朱棣从此记住了这个叫杨荣的人，在他即位后便重用杨荣，并将其召入内阁，成为七人内阁中的一员。

当时的内阁七人都是名满天下之辈，而在他们中间，杨荣并不显眼，他没有解缙的才学，也没有杨士奇的政务能力，并不是个引人注目的人。但这绝不是他的能力不行，事实上，他所擅长的是另一种本领——谋断。

所谓谋断就是谋略和判断，这些本应是姚广孝那一类人的专长，而从小熟读四书五经，应该是个老实读书人的杨荣居然会擅长这些，实在令人费解，但他善于判断形势却是不争的事实，下面的这个事例就很能说明问题。

一天晚上，边关突然传来急报，宁夏被蒙古军队围攻，守将派人几百里加急报信，这是紧急军情，朱棣也连忙起身去内阁找阁臣讨论如何处理（内阁有二十四小时值班制度，七天一换），偏巧那天晚上，值班的正是杨荣。

朱棣风风火火地来到内阁，把奏报交给杨荣看，问他有什么意见。

出乎朱棣预料，杨荣看完后没有丝毫慌乱，表情轻松自然，大有一副太监不急皇帝急的势头。

朱棣又气又急，杨荣却慢条斯理地对他说："请陛下再等一会儿，宁夏一定会有第二份解围奏报送来的。"

朱棣好奇地看着他，让他说出理由，杨荣此刻也不敢再玩儿深沉，因为朱棣不是一个对大臣很有耐心的人。

杨荣胸有成竹地说道："我了解宁夏的情况，那里城防坚固，而且长期作战，士兵经验丰富，足以抵御周围的蒙古军队。从他们发出第一份奏报的日期来看，距离今天已过去十余天，此刻宁夏应该已经解围了，必然会发出第二份奏报。"

不久之后，朱棣果然收到了第二份解围的奏报，自认料事如神的朱棣对杨荣也十分佩服，并交给他一个更为光荣的任务——从军。

朱棣认识到，杨荣是一个能谋善断的人，在对蒙古作战中，这样的人才正是他所需要的，于是在永乐十二年（1414）的那次远征中，杨荣随同朱棣出行，表现良好，获得了朱棣的信任。朱棣便将军队中最为重要的东西——印信交给杨荣保管，而且军中但凡宣诏等事务，必须得到杨荣的奏报才会发出，可以说，杨荣就是朱棣的私人秘书。

朱棣之所以如此信任杨荣，很大的一个原因就在于他这个人处事不偏不倚，也不参与朱高炽与朱高煦的夺位之争，没有帮派背景，当然，这仅仅是朱棣的想法而已。

朱棣想不到的是，这个看上去十分听话的杨荣并不像他表面上那么简单，朱棣将印信和奏报之权授予杨荣，只是为了要他好好干活，然而这位杨荣却利用这一便利条件，在关键时刻做出了一件关键的事情。

永乐二十二年（1424）七月，朱棣病逝之时，那个当机立断、驰奔上千里向太子报告朱棣已死的消息、为太子登基争取宝贵时间、制订周密计划的人，正是一向为人低调的杨荣。因为他的真实身份和杨士奇一样，是不折不扣的太子党。

第三个人：临危不惧的杨溥

下面要说的这位杨溥，其名气与功绩和前面介绍过的两位相比有不小的差距，但他却是三人中最具传奇色彩的一个，别人出名、受重用依靠的是才学和能力，他靠的却是蹲监狱。

杨溥，洪武五年（1372）生，湖北石首人，建文二年（1400）中进士，是杨荣的进士同学，更为难得的是，他也被授予编修，又成了杨荣的同事，但与杨荣不同的是，杨溥是天生的太子党，因为在永乐元年，他就被派去服侍朱高炽，算是早期党员。

朱棣毕竟还是太天真了，杨荣和杨溥这种同学加同事的关系，外加内阁七人文臣集团固有的拥立太子的政治立场，说杨荣不是太子党，真是鬼都不信。

杨溥没有杨士奇和杨荣那样突出的才能，他辅佐太子十余年，并没有什么大的成就，也不引人注目，这样下去，即使将来太子即位，他也不会有什么前途。

但永乐十二年（1414）发生的一个突发事件却改变了他的命运，不过，这个突发事件实在不是一件好事。

永乐十二年，"东宫迎驾事件"事发，这是一个有着极深政治背景的事件，真正的幕后策划者正是朱高煦。在这次事件中，太子党受到严重打击，几乎一蹶不振，许多大臣被关进监狱当替罪羊，而杨溥正是那无数普普通通的替罪羊中的一只。

由于杨溥的工作单位就是太子东宫，所以他被认定为直接责任者，享受特殊待遇，被关进了特级监狱——锦衣卫的诏狱。

锦衣卫的诏狱是一所历史悠久、知名度极高的监狱，级别低者是与之无缘的（后期开始降低标准，什么人都关），能进去的人不是穷凶极恶就是达官显贵。所谓身不能至，心向往之，有些普通犯人对这所笼罩神秘色彩的监狱也有着好奇心，这种心理也可以理解，从古至今，蹲监狱一直都是吹牛的资本，如"兄弟我当年在里面的时候"，说出来十分威风。

此外，蹲出名的人也绝不在少数。反正在哪里都是坐牢，找个知名度最高的监狱蹲着，将来出来后还可以吹牛"兄弟我当年蹲诏狱的时候"，应该也能吓住不少同道中人。

这样看来，蹲监狱也算是出名的一条捷径。

然而事实上，在当年，想靠蹲诏狱出名可不是一件容易的事，首先要够级别，其次你还要有足够的运气。

因为一旦进了诏狱，就不太容易活着出来了。

诏狱是真正的人间地狱，阴冷潮湿，环境恶劣，虽然是高等级监狱，却绝不是卫生模范监狱，蚊虫老鼠到处跑，监狱也从来不搞卫生评比，反正这些东西骚扰的也不是自己。

虽然环境恶劣，但北镇抚司的锦衣卫们（诏狱由北镇抚司直辖）却从来没有放松过对犯人们的关照。他们秉承着宽于律己、严以待人的管理理念，对犯人们严格要求，并坚持抗拒从严、坦白也从严的审讯原则，经常用犯人练习拳脚功夫，以达到锻炼身体的目的，同时他们还开展各项刑具的科研攻关工作，并无私地在犯人身上试验刑具的实际效果。

最初进入诏狱的犯人每天的生活都是在等待—被审讯—被殴打（拳脚，上刑具）—等待中度过的，等到没人审你也没人打你的时候，说明你的人生开始出现了三种变数：一、即将被砍头；二、即将被释放；三、你已经被遗忘了。

相信所有的犯人都会选择第二种结果，但可惜的是，选择权从来不在他们的手上。

这就是诏狱，这里的犯人没有外出放风的机会，没有打牌消遣等娱乐活动，自然更不可能在晚上排队到礼堂看新闻报道。

明朝著名的铁汉杨继盛、左光斗等人都蹲过诏狱，他们的腿被打断后，骨头露了出来也没人管，任他们自生自灭。所以我们说，这里是真正的地狱。

杨溥进的就是这种监狱，刚进来时总是要吃点苦头的，不久之后，他也陷入了坐牢苦等的境况，但杨溥想不到的是，这一等就是十年。

更惨的是，杨溥的生命时刻都笼罩着死亡的阴影，"东宫迎驾事件"始终没有了结，而朱高煦更是处心积虑地要借此事彻底消灭太子党。在这种情况下，杨溥随时都有被拉出去砍头的危险（史载"旦夕且死"），然而杨溥却以一种谁也想不到的行为来应对死亡的威胁。

如果明天生命就可能结束，而你却无能为力，你会干些什么？

我相信很多人在这种状况下是准备写遗书或是大吃一顿，把以前没玩儿的都补上，更多的人则是怨天尤人，抱怨上天不公。

这些都是人的正常反应，可杨溥奇就奇在他的反应不正常。

明天就可能被拉出去砍头，他却仍在读书，而且是不停地读，读了很多书（读经史诸子书不辍），这实在是让人难以理解，在那种险恶的环境下，性命随时不保，读书还有什么用呢？

可这个人却浑似坐牢的不是自己，每天在散发恶臭、肮脏潮湿的牢房里，却如同身在自己的书房里一样，不停地用功读书。他的自学行为让其他犯人很惊讶，到后来，连看守他的狱卒都怀疑他精神不正常。

他的这种举动也引起了朱棣的注意，有一次朱棣突然想起他，便问杨溥现在在干什么（幸好不是问杨溥尚在否），大臣告诉他杨溥在监狱里每天都不停地读书。

朱棣听到这个答案后，沉思良久，向锦衣卫指挥使纪纲下达了命令，要他务必好好看守杨溥，不能出任何问题。

我们前面说过，朱棣是一个很有水平的领导，这种水平就体现在对人的认识上，他很清楚杨溥的境况和心理状态，然而就是在这样的情况下，杨溥却能视死如归，毫不畏惧，也绝非伪装（装不了那么长时间），这是很不容易的。

很明显，这个叫杨溥的人的心中根本就没有害怕这两个字。

自古以来，最可怕的事情并不是死，而是每天在死亡的威胁下等死。

不知何时发生，只知随时可能发生，这种等死的感受才是最为痛苦的。

杨溥不怕死，也不怕等死，这样的人，天下还有何可怕！

真是个人才啊！

正是因为这个，朱棣才特意让人关照杨溥，他虽然不愿用杨溥，却可以留给自己的儿子用。

也多亏了朱棣的这种关照，杨溥才能在诏狱中度过长达十年的艰苦生活，最终熬到刑满释放，光荣出狱，并被明仁宗委以重任，成为一代名臣。

看了以上这三位的人生经历，我们就能知道：在这个世界上，要混出头实在不容易啊。

之所以在这里介绍三杨的经历，不仅因为他们将在后来的明代历史中扮演重要角色，更重要的是，他们都参加了那场惨烈的皇位之争，并担任了主角，以上的内容不过是参与这场斗争的演员的个人简介，下面演出开始。

第九章

生死相搏

朱高炽一直不能理解,优秀的一哥哥不但是个大胖子,还是个瘸子,连走路都要人扶,更别谈骑马了。简直就是个废人。可是,偏偏就是这样的一个废人,将来要做自己的主人!谁让人家生得早呢?自己也不是没有努力过,靖难的时候,拼了命为父亲的江山搏杀,数次出生入死,却总是

朱高煦一直不服气。

这也很容易理解，他长得一表人才，相貌英俊，且有优秀的军事才能，相比之下，自己的那个哥哥不但是个大胖子，还是个瘸子，连走路都要人扶，更别谈骑马了。

简直就是个废人。

可是，偏偏就是这样的一个废人，将来要做自己的主人！

谁让人家生得早呢？

自己也不是没有努力过，靖难的时候，拼了命为父亲的江山搏杀，数次出生入死，却总是被父亲忽悠，虽得到了一句"勉之，世子多疾！"的空话，却从此就没有了下文。

干了那么多的事，却什么回报都没有，朱高煦很愤怒，后果很严重。

他恨朱高炽，更恨说话不算数的父亲朱棣。

想做皇帝，只能靠自己了。

不择手段、不论方法，一定要把皇位抢过来！

朱高煦不知道的是，他确实错怪了自己的父亲。

朱棣是明代厚黑学的专家，水平很高，说谎抵赖如同吃饭喝水一样正常，但在选择太子这件事情上，他却并没有骗人，他确实是想立朱高煦的。

父亲总是喜欢像自己的儿子，朱高煦就很像自己，都很英武、都很擅长军事、都很精明，也都很无赖。

朱高炽却大不相同，这个儿子胖得像头猪，臃肿不堪，小时候得病成了瘸子（可能是小儿麻痹症），走路都要人扶，简直就是个废人。朱棣实在想不通，如此英明神武的自己，怎么会有个这样的儿子。

除了外貌，朱高炽在性格上也和朱棣截然相反，他是个老实人，品性温和，虽然对父亲十分尊重，但对其对待建文帝大臣的残忍行为十分不满，这样的人自然也不会讨朱棣喜欢。

于是朱棣开始征求群臣的意见，为换人做准备，他先问自己手下的武将，得到的答案几乎是一致的——立朱高煦。

武将：战友上台将来好办事啊。

之后他又去问文臣，得到的答复也很统一——立朱高炽。

文臣：自古君不立长，国家必有大乱。

一向精明的朱棣也没了主意，便找来解缙，于是就有了前面所说的那场著名的谈话。从此朱棣开始倾向于立朱高炽。

但在此之后，禁不住朱高煦一派大臣的游说，朱棣又有些动摇，立太子一事也就搁置了下来。无数大臣反复劝说，但朱棣就是不立太子，朱高炽派大臣十分明白，朱棣是想立朱高煦的。于是，朱高炽派第一干将解缙开始了他的第二次心理战。

不久之后，有大臣画了一幅画（极有可能是有人预先安排的），画中一头老虎带着一群幼虎，做父子相亲状。朱棣也亲来观看，此时站在他身边的解缙突然站了出来，拿起毛笔，不由分说地在画上题了这样一首诗：

　　虎为百兽尊，罔敢触其怒。
　　唯有父子情，一步一回顾。

高！实在是高！

解缙的这首打油诗作得并不高明，却很实用，所谓百兽尊不就是皇帝吗？这首诗就是告诉朱棣，你是皇帝，天下归你所有，但父子之情是无法替代也不应抛开的。朱高煦深受你的宠爱，但你也不应该忘记朱高炽和你的父子之情啊。

解缙的判断没有错，朱棣停下了脚步，他被深深地打动了。

是啊，虽然朱高炽是半个废人，虽然他不如朱高煦能干，但他也是我的儿子，是我亲自抚养长大的亲生儿子啊！他没有什么显赫的功绩，但他一直都是一个忠厚老实的人，从没有犯错，不应该对他不公啊。

就在那一刻，朱棣做出了决定。

他命令，立刻召见朱高炽，并正式册封他为太子（上感其意，立召太子归，至是遂立之）。

从此朱高炽成了太子，他终于放心了，支持他的太子党大臣们也终于放心了。

这场夺位之争似乎就要以朱高炽的胜利而告终，然而事实恰恰相反，这场争斗才刚开始。

朱高煦的阴谋

朱高炽被册立为太子后，自然风光无限，而朱高煦却祸不单行，不但皇位无望，还被分封到云南。

当时的云南十分落后，让他去那里无疑是一种发配，朱高煦自然不愿意去，但这是皇帝的命令，总不能不执行吧？朱高煦经过仔细思考，终于想出了一个不去云南的方法——耍赖。

他找到父亲朱棣，不断诉苦，说自己又没有犯错，凭什么要去云南，反复劝说，赖着就是不走。朱棣被他缠得没有办法，加上他也确实比较喜欢这个儿子，便收回了命令，让他跟随自己去北方巡视边界（当时尚未迁都）。

在跟随朱棣巡边时，朱高煦表现良好，深得朱棣欢心，高兴之余，朱棣便让他自己决定去留之地。

朱高煦等的就是这个机会，他告诉朱棣，自己哪里也不去，就留在京城

（南京）。

朱棣同意了他的要求，从此，朱高煦便以京城为基地，开始谋划针对朱高炽的阴谋。

他广收朝中大臣为爪牙，四处打探消息，企图抓住机会给太子以致命打击。

朱高煦深通权术之道，他明白，要想打倒太子，必须先除去他身边的人，而太子党中最显眼的解缙就成了他首要打击的对象。在朱高煦的策划下，外加解缙本人不知收敛，永乐五年（1407），解缙被赶出京城，太子党受到了沉重打击。

朱高煦的第一次攻击获得了全胜。

但搞掉解缙不过是为下一次的进攻做准备，因为朱高煦的真正目标是被太子党保护着的朱高炽。

经过周密策划后，永乐十年（1412），朱高煦发动了第二次进攻。

朱高煦深知朝中文臣支持太子的很多，要想把文官集团一网打尽绝无可能，于是他另出奇招，花重金收买了朱棣身边的很多近臣侍卫，并让这些人不断地说太子的坏话。而自永乐七年（1409）后，由于朱棣要外出征讨蒙古，便经常安排太子监国（代理国家大事），在这种情况下，精于权术的朱高煦终于等到了一个最佳的进攻机会。

朱高煦聪明过人，他跟随朱棣多年，深知自己的这位父亲大人虽然十分精明且长于权谋诡计，却有一个弱点——多疑。

而太子监国期间，正是他的这种弱点爆发的时刻，因为他多疑的根源就在于对权力的贪婪，虽然由于出征不得不将权力交给太子，但这是迫不得已的，朱高煦相信，所有关于太子急于登基、抢班夺权的传闻都会在朱棣的心中引发一颗颗定时炸弹。

朱高煦的策略是正确的，他准确地击中了朱棣的要害，在身边人的蛊惑下，不容权力有失的朱棣果然开始怀疑一向老实的太子的用心。

永乐十年（1412）九月，朱棣北巡回京，对太子搞了一次突然袭击，审查了其监国期间的各项工作，严厉地训斥了太子，并抓了一大批太子身边的官员，更改了太子颁布的多项政令。

朱棣的这种没事找事的找碴儿行为让大臣们十分不满，他们纷纷上书，其中言辞最激烈的是大理寺丞耿通，他直言太子没有错，不应该更改（太子事无大过误，无可更也）。

但直言的耿通却绝不会想到，他的这一举动可正中朱棣下怀。

耿通算是个做官没开窍的人，他根本不懂得朱棣这些行为背后的政治意义，欲加之罪，何患无辞！人家本来就是来找碴儿踢场子的，不过随意找个借口，是直接奔着人来的，多说何益！

朱棣却是一个借题发挥的老手，他由此得到了启发，决定向耿通借一样东西，以达到自己的目的。

这样东西就是耿通的脑袋。

随后，朱棣便煞费苦心地演了一出好戏。

他把文武百官集合到午门，用阴沉的眼光扫视着他们，怒斥耿通的罪行（好像也没什么罪行），最后斩钉截铁地说道：像耿通这样的人，一定要杀（必杀通无赦）！

如此杀气腾腾，群臣无不胆寒，但大臣们并不知道，这场戏的高潮还没有到。

耿通被处决后，朱棣集合大臣们开展思想教育，终于说出了他演这场戏的最终目的：

"太子犯错，不过是小问题，耿通为太子说话，实际上是离间我们父子，这样的行为绝对不能宽恕，所以我一定要杀了他（失出，细故耳……离间我父子，不可恕）！"

至此终于原形毕露。

耿通无非是说太子没错而已，怎么扯得到离间父子关系上，这顶帽子戴得实在不高明，却也说出了朱棣的真意：

朱高炽，老子还没死呢，你老实点！

太子地位岌岌可危，太子党被打下去一批，朱高炽本人经过这场打击，也心灰意懒，既然让自己监国，却又不给干事的权力，做事也不是，不做事也不是，这不是拿人开涮吗？

在这关键时刻，一个大臣挺身而出，用他的智慧稳住了太子的地位。

这个人就是我们之前说过的杨士奇。

杨士奇虽然学问比不上解缙，可他的脑袋可比解缙灵活得多，解缙虽然也参与政治斗争，却实在太嫩，一点也不知道低调做官的原则。本来就是个书生，却硬要转行去干政客，隔行如隔山，水平差得太远。

杨士奇就大不相同了，此人我们介绍过，他不是科举出身，其履历也很复杂，先后干过老师、教育局小科员、逃犯（其间曾兼职教师）等不同职业，社会背景复杂。特别是他在社会上混了二十多年，也算跑过江湖，黑道白道地痞混混估计也见过不少，按照今天的流动人口规定，他这个流动了二十年的人是绝对的盲流，估计还可以算是在道上混过的。

朝廷就是一个小社会，皇帝大臣们和地痞混混也没有什么区别，不过是吃得好点，穿得好点，人品更卑劣，斗争更加激烈点而已。在这里杨士奇如鱼得水，灵活运用他在社会上学来的本领，而他学得最好，也用得最好的就是：做官时一定要低调。

他虽然为太子继位监国出了很多力，却从不声张，永乐七年（1409）七月，太子为感谢他一直以来的工作和努力，特别在京城闹市区的繁华地带赐给他一座豪宅，换了别人，估计早就高高兴兴地去拿钥匙准备入住，可杨士奇却拒绝了。

他推辞了太子的好意，表示自己房子够住，不需要这么大的豪宅。

这个世界上没有人会嫌房子多，杨士奇也不例外，他拒绝的原因其实很简单，如果他拿了那栋房子，就会成为朱高煦的重点打击目标，权衡利弊，他明智地拒绝了这笔横财。

杨士奇虽然没有接受太子的礼物，但他对太子的忠诚却是旁人比不上的，应该说他成为太子党并不完全是为了投机，在很大程度上是因为他对太子的感情。

自永乐二年（1404）朱高炽被立为太子后，杨士奇就被任命为左中允（官名），做了太子的部下，朱高炽虽然其貌不扬，却是个真正仁厚老实的人，经常劝阻父亲的残暴行为，弟弟朱高煦屡次向他挑衅，阴谋对付他，朱高炽却一次又一次地容忍了下来，甚至还数次帮这个无赖弟弟说情。

这些事情给杨士奇留下了深刻的印象，他虽然历经宦海，城府极深，儿时母亲对他的教诲却始终记在心头，仗义执言已经成了他性格中的一部分，虽然很多年过去了，他却并没有变，他还是当年的那个正气在胸的杨士奇。

眼前的朱高炽虽然形象不好，身体不便，却是一个能够仁怀天下的人，他将来一定能成为一个好皇帝的，杨士奇相信自己的判断。

秉持着这个信念，杨士奇与太子同甘共苦，携手并肩，走过了二十年历经坎坷的储君岁月。

说来也实在让人有些啼笑皆非，可能是由于杨士奇过于低调，连朱棣也以为杨士奇不是太子党，把他当成了中间派，经常向他询问太子的情况。而在永乐十年（1412）的风波之后，朱棣对太子也产生了怀疑，便向杨士奇询问太子监国时表现如何。

这看上去是个很简单的问题，实际上却暗藏杀机。

城府极深的杨士奇听到这句问话后，敏锐地察觉到了这一点，他立刻意识到，决定太子命运的关键时刻来到了。

他紧张地思索着问题的答案。

趁着杨士奇先生还在思考的时间，我们来看一下为什么这个问题难以回答又十分关键。

如果回答太子十分积极，勤恳做事，和群众（大臣）们打成一片，能独立处理政事，威望很高的话，那太子一定完蛋了。

你爹还在呢，现在就拉拢大臣，独立处事，想抢班夺权，让老爹不得好死啊。

既然这个答案不行，那么我们换一个答案：

太子平时积极参加娱乐活动，不理政事，疏远大臣，有事情就交给下面去办，没有什么威信。

这样回答的话，太子的结局估计也是——完蛋。

这又是一个非常类似二十二条军规的矛盾逻辑。

第九章　生死相搏

太子的悲哀也在于此，无数太子就是这样被自己的父亲玩儿残的，自古以来，"一把手"和"二把手"的关系始终是处理不好的，在封建社会，皇帝就是"一把手"，太子就是"二把手"，自然逃脱不了这个规则的制约。

你积极肯干，说你有野心；你消极怠工，说你没前途。

干多了也不行，干少了也不行，其实只是要告诉你，不服我是不行的。

让你干，你就不得休息；不让你干，你就不得好死。

为什么呢？

答案很简单：权力。

谁分我的权，我就要谁的命（儿子也不例外）！

朱棣很明白，他最终是要将权力交给太子的，而在此之前，太子必须有一定的办事能力，为了帝国的未来，无能的废物是不能成为继承人的，所以必须给太子权力和锻炼的机会。但他更明白，要想得一个善终，混个自然死亡，不至于七八十岁还被拉出去砍头，就必须紧紧握住自己手中的权力，直到他死的那一天！

儿子是不能相信的，老婆是不能相信的，天下人都是不能相信的。

这就是皇帝的悲哀。

好了，现在杨士奇先生已经完成了他的思索，让我们来看看他的答案：

"太子监国期间努力处理政事，能够听取大臣的合理意见，但对于不对的意见，也绝不会随便同意，对于近臣不恰当的要求，他会当面驳斥和批评。"

这就是水平啊，在朱棣举办的现场提问回答活动中，杨士奇能够在规定的时间内想出这种两全其美的外交辞令，实在不简单。

既勤恳干活礼贤下士，又能够群而不党，与大臣保持距离，在杨士奇的描述下，朱高炽那肥头大耳的形象一下子变得光辉照人。

朱棣听了这个答案也十分满意，脸上立刻阴转晴，变得十分安详，当然最后他还不忘夸奖杨士奇，说他是一个尽职尽责的人。

在这场看不见硝烟的战争中，朱棣和杨士奇各出绝招，朱棣施展的是武当长拳，外柔内刚，杨士奇则是太极高手，左推右挡，来往自如。

从这个角度来看，他们似乎可以算是武当派的同门师兄弟。

于是，永乐十年（1412）的这场纷争就此结束，太子党受到了沉重打击，太子被警告，地位也有所动摇，但由于杨士奇等人的努力，终于稳定住了局势。

可是太子前面的路还很长，只要朱棣一天不死，他就会不断地受到朱高煦的攻击，直到他登上皇位或是中途死去。

事实也是如此，另一个更大的阴谋正在策划之中，对太子而言，这也将是他监国二十年中经受的最严酷的考验。

在朱高煦持续不断地诬陷诋毁下，朱棣确实对太子有了看法，但暂时也没有换太子的想法，皇帝这样想，下面的大臣们可不这样想。

看到朱棣训斥太子，许多原先投靠太子准备投机的官员纷纷改换门庭，成了朱高煦的党羽，但杨士奇却始终没有背弃太子，他一直守护着这个人，守护在这个看上去迟早会被废掉的太子身边。

大浪淘沙，始见真金。

不久之后，一场更大的风暴到来了，太子和杨士奇将接受真正的考验。

永乐十二年（1414）九月，朱棣北巡归来，当时太子及其下属官员奉命留守南京，闻听这个消息，立刻派人准备迎接，但迎接时由于准备不足，有所延误，朱棣很不高兴。

其实说来这也就是个芝麻绿豆的小事，朱棣同志平日经常自行骑马出入大漠等不毛之地，陪同的人也不多，像迎驾这种形象工程有没有是不大在乎的。所以太子朱高炽虽然心中不安，却也没多想。

然而，后来事情的发展大大出乎了朱高炽的意料。

朱棣大发雷霆，把朱高炽狠狠地骂了一顿，大概意思是老子在外面打仗那么辛苦，也是为了你将来的江山打基础，你却连个基本迎接工作都做不好，要你这个废物有什么用？

朱高炽挨骂了，心里非常委屈：不就是稍微晚了点，至于搞得这么大吗？

至于，非常至于。

朱高炽不知道的是，在此之前，他的好弟弟朱高煦不断地打探他的行动，虽然并没有什么发现，但政治家朱高煦先生整人是从来不需要事实的，他不断地编造太子企图不轨的各种小道消息，并密报给朱棣。

朱棣开始并不相信，之后禁不住朱高煦长年累月地造谣，加上身边被朱高煦买通的人们也不断地说坏话，他渐渐地又开始怀疑起太子来。

屋漏偏逢连夜雨，没想到回来就碰上了太子迎驾迟缓这件事，虽然这并不是件大事情，但在朱棣那里却变成了导火线。在朱棣看来，这是太子藐视他的一种表现。

自己还没有退休呢，就敢这么怠慢，将来还得了？！

在朱高煦的推波助澜下，事情开始一边倒，太子受到严厉斥责的同时，太子党的主要官员如尚书蹇义、学士黄淮、洗马（官名，不是马夫）杨溥都被抓了起来，关进了监狱。

最黑暗的时刻终于到来了。

在朱高煦的精心组织策划和挑拨下，朱棣的怒火越烧越旺，太子党几乎被一网打尽。

朱棣已经认定太子党那帮人都想着自己早死，然后拥立太子，博一个功名，他对太子的失望情绪也达到了顶点。他不再相信拥护太子的那些东宫文官，除了一个人外。

这个例外的人就是杨士奇。

说来奇怪，虽然杨士奇一直在太子身边，朱棣却一直认为他是一个公正客观的人，于是在两年后，朱棣再次召见他，问了他一个问题。

与两年前一样，这也是一次生死攸关的问答。

无畏的杨士奇

当时的政治局势极为复杂，由于朱棣公开斥责太子，且把太子的很多亲信都关进了监狱，于是很多大臣都认为太子已经干不了多久了，倒戈的倒戈，退隐的退隐，太子朱高炽也陷入了孤立之中，现实让他又一次见识了世态炎凉，人情冷暖。

原先巴结逢迎的大臣们此时都不见了踪影，唯恐自己和太子扯上什么关系，连累自己的前途，在这种情况下，杨士奇开始了他和朱棣的问答较量。

这次朱棣没有遮遮掩掩，他直截了当地问杨士奇，太子是否有二心，不然为何违反礼仪，迟缓接驾（这在朱棣看来是藐视自己）？

在此之前，也有人劝过杨士奇要识时务，太子已经不行了，应该早作打算。

杨士奇用自己的答案回复了朱棣，也回复了这些人的"建议"。

杨士奇答道："太子对您一直尊敬孝顺，这次的事情是我们臣下没有做好准备工作，罪责在我们臣下，与太子无关（太子孝敬，凡所稽迟，皆臣等罪）。"

说完，他抬起头，无畏地迎接朱棣锐利的目光。

朱棣终于释然了，既然不是太子的本意，既然太子并不是有意怠慢，自己也就放心了。

就这样，悬崖边上的朱高炽又被杨士奇拉了回来。

杨士奇这样做是需要勇气的，在太子势孤的情况下，主动替太子承担责任，需要冒很大的风险，要知道，朱棣不整太子，对他们这些东宫官员却不会手软。与他一同辅佐太子的人已经进了监狱，只剩下了他暂时幸免，但他却主动将责任归于自己，宁愿去坐牢，也不愿意牵连太子。

杨士奇用行动告诉了那些左右摇摆的人，不是所有的人都能被收买，不是所有的人都趋炎附势。

从当时的形势来看，朱高炽的太子地位被取代是迟早的事情，继续跟随他并不明智，还很容易成为朱高煦打击的对象，是非常危险的。所以我们可以说，在风雨飘摇中依然坚持支持太子的杨士奇，不是一个投机者。

就如同三十年前，他身处穷困，却仍然无私援助那位朋友一样；三十年后，他又做出了足以让自己母亲欣慰的事情。

三十年过去了，虽然他已身处高位，锦衣玉食，他的所作所为却并没有违背他的人生信条。

人穷志不短，患难见真情。

第九章　生死相搏

杨士奇最终还是为他的无畏行为付出了代价，朱高煦恨他入骨，指使他买通的人攻击杨士奇（士奇不当独有），本来不打算处置他的朱棣也禁不住身边人的反复煽动，将杨士奇关入了监狱。

朱高炽得知杨士奇也即将被关入监狱，十分焦急，但以他目前的处境，仅能自保，是绝对保不住杨士奇的。

杨士奇却不以为意，反而在下狱前对太子说：殿下宅心仁厚，将来必成一代英主，望殿下多多保重，无论以后遇到什么情况，都一定要坚持下去，绝不可轻言放弃。

此时，朱高炽终于意识到，眼前这个即将进入监狱却还心忧自己的杨士奇其实不只是他的属下，更是他的朋友，是患难与共的伙伴。

太子的地位保住了，却已经成了真正的孤家寡人，在朱高煦咄咄逼人的气势下，他还能坚持多久呢？

朱高煦的失误

朱高煦终于第一次掌握了主动权，他的阴谋策划终于有了结果，太子受到了沉重打击，而帮太子说话的文官集团也已经奄奄一息，形势一片大好，前途十分光明。

话说回来，人有一个很大的缺点，那就是一旦得意就容易忘形，朱高煦也不例外。

胜利在望的朱高煦在历史书中找到了自己的偶像，并在之后的岁月中一直以此自居。

他的这位偶像就是唐太宗李世民，他经常见人就说："我这么英明神武，不是很像李世民吗（我英武，岂不类秦王李世民乎）？"

如此急切表白自我的言语，今日观之，足以让人三伏天里尚感寒气逼人，如果朱高煦出生在现代，定可大展拳脚，拍些个人写真照片，再配上自信的台词，必能一举成名。

朱高煦不是花痴，他这样说是有着深厚的政治寓意的。

大家只要想一想就能明白他的隐含意思，李世民与朱高煦一样，都是次子，李建成对应朱高炽，都是太子，甚至连他们的弟弟也有对应关系，李元吉对应朱高燧，都是第三子。

这样就很清楚了，李世民杀掉了李建成，当上皇帝，朱高煦杀掉朱高炽，登上皇位。

朱高煦导演希望把几百年前的那一幕戏再演一遍。

我们在这里先不说朱高煦先生是否有李世民那样的水平，既然他坚持这样认为，那也没办法，就凑合吧，让他先演李世民，单从这出戏的演员阵容和所处角色上看，似乎和之前的那一幕确实十分相似。

但朱高煦导演也出现了一个致命的失误，他忽略了这场戏中另一个大牌演员的感受，强行派给他一个角色，这也导致了他最终的失败。

他要派的是这场戏的主要角色之一——李世民的父亲李渊，被挑中的演员正是他的父亲朱棣。

这也是没办法的事，要把这场戏演好演完，搞一个朱高煦突破重重险阻，战胜大坏蛋朱高炽，登基为皇帝的大团圆结局，就必须得到赞助厂商总经理朱棣的全力支持。

朱棣不是李渊，事实上，他跟李渊根本就没有任何共通点，但他很清楚，上一幕戏中，李渊在李世民登基后的下场是被迫退位，如果这一次朱高煦像当年的李世民那样来一下，他的结局也是不会超出剧本之外的。

朱棣虽然不是导演，却是戏霸。

让我演李渊，你小子还没睡醒吧！

太子党的反击

就在朱棣渐渐对日益嚣张的朱高煦感到厌恶时，太子党开始了自己的反击。

当时正值朱高煦主动向朱棣要求增加自己的护卫，这引起了朱棣的警觉。永乐十三年（1415）五月，朱棣决定改封朱高煦去青州，按说青州并不是很差的地方，但朱高煦为了夺权的需要，不肯离开京城，又开始耍赖。

这次朱棣没有耐心陪朱高煦玩儿下去了，他直截了当地告诉朱高煦：你既然已经被封，就赶紧去上任，怎么能总是赖在京城不走（既受藩封，岂可常居京邸）？

朱棣不断地打击太子，无非是想告诉太子不要急于夺权，但他的这一行动却给了朱高煦错误的信号，他误以为皇位非自己莫属，越发专横跋扈，最终触怒了朱棣。

捧得起你，自然也踩得扁你。

太子党的精英们抓住了这个机会，发出了致命的一击，而完成这一击的人正是杨士奇。

由于平日表现良好，且自我改造态度积极，杨士奇和蹇义连监狱的门都没进，就被放了出来，再次被委以重任。但千万不要由此推出朱棣慈悲为怀的结论，要知道，他们的难兄难弟杨溥还在监狱里看书呢，而且一看就是十年。

由此可见，特赦也是有级别限制的。

逃离牢狱之灾的杨士奇自然不会洗心革面，与朱高煦和平相处。在经过长期的观察和对时局的揣摩后，他敏锐地抓住了机会，发动了攻击。

说来似乎有点不可思议，与前两次一样，他的这次攻击也是通过问答对话的形式完成的。

此次对话除了朱棣和杨士奇外，蹇义也在场，不过他的表现实在让人失望。

朱棣问："我最近听到很多汉王（朱高煦封号）行为不法的传闻，你们知道这些事情吗？"

这话是对杨士奇和蹇义两个人问的，但两人的反应却大不相同。

蹇义虽然忠于太子，却也被整怕了，他深恐这又是一个陷阱，要是实话实说，只怕又要遭殃，便推说自己不知道。

朱棣失望地转向了另一个人——杨士奇，他注视着杨士奇，等着他的答复。

杨士奇等待这一天已经很久了。

经历了那么多的波折和阴谋，自己身边的同伴不是被杀掉，就是被朱高煦整垮，为了自己的信念，他忍耐了很久，他曾经有很多机会向朱棣揭发朱高煦的不轨行为，但作为一个政治老手，他十分清楚权力斗争就如同剑客比武，一击必杀才是制胜的王道，因为一旦宝剑出鞘，就没有收回的余地。

朱棣已经丧失了对朱高煦的信任，他已经渐渐看清自己这个儿子的真面目，这是最好的机会，机不可失，时不再来！

拔剑出鞘！

杨士奇从容地答道："我和蹇义一直在东宫服侍太子，人家就把我们看成太子的人（还装，难道你不是吗？），有什么话也不会跟我们讲，所以我们不知道。"

奇怪了，这句回答不是和蹇义一样，啥也没说吗？

要知道，自古以来最狠的整人方法就是先夸你，再骂你，杨士奇熟练地运用了这一技巧。所以别急，下面还有个"但是"呢：

"但是，汉王两次被封都不肯到地方就藩，现在陛下要迁都了，在这个时候，他要求留在南京，希望陛下仔细考虑一下他的用意（唯陛下熟察其意）。"

细细品来，杨士奇此言实在厉害，看似平淡无奇，却处处透着杀机，要把朱高煦往死里整，杨士奇之权谋老到实在让人胆寒。

杨士奇终于亮出了他的宝剑，在正确的时间、正确的地点，对正确的人，使出了那一剑。

一剑封喉。

朱棣被杨士奇的话震惊了，朱高煦三番两次不肯走，如今要迁都了，他却执意留在南京，他到底想干什么？

不能再拖了，让他马上就滚！

永乐十五年（1417）三月，不顾朱高煦的反复哀求，朱棣强行将他封到了乐安州（今山东广饶），朱高煦十分不满，但也没有办法，他已经意识到，自己此生注定不可能用合法手段登上皇位了。

朱棣确实是一个老谋深算的人，如果我们翻开地图察看的话，就会发现他似乎已经预见到了自己的这个儿子将来不会老实，于是在封地时，便已做好了打算。乐安州离北京很近，离南京却很远，将朱高煦调离他的老巢，安置在天子眼皮底下，将来就算要打，朝发夕至，很快就能解决，不能不说是一着好棋。

至少在这一点上，朱棣要比他的父亲高明。

至此，储君之争暂时告一段落，太子党经过长期艰苦的斗争，终于稳住了太子的宝座，也为后来仁宣盛世的出现提供了必要条件。

另一方面，朱高煦多年的图谋策划最终付之东流，至少朱棣绝对不会再考虑立他为太子了，但这位仁兄自然也是不会死心的，他把自己的阴谋活动完全转入地下，并勾结他的同党准备东山再起。

不过这一次他不打算继续搞和平演变了，因为在他面前只剩下了一条路——武装夺权。

虽然方针已经拟定，但朱高煦还是很有自知之明的，自己老爹打仗有多厉害，他比谁都清楚，只要他还是一个精神正常的人，就绝对不会在自己老爹头上动土。

朱高煦决定等待，等到时机成熟的那一天。

第十章 最后的秘密

他不停地忙活,也获得了许多成就,正是这些成就为他赢得了一代英主的名誉。他做了历史上很多皇帝都没有做到的事情,但他并未感到丝毫疲惫,因为在朱棣的心目中,权力就是他工作的动力,手握权力的他就如同服用了兴奋剂一样,权力对他而言已经变成了一种毒品。

平定天下，迁都北京，修成大典，沟通南洋，威震四海，平定安南，打压蒙古。

以上就是朱棣同志的主要政绩。在执政的前十几年中，他不停地忙活、不停地工作，付出了许多心血，也获得了许多成就，正是这些成就为他赢得了一代英主的名誉。

他做了历史上很多皇帝都没有做到的事情，但他并未感到丝毫疲惫，因为在朱棣的心目中，权力就是他工作的动力，手握权力的他就如同服用了兴奋剂一样，权力对他而言已经变成了一种毒品，一分一秒也离不开，任何人也无法夺走。

像他这样的人似乎是没有也不可能有朋友的。

但朱棣还是有朋友的，在我看来，至少有一个。

告别

永乐十六年（1418）三月，北京庆寿寺。

朱棣迈着急促的脚步走进了寺里，他不是来拜佛的，他到这里的目的，是要向一个人告别，向一个朋友告别。

八十四岁的姚广孝已经无力起身迎接他的朋友，长年的军旅生涯和极其繁重的参谋工作耗干了他的所有精力，当年那个年过花甲却仍满怀抱负的阴谋家不见了，取而代之的只是一个躺在床上的无力老者。

此时的姚广孝感慨良多，洪武十八年（1385）的那次相遇不但改变了朱棣的一生，也改变了自己的命运。自此之后，他为这位野心家效力，奇计百出，立下汗马功劳，同吃、同住、同劳动（造反应该也算是一种劳动）的生活培养了他和朱棣深厚的感情，朱棣事实上已经成了他的朋友。

这并不奇怪，野心家的朋友一般都是阴谋家。

在朱棣取得皇位后，姚广孝也一下子从穷和尚变成了富方丈，他可以向朱棣要房子、车子（马车）、美女、金银财宝，而朱棣一定会满足他的要求。因为作为打下这座江山的第一功臣，他完全有这个资格。

可他什么也不要。

金银赏赐退了回去，宫女退了回去，房屋宅第退了回去，他没有留头发，还是光着脑袋去上朝，回家后换上僧人服装，住在寺庙里，接着做他的和尚。

他造反只是为了实现自己的抱负，抱负实现了，也就心满意足了。此外，他还十分清楚自己的那位"朋友"朱棣根本不是什么善类，他是绝对不会容忍一个知道他太多秘密，比他还聪明的人一直守在身边的。

所以他隐藏了自己，只求平静地生活下去。

综观他的一生，实在没有多少喜剧色彩，中青年时代不得志，到了六十岁才开始自己的事业，干的还是造反这个整日担惊受怕、没有劳动保险的特种行业。等到造反成功也不能太过招摇，只能继续在寺庙里吃素，而且他也没有类似抽烟、喝酒、逛窑子的业余爱好，可以说，他的生活实在很无趣。

他谋划推翻了一个政权，又参与重建了一个政权，却并没有得到什么，而在某些人看来，他除了挣下一个助纣为虐的阴谋家的名声外，这辈子算是白活了。

他的悲剧还不仅于此，他之前的行为不过是各为其主罢了，也算不上是个坏人，他还劝阻过朱棣不要大开杀戒，虽然并没有成功，却也能看出此人并非残忍好杀之辈。

但这并不能减轻他的恶名，因为他毕竟是煽动造反的不义之徒，旁人怎么看

第十章　最后的秘密

倒也无所谓,最让他痛苦的是,连他唯一的亲人和身边的密友也对他嗤之以鼻。

永乐二年(1404)八月,姚广孝回到了家乡长洲,此时他已经是朝廷的重臣,并被封为太子少师,与之前落魄之时大不相同,可以说是衣锦还乡,但出乎他意料的事情发生了。

父母已经去世,他最亲的亲人就是他的姐姐,他兴冲冲地赶去姐姐家,希望自己的亲人能分享自己的荣耀,但他的姐姐却对他闭门不见(姊不纳)。无奈之下,他只好去见青年时候的好友王宾,可是王宾也不愿意见他(宾亦不见),只是让人带了两句话给他,这两句话言简意赅,深刻地表达了王宾对他的情感:

和尚误矣!和尚误矣!

姚广孝终于体会到了众叛亲离的滋味,原先虽然穷困,但毕竟还有亲人和朋友,现在大权在握,官袍加身,身边的人却纷纷离他而去。

耳闻目睹,都带给姚广孝极大的刺激,从此他除了白天上朝干活外,其余的时间都躲在寺庙里过类似苦行僧的生活,似乎是要反省自己以前的行为。

这种生活磨炼着他的身体,却也给他带来了长寿,这位只比朱元璋小七岁的和尚居然一口气活到了八十四岁,他要是再争口气,估计连朱棣都活不过他,有望打破张定边的纪录。

但这一切只是假设,现在已经奄奄一息的他正躺在床上看着自己这位叫朱棣的朋友。

心情复杂的朱棣也注视着姚广孝,像他这样靠造反起家的人最为惧怕的就是造反。所以他抓紧了手中的权力,怀疑任何一个靠近他的人,而眼前的这个人是唯一例外的。这个神秘的和尚帮助他夺取了皇位,却又分毫不取,为人低调,他了解自己的脾气、性格和所有的一举一动,权谋水平甚至超过了自己,却从不显露,很有分寸。这真是个聪明人啊!

只有这样的聪明人才能做朱棣的朋友。

在双方的这最后一次会面中,他们谈了很多,让人奇怪的是,他们谈的都是一些国家大事,姚广孝丝毫未提及自己的私事,这似乎也很正常,大家相处几十年，彼此之间十分了解，也就没有什么私事可说了吧。

朱棣很清楚，姚广孝已经不行了，这是一个做事目的性很强的人，自然不会无缘无故在生命的最后时刻找自己聊国家大事，他一定会提出某个要求。

朱棣和姚广孝如同老朋友一般地继续着交谈，但在他们的心底，都等待着最后时刻的到来。

话终于说完了，两人陷入了沉默之中。

姚广孝终于开口了，他提出了人生中最后一个要求：

"请陛下释放溥洽吧。"

朱棣默然。

不出所料，他果然提出了这个要求。

堪称当世第一谋士的姚广孝临死前提出的竟然是这样的一个要求，这个溥洽到底是什么人呢，能够让姚广孝在生命的最后一刻仍然如此挂念他的安危？

其实溥洽的个人安危并不是那么重要，只是因为这个人的身上隐藏着一个秘密，隐藏着朱棣追寻十余年而不得的一个答案。

这个秘密就是建文帝的下落。

十六年前，一场大火焚毁了皇宫，同时也隐灭了建文帝朱允炆的踪迹，等到朱棣带领大群消防队员赶到现场的时候，留给他的只是一堆废墟和活不见人，死不见尸的尴尬局面。

从此建文帝的下落就成了他的心头大患，为了找出这个问题的答案，朱棣想尽各种办法四处找人，只要有任何蛛丝马迹，他就会抓住不放。

也就在此时，有人向他告密，还有一个人知道建文帝的下落，这个人就是溥洽。

溥洽是建文帝朱允炆的主录僧，据说当时正是他安排朱允炆出逃的，虽是传闻，但此人与朱允炆关系密切，他确实很有可能知道朱允炆的下落。

朱棣听说后大喜，便将溥洽关进了监狱，至于他是否拷打过溥洽，溥洽如何回应，史无记载，我们自然也不知道。但我们可以肯定的是，他并没有从溥洽的口中得到他想要的答案，因为直到二十年后他临死前方才找到了问题的答案。

第十章　最后的秘密

但溥洽却从此开始难见天日，他不但是一个特殊的政治犯，还是一个绝对不会被释放的政治犯。原因很简单，他不说出朱允炆的下落，自然不会放他，而如果他说了出来，朱棣也绝不会把这个知情人释放出狱，依着朱棣的性格，还很有可能杀人灭口，一了百了。

如无意外，溥洽这一辈子就要在牢房里度过了。

但是现在，意外发生了。

朱棣知道姚广孝这个要求的分量，溥洽是不能放的，但这毕竟是自己老朋友这一生中的最后一个愿望，实在难以抉择。

姚广孝目不转睛地看着沉默中的朱棣，他知道眼前的这位皇帝正在思考，准备做出决定。

"好吧，我答应你。"

姚广孝释然了，他曾亲眼看见在自己的阴谋策划之下，无数人死于非命，从方孝孺到黄子澄，凌迟、灭族，这些无比残忍的罪行就发生在自己面前，他劝阻过，却无能为力。虽然这些人并非直接死在自己手上，但他确实是这一切的始作俑者。

虽然他不是善男信女，但他也不是泯灭人性的恶魔。残酷的政治斗争和亲人朋友的离去让他开始反思自己的行为，很多人因为他而死去，他却背负着罪恶活了下来。

所以在他生命的最后时刻，他提出了这个要求。

不是为了救赎溥洽，而是为了救赎他自己的灵魂。

精神上得到解脱的姚广孝最终也得到了肉体的解脱，三月十八日，姚广孝病死于北京庆寿寺，享年八十四岁。

这位永乐年间最伟大的阴谋家终于含笑离开了人世，他付出了很多，却似乎并没有得到什么，他的前半生努力地实践着自己的抱负，后半生却背负着罪恶感孤独地生活着。

无论如何，对于他而言，一切都已结束。

朱棣遵守了他的诺言，放出了溥洽，不是因为仁慈，而是出于对自己老朋友的承诺。

皇位夺下来了，首都迁过去了，大典修完了，南洋逛遍了，安南平定了，瓦刺、鞑靼没戏唱了。

现在唯一的老朋友也走了。

这场戏演到现在，也差不多了，当年三十九岁的青年朱棣起兵造反，最终夺得天下，之后他又开始了自己的统治，创造了属于他的时代。

在这漫长而短暂的几十年中，该做的事情他做了，不该做的事情他也做了。但综合来看，他确实是一位历史上少有的雄才大略的皇帝。上面列出的那些政绩里的任何一条都很难做到、做好，但他却用短短十几年的时间就全部完成了。

做皇帝做到他这个份儿上，实在不容易啊。

按说有如此功绩，朱棣也应该心满意足了，但其实不然，在他坐在皇位上的每一个白天，睡在寝宫里的每一个夜晚，有一件事情总是萦绕在他的心头，如噩梦般挥之不去，斩之不绝。

是的，雄才大略的朱棣在他执政的每一个日日夜夜都挂念着这件事，恐惧着这件事。

朱允炆，你到底是死是活，现在何方？

朱棣，不用再等多久了，你很快就会知道答案。

永乐二十年（1422），欠收拾的阿鲁台又开始闹事，他率军大举进攻明朝边境，其本意只是小打小闹，想干一票抢劫而已，估计明朝也不会把他怎么样，这一套理论用在别人身上有可能行得通，但可惜的是，他的对手是从不妥协的朱棣。

朱棣听说这个十二年前被打服的小弟又不服了，也不多说，虽已年届花甲（当时六十三岁），但好勇斗狠的个性却从未减退。

不服就打到你服为止！

同年三月，朱棣又一次亲征，大军浩浩荡荡向鞑靼进发，一路上都没有遇到什么像样的抵抗。到了七月，大军抵达沙珲原，接近了阿鲁台的老巢。

阿鲁台实行不抵抗政策，是否有什么后招呢？

答案是没有。

阿鲁台不抵抗的原因很简单，他没有能力抵抗。

这位当年曾立志于恢复蒙古帝国的人已经蜕变成了一个小毛贼，只能抢抢劫、闹闹事，他没有退敌的办法，唯一的应对就是带着老婆孩子跑路。

荡平了阿鲁台的老巢后，朱棣准备班师回朝，由于当时兀良哈三卫与阿鲁台已经互相勾结，所以朱棣决定在回去的路上顺便教训一下这个当年的下属。

他命令部队向西开进，并说道："兀良哈知道我军前来，必然向西撤退，在那里等着他们就是了。"

部下们面面相觑，人家往哪边撤退，你是怎么知道的？

可是皇帝说话，自然要听，大军随即向西边转移，八月到达齐拉尔河，正好遇到了兀良哈的军队及部落。

兀良哈十分惊慌，朱棣却十分兴奋，按照现在的退休制度，他已经到了退休年龄，虽然按照级别划定，他应该是厅级以上干部，估计还能干很长时间，但中国历史上，皇帝到了他这个年纪，还亲自拿刀砍人的实在是少之又少。

值此遇敌之时，他横刀立马，以六十三岁之高龄再次带领骑兵亲自冲入敌阵，大破兀良哈（斩首数百级，余皆走散）。

此后他又率军追击，一举扫平了兀良哈的巢穴，这才心满意足地回了家。

从朱棣的种种行为经历来看，他是一个热爱战争并陶醉于战争的人，是一个天生的战士。

上天并没有亏待这位喜欢打仗、热爱战争的皇帝，仅仅一年之后，他又一次亲征鞑靼，不过这次出征的缘由却十分奇特，很明显是没事找事。

永乐二十一年（1423）七月，边关将领报告阿鲁台有可能（注意此处）会进攻边界，本来这不过是一份普通的边关报告，朱棣却二话不说，马上准备亲征。

人家都说了，只是可能而已，而且边关既然能够收到情报，必然有准备，何须皇帝陛下亲自出马？

就算阿鲁台真的想要袭击边界，估计他也会说："我还没动手呢，就算打也是小打，你干吗搞这么大阵势？"

其实朱棣的动机十分简单：

实话说了吧，就是想打你，你能怎么样？

看来先发制人的政策绝非今日某大国首先发明的，这是历史上所有的强者通用的法则。

同年八月，朱棣第四次亲征，千里之外的阿鲁台得到消息后，马上就开始收拾东西，准备溜号。他已经习惯了扮演逃亡者，并掌握了这一角色的行动规律和行为准则——你来我就跑，安全第一。

这是一次不成功的远征，由于阿鲁台逃得十分彻底，朱棣什么也没有打着，只好班师回朝。

虽然此次远征并无收获，朱棣却在远征途中获得了一件意想不到的礼物，一件对他而言价值连城的礼物。

这件礼物就是他已苦苦寻觅二十年的答案。

最后的答案

胡濙终于回来了。

十六年前，他接受了秘密的使命，独自出行两湖江浙，探访大小寺庙，只为了寻找朱允炆的行踪，十几年间费尽心力，却毫无收获。

胡濙十分清楚，朱棣绝对不是一个可以商量的人，自他接受这个任务起，自己的命运就只剩下了两种结局，要么找到朱允炆，要么继续寻找，直到自己死去，另一个人来接替他。

没有同伴、没有朋友，不能倾诉，也无法倾诉，胡濙就这样苦苦寻找了十几年，这期间他没有回过家，连母亲去世他也无法回家探望，因为在使命完成之前，他没有回家的权利。

朱棣也并不是刻薄的人，他深知这项工作的辛苦，永乐十四年（1416），他终于召胡濙回来，并任命他为礼部左侍郎，从小小的给事中一下子提拔为礼部的第二把手，胡濙成了众人羡慕的对象，但只有朱棣和胡濙本人才知道，这一切不过是对胡濙从事的秘密工作的报答。

历时十年,胡濙没有能够找到朱允炆,他只得回到朝廷做他的官。

这个人真的还存在吗?或许这一辈子也找不到他了吧。

三年后的一次任命打破了胡濙的幻想。

永乐十七年(1419),朱棣再次命令胡濙出巡江浙一带,这次任命看似普普通通,实际上是另一次寻找的开始。我们有理由相信,这次朱棣是获得了准确的情报,朱允炆就在这一带!

一定要找到他!

然而胡濙这一去又是几年毫无音信,这下子连朱棣也几乎丧失了信心。

胡濙一直在找,朱棣一直在等,二十年过去了,两个青年人的约定变成了老年人的约定,朱棣的身体也是一天不如一天,恐怕等不了多久了,但约定还在继续,也必须继续下去。

就在看上去朱允炆即将被划入永远失踪人口时,事情出现了意想不到的转机。

这个悬疑长达二十年的问题终于得到了解答,在一个神秘的夜里。

永乐二十一年(1423)的一个深夜,远征途中的朱棣正在他的行在内睡觉(帝已就寝),忽然内侍前来通报,说有人前来觐见。

被吵醒了的朱棣很不高兴,这也是人之常情,即使普通人也不愿意在熟睡之际被人从美梦中惊醒。但当内侍说出前来觐见的人的名字时,朱棣如同触电一般地立刻睡意全消,他命令马上召见此人,而这个深夜前来吵醒朱棣的人正是胡濙(闻濙至,急起召入)。

朱棣的心中充满了兴奋、期待和恐惧,他十分清楚,如果没有他的命令,胡濙是绝不可能私自回来的。而此刻胡濙不经请示,深夜到访必然只有一个原因——他找到了那个人。

胡濙见到了朱棣,告诉了他自己所知道的一切,两人交谈了很长时间(悉以所闻对,漏下四鼓乃出……至是疑始释)。

相信很多人都会问,他们到底谈了些什么,这个悬疑二十年的谜团的谜底到底是什么？

我必须饱含悲痛地告诉大家，我也不知道。

坦率地说，现在说出这句话，我也很惭愧，胡濙最终没有忽悠朱棣，他虽然让朱棣等了十六年，但确实带给了他答案。

而从我讲这个谜团开始，到现在谜团结束，中间穿插了无数历史事件，也已经过去了很长时间，但我最终还是不能给大家一个肯定的答案。

说实话，这似乎也不能怪我，此文虽然用过一些明清笔记、杂谈之类的记载，但主要依据的还是《明实录》《明史》等正史资料。

我这人胆子并不算小，但如此重大的历史悬疑问题，也实在不敢乱编，史料上没有，我自然也不能写有。我虽然不能给出结论，却能够推理出一个结论。

要知道，史料是死的，人却是活的。

下面我们就开始这段推理，力争发现历史背后隐藏的真相，在这段推理过程中，我们将得到三个推论：

首先，从上面的这段记载我们可以知道，胡濙的使命确实是寻找建文帝，而朱棣在深夜被吵醒还如此兴奋，其原因我们也已经分析过了，除非已经完成使命，否则胡濙是绝对没有胆子擅离职守的。

由此我们得出第一个推论：

推论1.胡濙完成了他的使命，带来了建文帝的消息。

接下来是最重要的部分，也是争议最多的部分，胡濙到底对朱棣说了什么？这似乎是个死无对证的问题，但其实只要在推论1的基础上抓住蛛丝马迹进行一些推理辨别，我们就可以知道在那个夜晚两人交谈的内容。

胡濙深夜到访，会对朱棣说些什么呢？有以下几种可能：

A.我没有找到建文帝，也没有他的消息，这么晚跑来吵醒你是逗你玩儿。

结论：不可能。

原因：朱棣不会把如此重要的工作交给一个精神不正常的人。

B.我找到了建文帝的下落，但他已经死了。

结论：可能性较小。

原因：虽然本人当时并不在场，我却可以推定胡濙告诉朱棣的应该不是这句话，因为在史书中有一句极为关键的话可以证明我的推论：

"悉以所闻对，漏下四鼓乃出。"

"漏下四鼓乃出"！如果说一个人已经死掉，就算你是验尸的，无论如何也不可能讲这么长时间，胡濙为人沉稳寡言，身负绝密使命，绝对不是一个喜欢说废话的人，所以我们可以推定，他告诉朱棣的应该不是这些。

我们就此得出最后的结论C。

C.我找到了建文帝，并和他交谈过。

结论：很有可能。

原因：以上两种推论皆不对，此为所剩可能性最大的结论。

就这样，我们结合史料用排除法得到了第二个推论：

推论2.胡濙找到了建文帝，并和他交谈过。

结合推论1和推论2，我们最终来到了这个谜团的终点——建文帝对胡濙说过些什么？

这看上去似乎是我们绝对不可能知道的，连胡濙对朱棣说了些什么我们都无法肯定，怎么能够了解到建文帝对胡濙说过什么话呢？

其实只要细细分析，就会发现，我们是可以知道的。

因为建文帝对胡濙说过的话，必然就是胡濙和朱棣的谈话内容！

胡濙不是吃饱了没事干四处找人聊天的那种官员，他肩负重要使命，且必须完成，当他找到建文帝并与之交谈后，一定会把所有的谈话内容告诉朱棣，因为这正是他任务中的最重要部分。所以我们可以肯定，在那个神秘夜晚胡濙告诉朱棣的，正是建文帝告诉胡濙的。

现在我们已经清楚，只要知道了胡濙和建文帝的谈话内容，就能了解胡濙和朱棣的谈话内容，那么胡濙和建文帝到底谈了些什么呢？

可以肯定的是，他们不会谈论天气好坏、物价高低等问题，当年的臣子胡濙除了向建文帝行礼叙旧外，其谈话内容必然只有一个主题——你的打算。

陛下，你还活着，那你到底想怎么样呢？

我们有理由相信，朱允炆给了胡濙一个答案。

而在那个神秘的夜里，胡濙告诉朱棣的也正是这个答案。

建文帝的答案到底是什么，这看上去也是我们不可能知道的秘密。

然而事实上，我们是可以了解这个秘密的，因为这个秘密的答案正是我们的第三个推论。

解开秘密的钥匙仍然在史料中——"至是疑始释"。

解脱了，彻底解脱了，二十年的疑问、忧虑、期待、愧疚、恐惧，在那个夜晚之后，全部烟消云散。

需要说明的是，我们同时可以推定胡濙与朱棣谈话之时，建文帝应该还活着。

因为胡濙是一个文臣，之后他还因为在此事上立下大功，被任命为尚书，并成为后来的明宣宗托孤五大臣之一，在寻访过程中，为了保密，他一直是单人作业，像他这样的一个人，是干不出杀人灭口的事情的。而他深夜探访朱棣，也充分说明了在此之前，他并没有向朱棣通报过建文帝的消息。

当然，在谈话之后，朱棣会不会派人去斩一下草，除一下根，那也是很难说的事情。

不过我愿意相信，朱棣没有这样做，在我看来，他并不是一个灭绝人性的人，他的残忍行为只是为了保住自己的皇位，如今二十多年过去了，他也变成了一个老人，并且得到了那个答案，他也应该罢手了。

推论3.答案。

"二十年过去了，我也不想再争了，安心做你的皇帝吧，我只想一个人继续活下去。"

我相信，这就是最后的答案，因为只有这样的答案才能平息这场二十多年的纷争，才能彻底解脱这两个人的恐惧。

坐在皇位上的那个，解脱的是精神；藏身民间的那个，解脱的是肉体。

我不会再和你争了，做一个好皇帝吧。

我不会再寻找你了，当一个老百姓，平静地活下去吧。

第十章　最后的秘密

这场叔侄之争终于画上了句号。为了权力，这对亲人彼此之间从猜忌到仇恨，再到兵刃相见、骨肉互残，最终叔叔打败了侄子，抢得了皇位。

但事情并未就此结束，登上皇位的人虽然大权在握，却时刻提心吊胆，唯恐自己在某一天夜里醒来，会像上一个失败者那样失去自己刚刚得到的东西。

因为一无所有并不可怕，可怕的是得到后再失去。

被赶下去的那个人更惨，他必须抛弃荣华富贵的生活，藏身民间，从此不问世事，还要躲避当权者的追寻，唯有隐姓埋名，只求继续活下去。

这种残酷的心灵和肉体上的煎熬整整持续了二十年，七千多个日日夜夜的折磨，足以让任何一个人发疯。

得到了权力，似乎就得到了一切，但其实很多人并不明白，在权力游戏中，你没有休息的机会，一旦参加进来，就必须一直玩儿下去，直到你失败或是死亡。

得到了很多，但失去的更多。

这就是他们必须付出的代价，无论是成功者，还是失败者。

走上了这条路，就不能再回头。

死于征途的宿命

无论如何，朱棣终于得到了解脱，虽然来得迟了一点，但毕竟还是来了，至少他不会将这个疑问带进棺材。

也算是老天开眼吧，因为如果这个答案来得再晚一两年，朱棣也只能带着遗憾去见他父亲了，不过现在他终于可以心无旁骛地过几天舒服日子了。

朱棣的精神得到了解放，这之后的日子对他而言应该是放松而愉快的，但这恐怕也是上天对他最后的恩赐了，因为死神已经悄悄逼近了他。

永乐二十二年（1424）元月，阿鲁台又开始重操旧业，在明朝边界沿路抢劫，侵扰大同等地，此时朱棣的身体已经大不如前，但为了彻底解决问题，他还是十分勉强地骑上了战马，第五次率领大军出征。

就算不为自己着想，也要为儿子着想，帮他把对头收拾干净，将来才好安心做皇帝，就算留不下多少遗产，也给你留个太平日子吧。

古往今来的父爱，大抵都是如此。

朱棣与往常一样，挑选了几个大臣与他一同出发远征，而在他挑选的人中，有一个会在不久之后发挥极为重要的作用。

这个人就是杨荣。

六月，大军出发到达达兰纳木尔河，这里就是原先阿鲁台出没之地，然而此刻已经是人去楼空。抢劫惯犯阿鲁台早已收拾好包袱，逃之夭夭了。

经过反复搜寻，仍然不见阿鲁台的身影，朱棣的身体却是一天不如一天，大臣们发生了争论：

张辅表示，愿意自己领取一个月的粮食，率领军队深入大漠，一定要把阿鲁台抓回来。

杨荣表示，大军已经到此，如果继续待下去，粮草必然无法充足供应，必须尽早班师。

朱棣木然地听完他们的争论，下达了命令：

班师。

他也已经厌倦了，从少年时起跟随名将远征，到青年时靖难造反，再到成年时远出蒙古、横扫大漠。打了几十年的仗，杀了无数的人，驰骋疆场的生活固然让人意气风发，却也使人疲惫不堪。

还是回家吧。

七月，大军到达翠微岗，周身患病的朱棣召见了杨荣，君臣二人之间进行了最后一次谈话。

朱棣说道："太子经过这么多年的磨炼，政务已经十分熟悉，我回去后会将大权交给他，我自己就安度晚年，过几天快活日子吧。"

杨荣心中大喜，却并不表露，他回应道："太子殿下忠厚仁义，一定不会辜负陛下的期望。"

重病缠身的朱棣笑了笑，他夺得了江山，也守住了江山，现在儿子已经很能干了，大明帝国必将在他的手中变得更加强大，自己也终于能够安享太平了。

但朱棣想不到的是，他已经回不了家了。

可能上天也学习了朱棣这种凡事做绝的作风，他注定要让这个喜爱战争和打仗的皇帝在征途中结束他的一生。

大军到达榆木川后，朱棣那原本强撑着的身体终于支持不住，于军营中病逝，享年六十五岁。

六十五年前，在战火硝烟中诞生的那个婴孩，经历了无数风波，终于在征途中找到了自己的归宿，获得了永久的安宁。

在我看来，在远征途中死去，实在是他最佳的落幕方式，这位传奇帝王就此结束了他的一生。

这似乎也是一种宿命，生于战火，死于征途的宿命。

按照以往的习惯，应该给这位皇帝写一个整体的评价，其实对这位传奇帝王的评价，在以往的明史资料中有很多版本，而我认为最为出色的当属《明史》的评论。

虽然《明史》有很多错漏和问题，但至少在对朱棣的评价上，在我看来，史料中无出其右者，我之前很少引用古文，最多只是引用只言片语，用来说明出处，但此段文字实在是神来之笔，在下本欲自己动笔写评，奈何实在不敢班门弄斧，故引用如下：

赞曰：

文皇少长习兵，据幽燕形胜之地，乘建文孱弱，长驱内向，奋有四海。即位以后，躬行节俭，水旱朝告夕振，无有壅蔽。知人善任，表里洞达，雄武之略，同符高祖。六师屡出，漠北尘清。至其季年，威德遐被，四方宾服，受朝命而入贡者殆三十国。幅陨之广，远迈汉、唐！成功骏烈，卓乎盛矣！然而革除之际，倒行逆施，惭德亦曷可掩哉！

幅陨之广，远迈汉唐！成功骏烈，卓乎盛矣！

得评如此，足当含笑九泉！

他不是一个好人，却是一个不折不扣的好皇帝。

深夜的密谋

朱棣结束了他传奇性的一生，终于故去了，死人没有了烦恼，也不用再顾虑权力、金钱、前途之类的东西，但活人却是要考虑这些的。

在朱棣死去后的那片哀怨愁云下，却隐藏着一股潜流。不同的利益集团正在加紧行动的步伐，他们争夺的就是朱棣留下的最有价值的遗产——皇位。

早在朱棣出发远征之时，他的好儿子朱高煦就已经预见到，自己的父亲可能很快就要走人了，他加紧了筹划，派出自己的儿子朱瞻圻潜伏在京城，并用快马传递消息，一晚上甚至会有七八批人往来通报，在没有电话的当年，也真是苦了那些报信的了。

朱高煦做梦都想要皇位，但他十分清楚，必须确认自己的父亲抢救无效死亡后，才能动手，要是情况没摸准，自己就起兵，结果老爹来个诈尸或是借尸还魂，来到自己面前："小子，想学你爹造反啊！"不用打，自己就败局已定。

在造反专家朱棣面前，朱高煦的道行还太浅。

所以他耐心地等待着，等待着那个消息的到来。

朱棣的内侍马云是个并不起眼的人，平日看上去不偏不倚，然而此时，他也亮明了自己的立场，朱棣死后，他以内侍的身份深夜召集两个人开会，这两个人分别是杨荣和金幼孜。

他们三人经过密谋，做出了这样的决定，暂不发丧，每日按时给皇帝送膳食，以掩人耳目，并严格控制消息，禁止军营中人擅自外出报信。

可能有人会问，皇帝死后，由于尚远征在外，秘不发丧不是通常的安排吗，为什么会说是密谋呢？

因为这看似寻常的安排实际上暗藏玄机，在朱棣死前，他召见的顾命大臣并不是这两个人，而是张辅！

朱棣临死前召见张辅，并传达了传位太子的旨意，这似乎并没有什么让人担心的，但问题就在于张辅这个人。

张辅是张玉的儿子，而张玉和邱福与朱高煦的关系十分紧密，他们都是靖难时候的战友，在立储问题上，靖难派是支持朱高煦的。

马云召集杨荣、金幼孜两人密谋做出如此重大之决定，竟然没有张辅在场，实在是十分之不寻常。很明显，他们是有所防备的。

事实证明，他们的担心并非没有道理，因为就在一年后，朱高煦起兵造反的前夜，派人去京城寻找的那个内应，正是张辅。

在封锁消息之后，杨荣被赋予了最为重要的使命——回京向太子报丧，并筹备太子继位事宜，这位潜伏多年的太子党秘密成员终于有了用武之地，他日夜兼程，终于将遗命及时送到了太子手中。

朱高煦从头到尾都被蒙在鼓里，等到他知道消息的时候，太子已经做好了各项准备，登基即位了。

朱高煦先生，你又没有猜对，吸取教训，下回再来，你还有一次机会。

第十一章

朱高炽的勇气和疑团

高登年号洪熙。他立刻下立宽容的皇帝。他和杨荣已经是内阁成员,明代内阁就此形成,但此时一个知道内阁是皇帝最为信任的机构,要让那些这个问题看似很容易解决,其权力也是最大的。这些内阁成员仅仅是五品官,品尚书向他们低头确实是很难的。既然如此,那就改吧!把内阁学士提成二品,不就没事了吗?事情哪里有那么简单。你说改就改,你爹留下的制度,你就敢动手改造?正统的文官们在这个问题上一向是未寒,你有道理的。可是不改似乎又不行,问题总得解决啊。在这个世界上的无数国家民族中,要排聪明程度,中国人绝对可以排在

历经千辛万苦的大胖子朱高炽终于登上了皇位，定年号洪熙。

事实证明，这个体态臃肿的大胖子确实是一个仁厚宽容的皇帝，在他那肥胖残疾的外表下，是一颗并不残疾的、温和的心。

他登上皇位后，立刻下令释放还在牢房里面坚持学习的杨溥同学，并将其召入内阁。此时，杨士奇和杨荣已经是内阁成员。明代历史上最强内阁之一——"三杨"内阁就此形成。

但此时一个问题出现了，虽然大家都知道内阁是皇帝最为信任的机构，其权力也最大，但由于这些内阁成员仅仅是五品官，要让那些二品尚书向他们低头确实是很难的。

这个问题看似很容易解决，既然如此，那就改吧，把内阁学士提成二品，不就没事了吗？

事情哪里有那么简单！你说改就改？你爹留下的制度，他尸骨未寒，你就敢动手改造？正统的文官们在这个问题上一向是很有道理的。

可是不改似乎又不行，问题总得解决啊。

在这个世界上的无数国家民族中，要排聪明程度，中国人绝对可以排在前几位，而其最大的智慧之一就在于变通。这样做不行，那就换个做法，反正达到目的就可以了。

所谓此路不通，我就绕路走，正是这一智慧的集中体现。

朱高炽没有改动父亲的大学士品位设置，却搞了一套兼职体系。

他任命杨荣为太常寺卿，杨士奇为礼部侍郎，金幼孜为户部侍郎，同时还担任内阁大学士。这样原先只有五品的小官一下子成了三品大员，办起事情来也就方便了。

目的达到了，父亲的制度也没有违反，从此这一兼职制度延续了二百多年，并成为内阁的固定制度之一。

这类事情在之后的历史中比比皆是，每看及此，不得不为中国人的智慧而惊叹。

登基后的朱高炽并没有忘记那些当年和他共患难的朋友，洪熙元年（1425），他用自己的行为回报了他的朋友。

在一般人看来，皇帝回报大臣无非是赏赐点东西，夸奖两句，而朱高炽的回报方式却着实让人吃惊，在历代皇帝中也算极为罕见了。

同年四月的一天，朱高炽散朝后，留下了杨士奇和蹇义，他有话对这两个人说。

在当年那场惊心动魄的斗争之中，无数人背叛了他，背离了他，只有这两个人在他极端困难的情况下，依然忠实地跟随着他，杨士奇自不必说，蹇义虽然为人低调，却也一直在他身边。

年华逝去，大浪淘沙，这两个历经考验的人绝不仅仅是他的属下，也是他的朋友。

朱高炽注视着他的两个朋友，深情地说道："我监国二十年，不断地有小人想陷害我，无论时局之艰难，形势之险恶，心中之苦，我们三个人共同承担，最后多亏父亲仁明，我才有今天啊！"

回顾以前的艰难岁月，朱高炽感触良多，说着说着竟流下了眼泪。

杨士奇和蹇义也泣不成声，说道："先帝之明，也是被陛下的诚孝仁厚所感动的啊！"

朱高炽没有辜负杨士奇的期望，他确实是一个好皇帝。

虽然他是一个短命的皇帝，皇位还没坐热，就去向他父亲报到了，但在其短

第十一章　朱高炽的勇气和疑团

短一年的执政时间内,他维持了大明帝国的繁荣。

内容就不细说了,千篇一律,什么恢复生产、勤于政务,等等。废话我实在不愿写,估计大家也不喜欢看,如有意深入探究,可参考相关教科书。

在我看来,这些都是皇帝分内的事情,而真正能够体现朱高炽的宽仁并给他留下不朽名声的,是这样的一件事:

我们已经说过,朱棣是永乐二十二年(1424)七月去世的,根据规定,如无特殊情况,皇太子在父亲死后可以马上登基为帝,但是,绝对不能马上将当年改换成自己的年号元年,必须等到第二年,老爹的尸体凉透了,才能立下自己的字号。

比如朱棣永乐二十二年(1424)七月去世,朱高炽立即即位,并有了自己的年号洪熙。从七月到十二月,实际上已经是他的统治时期,但这段时间还是只能算在永乐二十二年内,只有到第二年(1425),才能被称为洪熙元年。

在这段时间内,是皇太子们的适应期,用通俗的话说,就是走出自己父亲的影子,一般在这段时间内,新皇帝们还不敢太放肆,对父亲们留下的各项命令政策都照本宣科,即使想要自己当家做主,改天换地的,也多半不会挑这个时候。

可是就是这个忠厚老实的朱高炽,在尚未站稳脚跟的情况下,在这段时间内,就敢于更改自己父亲当年的命令。

这在当时的很多大臣看来,是大逆不道的事情。

十一月的一天,朱高炽突然下达诏令,凡是建文帝时期因为靖难而被罚没为奴的大臣家属们,一律赦免为老百姓,并发给土地,让他们安居乐业。

靖难之时,朱棣杀人无数,罚奴无数,齐泰、黄子澄、方孝孺等人也被定性为奸臣,此事已是板上钉钉,断无更改之理。

然而此时,他的儿子朱高炽却突然下了这样一道旨意,让很多大臣措手不及,可更让他们吃惊的还在后面。

朱高炽接着问大臣:"齐泰和黄子澄还有无后人?"

大臣半天才反应过来,答道:"齐泰有一个儿子,当年只有六岁,所以免死,被罚戍边。黄子澄没有后代(后得知,黄子澄有个儿子当年改姓逃脱,后被赦免）。"

朱高炽沉吟许久，说道："赦免齐泰的儿子，把他接回来吧。"

他接着问："方孝孺可有后代？"

大臣们目瞪口呆。

方孝孺？您说的是那个灭了十族的方孝孺？

十族都灭了，还去哪里找后代？您不会是拿死人开心吧！

可皇帝已经下令了，就快去查吧。

这一查还真查出来了，虽然没有后代，但确实有个亲戚。

方孝孺的父亲方克勤有个弟弟叫方克家，这位方克家有个儿子叫方孝复（方孝孺的堂兄），当时也被罚充军戍边，至此终于回家了。

比起这些宽仁行为，更让人吃惊的是朱高炽所说的一句话。

朱高炽当着满朝文武大臣的面说道："建文时期的很多大臣，都被杀掉了，但像方孝孺这一类人，都是忠臣啊！"

底下的大臣们又是一片目瞪口呆，鸦雀无声。

忠臣？您父亲不是说他们是奸党吗？到您这里就给改了？那么说您父亲还是杀错了？

就在这样的一片争议声中，朱高炽完成了他的壮举。

在立足未稳之时，朱高炽敢于凭借自己的正义感和良心改正自己父亲的错误，不畏人言，不怕反对，这是毫无疑问的壮举。

真正的仁厚也是需要勇气的。

朱高炽是一个勇敢的人。

虽然这位明仁宗短命，只做了一年皇帝，在明朝的所有皇帝中排名倒数第二，但他仅凭这一件事情，就足以对得起他谥号中的那个"仁"字，也无愧他一代英主的美名。

如果让这位明仁宗接着干下去，相信大明帝国一定能够繁荣兴盛、欣欣向荣，但还是应了那句老话——"好人不长命"，洪熙元年（1425）五月，只做了十个月皇帝的朱高炽病重，不久之后就去世了。

这位厚道的皇帝就此结束了他的一生，但他的义举将始终为人所牢记。

至少那些被赦免的人会记得。

谋杀的疑团

皇帝的位置又空了，但这个位置注定不会空太久，很多人都排队等着呢。

朱高炽病重，英明神武的太子朱瞻基自然十分关注，但除此之外，还有一双眼睛盯着皇位，这自然就是我们的老朋友朱高煦。

朱高煦虽然屡战屡败，却屡败屡战，以帝国主义亡我之心不死的决心和毅力，数十年如一日地坚持搞阴谋、搞破坏。朱高炽十分仁厚，并未因此处罚他，只是警告而已。而这位无赖却越发嚣张跋扈，现在眼见朱高炽病重，他也开始了自己的又一次夺位阴谋。

吸取上次的教训，朱高煦加强了情报工作，安排了很多眼线时刻盯着朱高炽，当然不是为了保证他的安全，而是要确定他什么时候死。

他的计划是这样的，考虑到京城的三大营要收拾自己手下那些虾兵蟹将易如反掌，出兵攻打没有把握，几乎等于自杀，他决定拿朱高炽的儿子朱瞻基开刀。

他准备等到朱高炽的死讯后，便立刻在道路上埋伏士兵，等朱瞻基奔丧路过之时，一举将其击灭，然后趁乱登上皇位。

朱高煦对自己的计划很有信心，何来信心？来自作案时间。

之前说过，他的封地在山东乐安，而太子朱瞻基在南京（根据惯例，太子守南京），只要死讯传出，太子必然会从南京出发，所需时日很长，而他却可以从容不迫地安排好士兵等着太子的到来。

乐安离京城很近，南京离京城很远，朱高炽一死，最先得到消息的自然是我朱高煦，等你听到风声赶来京城的时候，我的士兵早就在路上等着你了！

我有充分的作案时间，朱瞻基，你就认命吧！

朱高煦的主意应该说是不错的，但不幸的是，他遇到了一件十分奇怪的事，这件事情不但使他的计划落空，也在历史上留下了一个谜团。

洪熙元年（1425）五月，朱高炽逝世，朱高煦得到消息，十分高兴，估计到朱瞻基赶到这里还有一段时间，他不慌不忙地安排士兵准备伏击。

可出人意料的事情发生了，他做好准备，可是左等右等，朱瞻基就是不来，没等朱高煦吟出今夜你会不会来的词句，就收到了一个不幸的消息——朱瞻基已经赶到京城，继位为皇帝。

怪哉，真是怪哉！

难道朱瞻基会飞不成，或是他能未卜先知？

这不但是朱高煦的疑问，也是后人的疑问。

关于这一点，史料上有很多不同的记载，有的说朱高煦袭击太子只是传闻，实际上太子是接到丧报后从容赶到京城的；有的说朱高煦是没有准备好，等到太子过去了才派兵出去埋伏的。

还有一种说法就比较骇人听闻了：

朱瞻基比朱高煦更早知道自己父亲的死讯。

路途远近是客观事实，只要报信的人不是在路上扎了帐篷，睡个几天几夜，乐安的朱高煦一定会比南京的朱瞻基更早知道消息。当年没有电话、电报，也没有飞机，你就是想破脑袋，也找不出朱瞻基比朱高煦更早知道死讯的理由和方法。

其实方法是有的，也是唯一的可能性。

如果这一说法属实，我们就只能得出一个结论：

朱瞻基不能预知未来，却创造了未来。

他谋杀了自己的父亲。

如果你对这一推论感到不满，也不要找我，因为这个推论并非我首创。实际上，明仁宗朱高炽的死亡原因一直以来都是历史悬案，到目前为止有几种说法：一种说法认为朱高炽纵欲，加之身体有病，最终病死；另一种说法认为是他的儿子朱瞻基等不及父亲传位，谋杀了他。因为从朱高炽死亡前后的一些迹象（如登基礼仪已备）表明，朱瞻基可能已经做好了登基的准备。

第十一章　朱高炽的勇气和疑团

前一种我们不去说它，单说后一种，事实上，朱高煦极有可能在路上设置埋伏，因为从他在后来朱瞻基已经登基，情况诸多不利的情况下也要造反的行为来看，他犯上作乱的决心是很大的。这么好的机会，他应该不会错过。

那么为什么他没有遇上朱瞻基呢？这其中就有几种原因，可能是朱瞻基绕开了大道，也可能是朱瞻基听到父亲病重，提前出发，更有可能是朱高煦没有准备好，错失机会。

对于这个问题，我不可能给出任何答案甚至推论，这可能注定又是一个永远的谜团。

历史的魅力可能就在于它永远有无数的谜团让人们去探究，却总也找不出答案。

纵欲而死也好，被谋杀也好，反正不是自然死亡（很少有皇帝能遇上这个殊荣）。

我们最终也只能得到一个肯定的结论：

朱高炽死了，朱瞻基继位。

仅此而已。

当然了，我们不应该忘记可怜的阴谋家朱高煦，这位同志搞了几十年阴谋，却一事无成，多次眼见煮熟的鸭子飞掉，从父亲到兄弟，再到兄弟的儿子，就是没有自己的份儿。说实话，搞阴谋居然搞到这个份儿上，实在可悲、可怜。

如果要评最成功的阴谋家，姚广孝一定能排在前三名，而朱高煦注定会名落孙山。

但如果要评最可怜搞笑的阴谋家，朱高煦必能当仁不让，名列前茅。

真是悲哀，悲哀的阴谋家朱高煦就是这样空等了几十年，他的耐心已经磨灭殆尽，在他的心中，已经立下心愿：

下定决心，排除万难，一定造一把反！

第十二章

朱瞻基是个好同志

朱瞻基是个好皇帝,是大好。他勤政爱民,但刘不是乾隆皇帝那种下江南的方式私访,他经常去民间私访,推行好皇帝同疾苦,他派访一位农民,向问他们的身份,来问话,十分喜欢,他便叫身边侍卫叫了一个农民过然分辛勤地干活,类似这种的劳动模范皇帝自平(今北京昌平区)看到农田里有几个老农在很辛勤地干活,类似这种的劳动模范皇帝自然十分喜欢,他便叫身边侍卫叫了一个农民过来问话,询问他们为何如此勤劳耕作,估计这位农民不知道他的身份,于是皇帝得到了一个自己绝对想不到的答案。农民回答他:我们春天耕种,夏天耕耘,秋天才能收稻子。如果任

朱瞻基是个好皇帝,不是小好,是大好。

他勤于政事,恢复生产(不要怪我说废话,好皇帝都是差不多的),关心民间疾苦。他经常去民间私访,但绝对不是乾隆皇帝那种下江南的方式,他微服出访,不讲排场,不向地方摊派,不给地方增加负担,每次只带侍卫出行。

有一次,他去给父亲上坟(谒陵),回来时路过昌平(今北京昌平区),看到农田里有几个老农在很辛勤地干活,类似这种的劳动模范皇帝自然十分喜欢,他便叫身边侍卫叫了一个农民过来问话,询问他们为何如此勤劳耕作,估计这位农民不知道他的身份,于是皇帝得到了一个自己绝对想不到的答案。

农民回答他:我们春天耕种,夏天耕耘,秋天才能收稻子。如果任何一个时候偷懒,这一年的生活就没有着落,连田租也缴不起。要养活老婆孩子,只能每天不停地干活了。

朱瞻基叹了口气,他这才明白,这些人这么拼命地干,并不是为了他的江山社稷,只是要活下去而已。

这样的回答也让朱瞻基十分尴尬,他只好打圆场说:"那你们冬天可以休息吧?"

这次轮到农民叹气了,他说:"冬天的时候,官府的徭役就派下来了,我们还得去出力气呢。"

朱瞻基看了看田地里农民那总也直不起来的腰,感触良多,吩咐侍卫准备回宫。

这位农民想必并不知道问他话的这个人的身份，他也绝对想不到，他和这个人的这番对话将会在历史上流传下来。

朱瞻基回到了皇宫，连夜写了一篇文章，把他的这次经历描述了一番，发给各位大臣，他动情地说道："百姓如此辛苦才能谋生，我们怎能不爱惜民力啊。"

当然了，皇帝陛下的感叹是否能够对下面这些权谋老手有所触动，那倒是很不一定的事情，但是从这个故事中我们可以看出，朱瞻基是个明白人，也是一个能够体恤老百姓疾苦的人。

事实上，由于他的爷爷朱棣先生实在过于威猛，谁敢不服他就打谁，甚至有时候是没事找事，主动去找别人的麻烦，一来二去虽然确实很威风，但给百姓们也增加了很多负担。大军出征要粮食、要民工、要很多钱，朱棣自己既不种地，也不赚钱，他会向下级官吏去要，官吏大人们自然也不会去种地，他们便会把所有的负担加在老百姓身上。

所以到了永乐后期，很多地方已经出现了逃荒的现象，生产也遭受了很大的破坏，朱瞻基没有他爷爷那么伟大的志向，但他很明白，现在已到了休养生息的时候了。

所幸他的父亲给他留下了像"三杨"这样的助手，面对着民生凋敝的现状，朱瞻基跃跃欲试，要大干一场。

可是在大干之前，他必须先料理一个人。

终于造反了！

朱高煦先生终于忍无可忍了。

他感叹自己找错了工作，干什么不好，偏偏要去干阴谋家，这一行虽然竞争不激烈，但对素质要求极高，虽然有姚广孝这样的成功人士作为自己的光荣榜样，但也不能保证自己的成功。

要想做一个成功的坏人、阴谋家，关键在于提高自己的素质。

朱高煦的素质不行，搞了几十年阴谋却什么结果也没有，几个皇帝就在自己眼前不断上下，现在连自己的晚辈朱瞻基也上台了，作为一位阴谋家，朱高煦的事业是失败的，也实在混得太差。

更让人难以接受的是，他想造反已经成了公开的秘密，上到皇帝下到老百姓，大家都知道这位先生想要造反。阴谋家这一职业，最大的特点就在于隐秘工作和地下工作，相比之下，朱高煦先生可以算是这个行业的耻辱，也颇为同行们所嘲笑。

二十多年一事无成，造反造得尽人皆知，所有一切不但侮辱了朱高煦先生的人格，也侮辱了他的智商。

不想再等，也不想再忍了，兄弟我混二十多年容易吗？！造反了！

朱高煦虽然激动，但并没有丧失理智。他在造反之前，派出了亲信枚青，去京城找一个人，他相信，凭着多年的交情，这个人一定能够站在他这边，只要能把这个人拉过来，大事必成！

宣德元年（1426）七月，枚青潜入京城，去找朱高煦的好朋友——张辅。

张辅热情地接待了他，共叙友谊之后，问清了朱高煦的意图和枚青的来意，要说这张辅的为人也实在没话说，是个直爽人，他连睡觉的地方都没来得及给枚青安排，就把他捆起来，连夜送给了朱瞻基。

朋友？交情？呸！时务！

朱瞻基知道了这个消息，却并不想动手，他希望和平解决。

为达到这个目的，他派出了中官侯泰去山东乐安找朱高煦，希望对方能够悬崖勒马。

可是下面发生的事情却实在让人大出所料。

侯泰奉皇帝之命前来，迎接他的是气焰嚣张的朱高煦，这位造反兄傲气十足，竟然面对天子来使南面而坐，看那架势大有我造反我怕谁的意思。

而朱高煦下面所说的话就很明显是他的心里话了：

"靖难时候，没有我出力，哪有今天？结果太宗（朱棣）听信谗言，把我封到了这个地方，仁宗想用金帛笼络我，现在的皇帝又想用祖制来压制我，我怎么可能久居此地！"

接着，他又向侯泰主动出示了自己的兵马军器，明目张胆地说："这些就可以横行天下了！回去告诉你的主子（归报尔主），把那些煽动他的奸臣抓来送给我，再和他接着谈（徐议我所欲）。"

看看这些用词，所谓"归报尔主""徐议我所欲"，给三分颜色，却想开染坊！无耻一词当之无愧。

从古至今，像朱高煦这样的无赖都有一个共同特点，明明自己搞阴谋，却总喜欢诬赖别人，给他留面子，却是给脸不要脸。

对付这种无赖，实在是不用讲道理的，最好的方法就是给他一个响亮的耳光。

其实你很脆弱

到了这个地步，不打也得打了，朱瞻基召开军事会议，商讨如何平叛。当时大臣们都认为应该派遣阳武侯薛禄带兵平叛，而张辅更是十分积极，希望能带两万兵马去扫荡他的老朋友。

但杨荣提出了反对意见，他认为在目前这种情况下，如果皇帝亲征，必定能够一举击败朱高煦。

张辅不服气，与杨荣争论起来，双方争执不下，事情又走到了十字路口。

朱瞻基也拿不定主意，派兵出去打固然省事，却不能保证胜利，自己亲征虽有气势，但危险太大，无法保证安全。

正在他犹豫不决之时，大臣夏原吉只用了一句话，便坚定了朱瞻基亲征的信念：

"皇上忘记了李景隆的事吗？"

李景隆？对，就是那个饭桶李景隆。

当年建文帝把兵权交给这个饭桶，结果一败涂地。想到这个饭桶的结局，朱瞻基立刻下定决心，亲征！

谁说李景隆是饭桶、废物？从这件事情上看，饭桶、废物也是有用的，至少他的愚蠢起到了警示后人的作用，功德无量啊！

宣德元年（1426）八月十日，朱瞻基亲征乐安，大军行动迅速，八月二十日已经到达乐安城外。

朱高煦固然是无赖，但无赖想要干出点事情来，靠耍赖是不行的，还是需要点本事的。

他原先以为是薛禄带兵来平乱，并不放在眼里，没有想到，自己的好侄子竟然亲自前来，一下子慌了手脚，组织士兵们抵抗，却少有听命者。

这个时候，朱高煦才发现自己是如此脆弱。

朱瞻基实在不是等闲之辈，在征途之中，他曾经问手下的大臣们："你们认为朱高煦会如何行动？"

有大臣回答："乐安太小，他可能会进攻济南，以抗拒大军。"

也有大臣说："他曾在南京多年，必然会带兵南下。"

朱瞻基笑着摇了摇头，说道："你们说的都不对，济南虽然很近，却不容易攻，而且大军行军迅速，他也来不及攻击。南京更不可能，他的那些手下的家属都在乐安，怎么可能愿意往南边走？"

"他会一直在乐安等着我的。"

事实确实如此，朱高煦一直都在乐安，倒不是因为他想决一死战，而是他别无去处。

大军到达之后，并未强攻，只是用火铳和弓箭射击城上守军，虽然没有动真格的，气势却十分吓人，城中守军本来就没有什么斗志，这样一来更是失魂落魄，纷纷逃亡。

朱瞻基充分了解了战场局势和士兵心理，派人将敕令捆在箭上射入城中，敕令上说明首恶必办、胁从不问的原则，并给朱高煦很周到地标上了生擒和击毙两种价码，城中的人顿时蠢蠢欲动，就连朱高煦身边的侍卫也有自己的打算，他们看着朱高煦时的眼神，就如同看着一个金灿灿的猪头。

朱高煦狼狈不堪，只好派人出城送信，表示愿意出城投降，只是希望有一个晚上的时间告别亲人，就前来自首。

朱高煦是这样说的，也是这样做的。

第二天他准备打开城门，投降朱瞻基，然而他手下的部将王斌拉住了他，对他说了一番义正词严的话：

"宁可战死，绝不做俘虏（宁一战死，毋为人所擒）！"

朱高煦目瞪口呆，自己都准备投降了，这个部下竟然还如此有骨气。他顿时精神大振，表示自己一定与城池共存亡！

发表完慷慨激昂的演讲后，朱高煦昂首挺胸地走回了自己的指挥位置。

然后朱高煦换了一条小路，偷偷溜出城池，去向朱瞻基投降，还发表了他的投降演讲：

"我罪该万死，全由皇上发落（臣罪万万死，唯陛下命）！"

这场闹剧就此收场。

朱高煦是个彻头彻尾的丑角，阴谋家做不成，造反也失败，不但没素质，还没人品，一个月前还大言不惭"归报尔主""徐议我所欲"。

一个月后，就成了"臣罪万万死，唯陛下命"。

不做好人，连坏人也做不成，这样的一个活宝实在让人无话可说。

朱高煦，你的名字是弱者。

在这场滑稽戏里，朱高煦扮演了丑角，但这出戏却也在无意中成就了一位小人物。

朱高煦出来投降后，按照规矩，皇帝要派一个人数落他的罪行，通俗点说就是骂人，当然这个工作是不可能由皇帝自己来做的。

于是皇帝便指派了身边的一个御史去完成这项骂人的工作，但皇帝绝对想不到的是，自己随意指派的御史竟然骂出了名堂，骂出了精彩。

这位御史领命之后，踏步上前，面对这位昔日位高权重的王爷，无丝毫惧色，开始数落其罪状，骂声洪亮，条理清晰，并能配合严厉的表情，众人为之侧目（正词崭崭，声色震厉）。

朱高煦那脆弱的心灵又一次受到了沉重的打击，在这位御史的凌厉攻势下，他被骂得抬不起头，趴在地上不停地发抖（伏地战栗）。

这一情景给皇帝朱瞻基留下了十分深刻的印象，他认定此人必是可造之才，回去之后，他当即下令派这个人巡按江西（注意，不是巡抚）。

巡按外地正是御史的职责，也不算什么高升，但皇帝的这一举动明显是想历练此人，然后加以重用。

在历史中，奸邪小人依靠一些偶然的闪光表现得到皇帝的欢心和信任，从而为祸国家的事情并不少见（比如和珅），但事实证明，这一次，朱瞻基并没看错，这位声音洪亮的御史确实是一位不可多得的人才。

在二十年后，他将挺身而出，奋力挽救国家的危亡，并成就伟大的事业，千古流芳。

这位御史的名字叫作于谦。

闹剧的终结

虽然这次造反以一种极为戏剧性的方式完结了，但搞笑并未就此结束，朱高煦先生将以他那滑稽的表演，为我们上演《朱高煦造反》这部喜剧的续集。

朱瞻基确实是个厚道人，虽然很多人劝说他杀掉朱高煦，但他却并没有这样做，只是将其关在了西安门的牢房里，按说他对朱高煦已经是仁至义尽，可朱高煦偏偏就是个死不悔改的人。

有一天，朱瞻基想起了他的这位叔叔，便去看望他，两人没说几句话，朱高煦突然伸出一脚，把朱瞻基勾倒在地。

我每次看到这个地方，都百思不得其解，总是搞不懂朱高煦是怎么思考的，他的脑袋里装的是否都是糨糊。

既然脚能勾到，说明两人已经很接近，你上去撞也好、咬也好、掐也好、踢也好，都能起到点作用，这么多方法你不用，偏偏就是勾他一下，如同几岁小孩的恶作剧，实在让人哭笑不得。

闹剧还没有完，吃了暗算的朱瞻基十分气愤，老实人也发怒了，便下令用一口三百斤的铜缸把朱高煦盖住，那意思就是不让他再动了。可后来发生的事情实在是让人匪夷所思。

朱高煦先生突然又不干喜剧演员了，转而练起了举重，他力气很大，居然把缸顶了起来，但由于头被罩住看不清，只能东倒西歪地到处走。

待着就待着吧，你干吗非要动呢？

这一动，就把命动没了。

朱瞻基从头到尾见识了这场闹剧，他再也无法忍耐了，于是派人把大缸按住，然后找来很多煤炭，压在缸上，把煤点燃烧红，处死了朱高煦。

朱高煦先生就这样结束了他多姿多彩的一生。他的一生，从阴谋家到喜剧演员，再到举重运动员，无不是一步一个坑，极其失败，但我们实在要感谢他，是他的搞笑举动使得我们的历史如此多姿多彩。

我曾数次怀疑这段记载的真实性，因为我实在很难理解这位朱高煦先生的行为规律和原因，怀疑他是一个精神不正常的人。但在历史之中，人的行为确实是很难理解的。

不管这位朱高煦先生精神到底正不正常，史料记载是否真实，朱瞻基终于摆脱了这最后一个累赘，一心一意地去做他的明君去了。

朱瞻基的统治时间并不长，只有十年，加上他父亲的统治时间，也只有十一年，但他和他父亲统治的这短短十一年，却被后代史学家公认为是堪与"文景之治"相比的"仁宣之治"，是中国历史上的盛世。

何以有如此之高的评价，盛世何来？来自休养生息，清静养民。

其实封建社会的老百姓们的自我发展能力并不差，你就算不对他进行思想教育，他也知道自己要吃饭、要挣钱、要过好日子，只要官府别天天加收田赋、征派徭役，给这些不堪重负的人一点喘息之机，他们是会努力工作的。

明宣宗就是这样一个不扰民的皇帝，他没有祖父那样的雄才大略，但是他很清楚，老百姓也是普通人，也要过日子，应该给他们生存下去的空间。

在他执政的十年里，每天勤勤恳恳，工作加班，听取大臣们的意见，处理各种朝政，能够妥善处理和蒙古的冲突问题，能不动兵尽量不动，所以在他的统治时期，一直没有出什么大事。

这对于像我这样叙述故事的人来说，并不是一件好事，但对于当年的百姓们而言，却是功德无量。

好的皇帝就如同现代足球场上的好裁判，四处都有他的身影，不知疲倦地奔跑，却从不轻易打断比赛的节奏，即使出现违规行为，也能够及时制止，并及时退出，不使自己成为场上的主角。

这样的裁判才是好裁判。

不干扰百姓们的生活，增加他们的负担，为其当为之事，治民若水，因势利导，才是皇帝治国的最高境界。

这样的皇帝才是好皇帝。

朱瞻基就是一个彻头彻尾的好皇帝，而且从治国安民的角度来看，他比他的祖父要强得多。

朱瞻基的痛苦

朱瞻基是明君，是好皇帝，但他也有着自己的痛苦。

世界上还有人能让皇帝痛苦？

是的，确实存在这样的人。他们就是那些平日跪拜在大殿上，看似毕恭毕敬的大臣。

这些大臣绝非看上去那么听话，在他们谦恭的姿态后面，是一个拥有可怕力量的庞然大物。

自唐朝以来科举造就了很多文官，并确定了文官制度。历经几百年，这一制度终于在明朝开花结果，培养出了一个副产品。那些凭借着科举考试跃上龙门的精英通过同乡、同门、同事的关系结成了一个无比巨大的实力集团——文官集团。

明仁宗朱高炽是一个公认的老实人、好皇帝，但就是这位好皇帝，却被一个叫李时勉的大臣狠狠地骂了一顿。朱高炽品行很好，怎么会骂他，这又是从何说起呢？

原来朱高炽先生做了这样几件事，他登基之后，要换侍女，新君登基，这个要求似乎也不过分，此外他还整修了宫殿（规模并不大），最后由于身体不适，他曾有几天没有上朝见群臣。

这些事情似乎并不是什么大事，可是李时勉却写了一封很长的信，数落了皇帝一通，全文逻辑性极强，骂人不吐脏字，水平很高，摘抄如下：

所谓整修宫殿——"所谓节民力者此也。"

所谓选侍女——"所谓谨嗜欲者此也。"（这句比较狠）

所谓有几天不上朝——"所谓勤政事者此也。"（你李时勉就没有休息过？）

还没有完，最狠的话在后面，总结发言——"所谓务正学者此也。"

以上，翻译成通俗语言可以理解为穷奢极欲，好色之徒，消极怠工，不务正业。

大胖子朱高炽虽然脾气好，但还是忍不住，把李时勉打了一顿。他的愤怒也是有道理的，勤勤恳恳地干工作，虽然有这些小问题，却被戴上了这么大的帽子，实在让人难堪。毕竟当年还是封建社会，可这位李时勉却着实有点现代民主意识，把皇帝不当干部，就这么开口训斥，也怪不得朱胖子生气。

朱胖子气得生了病，可这位李时勉虽然挨了顿打，但还是活了下来，到了朱瞻基继位，竟然又把这位骂过自己父亲的人放了出来，还表扬了他。

坦言之，李时勉所说的这些确实是需要改正的，但作为一个封建社会的皇帝，这些行为实在不足以被扣上这么大的帽子。事实上，在这些所谓的直言进谏的背后，有着复杂的历史政治背景。

李时勉的行为并不是孤立的，他代表着一群人，这群人就是文官集团。

文官集团的特点如下：

一、饱读诗书，特别是理学，整日研习所谓的圣贤之道。

二、坚持宽于律己、严以待人的原则，以圣人的标准来要求别人（一部分）。

三、擅长骂人、掐架、帮派斗争。

座右铭：打死不要紧，青史留名在。

要说明的是，这不过是文官集团的一般特征，实际上，也有很大一部分的优秀文官是严于律己的。

明宣宗辛辛苦苦地干活，也不好色，没有什么其他娱乐，按说不应该有什么值得指责的，可善于研究问题的文官们还是找到了漏洞。

这位明宣宗没有什么特别喜欢的活动，却有一个小爱好——闲暇之余斗蟋蟀。虽然这不算是健康的文体活动，倒也不是什么不良嗜好。皇帝也有自己的休闲方式，你总不能让他每天做一套广播体操当娱乐吧？

但就连这点小小的爱好，也被文官们批判了很多次，后来不知是谁缺德，竟然给这位为工作和江山累得半死不活的好皇帝取了个外号"蟋蟀皇帝"。

确实过分了。

这些人的行为可以用矫枉过正来形容，无论谁当皇帝，恐怕都受不了，你想打他，那还是成全了他，当年因正义直言被打，可是一件光荣的事。

如那位李时勉就是一个例子，被打之后不但毫无悔意，还扬扬自得，深以被打为荣。

而在明宣宗时代，文官集团的势力得到了进一步的发展，内阁权力也越来越大，出现了所谓的"票拟"。

票拟，也称条旨，指的是大臣草拟对各种奏章的处理意见，并将这些意见附于奏章之上，送给皇帝御览。

票拟的出现是必然的，朱瞻基明显没有他的祖先那样的工作精力，整日劳顿还是忙不过来，很多奏章不可能一一亲自看过处理，于是他便安排内阁人员代为浏览奏章，并提出处理意见，这样他也会轻松得多。

可能有人会问，这样的话，皇帝还有什么权力呢，他不就被架空了吗？

这个请大家放心，古往今来的皇帝除了极个别之外，都不是白痴，给内阁票拟权只是为了要他们干活的，皇帝还留有一手后招，专门用来压制内阁的权力。

这一后招就是同意的权力。

不要忘记，大臣只是给皇帝打工的，一项政令是否可以实施，大臣只能提出意见，然后写上请领导审批的字样，送给皇帝大人审阅，如果皇帝大人不同意，你就是下笔千文，上万言书，也是一点作用都没有的。

朱瞻基良好地把握了这一点，他有效地发动大臣们的积极性，让他们努力干活，却又卡住了他们仆大欺主、翻身做人的可能性。所有经过票拟的奏章只有经过皇帝的批示，才可以实施。

由于皇帝用于批示的是红笔，所以皇帝的这一权力被称为"批红"。

至此，到明宣宗时，皇帝的权力被正式分为了"票拟"和"批红"两大部分，朱元璋做梦也不会想到，仅仅过了不到三十年，他苦心经营的政治体系就被轻易地击破并改动。

此后明代二百多年的历史中，"票拟"的权力一直为内阁大学士所占有，而"批红"的权力却并非一直握在皇帝的手中，在不久之后，这一权力将被另一群登上政治舞台的人所占据。

这些人就是太监。

明宣宗这一辈子没干过什么坏事，也不好酒色，除了喜欢斗蛐蛐被人说过几句外，没有什么劣迹，但有一件事情例外。

有些后世的人甚至认为，明宣宗做的这件错事给大明王朝的灭亡埋下了伏笔。

他到底做了什么伤天害理、灭绝人性的事呢？

说穿了其实也没什么，他只不过搞了点教育事业——教太监读书。

宣德元年（1426），明宣宗突然下令，设置"内书堂"，教导宦官们读书。

大家应该知道，在传宗接代观念极其严重的中国，去做太监的都是不得已而为之，混口饭吃而已，这些人自然没有什么文化，而朱瞻基开设学堂正是为了给这些太监扫盲。

可他不会想到，这次文化启蒙运动不但扫掉了太监们的文盲，也扫掉了阻挡他们进入政坛的最后一道障碍。

要知道，当一个坏人并不难，但要做一个坏到极点的极品坏人是很难的。没有文化的坏人干点小偷小摸、拦路抢劫之类的勾当，最多只能骚扰骚扰自家的邻居老百姓，而读过书的坏人却可以祸国殃民、危害四方。

从事情的后续发展来看，朱瞻基的这一举措确实也培养了不少极品坏人。

很多人认为，朱瞻基的这一措施确实是错误的，但其本意不过是要这些太监学点文化，并没有什么其他的企图。

真的是这样吗？

我认为不是，在我看来，朱瞻基是故意的，从法律上来解释，就是明知其行为会导致太监参权的结果，却希望或者放任这种结果发生。

这位皇帝厚道，却不蠢，他的这一举措带有政治目的。

而要揭示他这一行为背后的秘密，就必须引出我们下面的一个话题。

太监是怎样炼成的

先要说明，这个话题与生理方面无关，也不探究那要人命的一刀，只谈谈这个特殊的群体，及其参与政治的真正原因。

太监这个名词大家都十分熟悉，而且大多数人还会在这个称呼前面加个"死"字，骂起人来十分提神，且通俗易懂。

实际上在明代，要想混到太监，可不是一件容易的事情。所谓太监是宦官的首领，不是谁都有资格被称为太监的。

别说太监，就是想当普通宦官也很不容易，在明朝，宦官可是个抢手的工作。

要知道，在这个世界上，混碗饭吃是不容易的，就算你有勇气挨那一刀，还要有运气进宫才行，不要以为当宦官那么简单，也是要经过挑选面试的。官方的阉割场所只阉割那些已经经过挑选的人，说句寒碜话，要是人家看不上，你连被阉的资格都没有。

在明代经常有人在未经官方允许的情况下自行阉割，然后跑到北京去当太监。他们中间有很多人没有被挑中，回家了此一生，当然，也有成功者（如鼎鼎大名的魏忠贤）。

到了明朝中期，由于想当宦官的人太多，很多有志于投身宦官事业的人没有被官方处理的机会，便以大无畏的勇气自行了断子孙根，可到后来又没能进宫。他们不能成家立业，只能到处游荡，这些人自然成了社会的不安定因素。

为了应对这一情况，后期的明朝政府曾经颁布了一条十分特别的法令：

严禁自行阉割！

对此我只能说，这是一个奇妙的世界。

明代宦官有很多级别，刚进宫时只能当典簿、长随、奉御，如果表现良好，就能被升迁为监丞，监丞再往上升是少监，少监的顶头上司就是闻名遐迩的太监。

可见，要想干到太监实在不容易啊。

宦官有专门的机构，共二十四个衙门，分别有十二监、四局、八司，其最高统领宦官才能被称作太监。这二十四个衙门各有分工，不但处理宫中事务，还要处理部分政务。

事实上，在这些宦官衙门中，也有冷热轻重之分，重者权倾天下，轻者轻如鸿毛。一个刚入宫的宦官要想出头，先要看他被分在哪个部门。

如果你被分在了司礼监或是御马监，那就先恭喜了，你的太监前途将一片光明，继续努力下去，光宗耀祖或是遗臭万年都是有可能的。

因为这两个监局是权力最大的太监机构，司礼监就是专门掌管内外章奏的，相当于皇帝的私人秘书，我们前面说过，皇帝把票拟的权力给了内阁，自己保留了批红权。

而到了明宣宗时候，由于文件太多，朱瞻基自己也没有时间看完，便会让司礼监的人按照票拟的内容抄下来，代理自己行使批红的权力。

这个为皇帝代笔的人有一个专门的称呼——司礼监秉笔太监。

于是，天下唯一可以压制内阁票拟权的批红权就落在了秉笔太监的手中。

到了明朝后期，皇帝不管朝政，某些太监便会自作主张，乱发旨意，下面的官员想告状也告不了。因为你告状的奏章最多只能告到皇帝那里，可代皇帝批阅奏章的人很可能就是你要告的人，那你这状能告下来吗？

由此可见，秉笔太监实在位高权重。

但是这位秉笔太监却还不是权力最大的太监，在他的上头还有一个——司礼监掌印太监。

这很好理解，在印章文化十分发达的中国，你写再多，我不给你盖章你也没办法。

而一旦司礼监掌印太监兼任了东厂太监（如冯保和魏忠贤），那就真是权倾四海、威震天下。事实上，几乎所有明代的著名太监都出自司礼监，如果当年有名监展览馆，司礼监必然是所挂画像最多的地方。

司礼监出监才啊！

而作为一个有志气的青年宦官，你应该以这些人为偶像，努力奋斗，争取名留青史（当然一般来说都是恶名）！

如果你有幸能干到司礼监掌印太监，那说明你的太监生涯已经达到了光辉的顶点，你已成为太监中的佼佼者，是太监中的成功人士。如果你还凑巧干了些坏事，那么你的名声一定不限于当代，而会世代流传下来，供众人茶余饭后谈论和唾骂。

如果你没有能够进入司礼监，而是进入了御马监，那我同样要恭喜你，这也是个好地方，虽然这里出的名人没有司礼监多，但也不少，比如著名的汪直、谷大用等，都是你的好榜样。

必须说明的是，这个所谓的御马监不是管马的，而是管理御用兵符。说到这里大家也应该知道为什么御马监是个有前途的部门了。

司礼监和御马监一文一武，成为最为显赫的太监部门，宫中宦官无不尽心竭力，想进入这两个部门。

有好必有坏，万一你不幸被分到了直殿监和都知监，那你就惨了。因为这两个监名字虽然气派，却只管理一件事——清洁卫生。

这两个监不但条件艰苦，没有人瞧得起，连办公场所都没有（似乎也不需要），而且秋扫落叶冬扫雪，工作十分辛苦。

这样的部门自然是无法吸引众多青年宦官的。

介绍完太监的奋斗史，下面就要谈太监参与政治的问题了。

在我们很多人的心目中，太监政治大概是这样的一幕场景：

在一个月黑风高的夜晚，在一所阴森的房子里，几个面目狰狞的太监在十分微弱的烛光下进行着密谋。

一个太监奸笑（标准表情）着对旁边的人说道："尚书王某某阻碍我们的夺权计划，要把他干掉！"

这时另一个太监也奸笑（保持形象）着说："我看还是先把侍郎张某某干掉。"

最后太监头子（一般就是最坏的那个）发话："照计划行事，把那些忠臣都清除掉，然后再把皇帝换掉，我们来坐江山！"

以往人们心中的太监形象就是如此，只要一提到太监，就会和坏蛋联系起来，然后就是朝廷中的忠臣们为了正义和理想与坏蛋们进行了不懈的斗争，成功了就是正义终于战胜邪恶，失败了就是人间悲剧。

真的是这样吗？

我认为不是，人们往往过于关注那些所谓忠臣的行为，却很少发现这些大臣的可怕之处。

之前在"我们的丞相怎样炼成的"专题中，曾经对明朝的相权君权分立做了分析，并用了一个拔河的比喻，皇帝和大臣各站在绳子的两边，不断地拔河，朱元璋是优秀运动员，体力好，他活着的时候，没有人能拔得过他。

他的儿子朱棣也是运动健将，虽然设立了内阁，但还是能够掌握主动权。

到了朱瞻基，情况就大不相同了，文官集团十分强大，连皇帝也奈何他们不得。

在我们很多人的印象中，皇帝是想干什么就能干什么的，没有人能够管得了。可是实际上，明朝的皇帝是不容易当的，那些大臣就像一群苍蝇，不但要向你提意见，甚至有时候还会挖苦、讽刺你，你还不好把他们怎么样。

明仁宗心地善良，却因为小事被骂得气急败坏，他的儿子朱瞻基行为端正，只喜欢斗蛐蛐，也被那些人当成罪状来批判，老百姓有自己的爱好，皇帝居然不能有。

绳子那一头是一股极其庞大的力量，那些在我们看来无比正直的大臣有着充分的力量控制朝政，他们有学识、有谋略、有办事能力，有很多的同门、同事。

而绳子的这一头，只有皇帝一个人。

皇帝那所谓的至高无上的权力在文官集团的大爷们眼中也算不得什么，骂你、讽刺你，那是为了国家大事，那是忠言逆耳，你能说他不对吗？

而且这些大爷既不能杀，也不能轻易打，杀了他们，公务你自己一个人能干吗？

劳动模范朱元璋老先生自然可以站出来说：把他们都杀光，我能干！

可是朱瞻基不能这样说。

于是在太祖皇帝死去二十年后，绳子失去了平衡，获得了票拟权的内阁集团变得更强大，皇帝一个人就要支撑不住了。这样下去，他将被大臣们任意摆布。

苦苦支撑的朱瞻基一步步地被拉了过去，正在这时，他看见旁边站着一个人，于是他对这个人说："你来，和我一起拔！"

从此这个人就参加了拔河，并成为这场游戏的一个重要组成部分。

这个人的名字就叫太监。

太监更可靠

相信现在大家已经理解了皇帝的痛苦，他并非无所不能，他也要求人，大臣们饱读诗书，却并不那么听话，而要制衡这些不听话的人，皇帝能够选择的只有太监。

太监真的都是坏人吗？

至少皇帝不会这么认为，在他看来，这些人很好，从小陪伴他一起长大，带着他放风筝，陪着他玩耍，给他当马骑，而且十分服从。

我们往往误解太监和皇帝之间的关系，实际上，很多自幼和太监一起成长的皇帝是把太监当成自己的亲人的。换了你是皇帝，你到底是喜欢一个从小到大无话不说、十分听话的玩伴，还是喜欢那些表情严肃、经常批评自己、干涉自己行为的大臣呢？

任何一个人都会选择前者。

明朝的文官集团的权势已经到了十分猖狂的地步，他们不但干预朝政、批评皇帝（有些确实是故意找碴儿），还监控皇帝的私生活，不能随便旷工出去玩儿、不能好色、不能贪杯，虽然他们自己也干这些事，却不允许皇帝干（比如张居正）。

于是，皇帝们只剩下了一个选择：

让太监去制衡大臣。

如果弄清楚了这一点，我们就不必为王振受到的宠爱而吃惊，也不需要为刘瑾、魏忠贤等人的专权而愤愤不平。

因为他们的出现是明代政治制度发展的必然，没有王振，还有李振；没有刘瑾，会有徐瑾。

太监就是这样被强行拉上皇帝的政治战车的，他们并不是天生的奸邪小人，那些文官的行为也未必比他们好到哪里去，只不过他们出身低贱，且心理有些问题，所以行为比较偏激，更容易被人们反感。

综观整个明代，坏太监很多，好太监也不少，但十分神奇的是，无论太监如何猖獗，都无法危及皇帝本人的地位。要知道，中国历史上宦官的权力最大、气焰最为嚣张的朝代并不是明朝，而是唐朝。

在唐朝后期，宦官完全操纵国家大权，甚至可以立废皇帝，俨然就是国家的最高统治者，而在明朝，太监虽然专权结党，但皇帝要动手解决他们，只需要写一张小小的字条（明武宗）。

经过以上分析，我们应该对明宣宗教太监读书的目的有了一个大致的了解，这位聪明的皇帝是不会干无谓的事情的。

他要培养的并不是有文化、有追求的太监，而是战士。

为他而战的战士，足以对抗文官集团的战士。

太监不过是皇帝手中的棋子，仅此而已。

就这样，朱瞻基将他老祖宗朱元璋集中的权力又分散了出去，票拟权给了内阁，批红权由太监代理。但必须说明的是，由于批红权十分重要，所以历代明朝皇帝虽然委托太监代笔，却从未放松过对此权力的掌握，当然也有例外，以下三人就是代表：一个顽童，一个懒虫，还有一个工程师。

这是一个稳固的政治权力体系，票拟权和批红权的斗争，实际上就是文官集团和皇帝及其代理人太监的斗争。

换句话说，如果谁能够同时控制票拟权和批红权，他就是真正的皇帝！

有这样的人吗？

应该说，确实是有的，在我看来，有三个人做到了。虽然他们同时获得两大权力的途径和原因都各不相同，但很巧的是，这三位国家实际控制者的统治时期，正好对应上面所说的那三位不抓权代表的朝代。

这三位并不姓朱的皇帝分别是："立皇帝""首席活太师""九千岁"。

这三位仁兄也将是我们后面文章中的主角，在这里先说一下"首席活太师"是什么意思。

明代的最高文官不是尚书，而是三个名誉称号——太师、太傅、太保。虽然这三个称号都是一品，却也有大小之分，其中以太师为最大。大家知道，所谓荣誉称号在很多时候都是送给死人的，而能够在死后混到这三个称号的，也是十分厉害的人。

当然也有某些更厉害的人在活着的时候就得到过这三个称号，而第一个被封为最高文官太师的活人，正是这位掌控大权的仁兄。除此之外，他还被封为太傅，"活太师"加"活太傅"的荣誉在明代仅此一人，足见此人之强悍。

从某种意义上说，明代后期的政治格局正是在朱瞻基打下的基础上建立起来的，这个结构不能说好，也不能说不好，因为这似乎也是唯一能够制衡各方力量的办法。

别折腾了，就这么凑合着过吧。

第十三章

祸根

他活着的时候已开始办事的太监们倒也不敢有什么不轨行为。因为朱瞻基虽然不愿意动笔写那么多字,却经常检查观看司礼监的批红作业,内阁对国家大事提出处理意见,并票拟出来送给皇帝,皇帝经过修改,加上自己的意见,或是直接同意,让太监代为批红。这是一个简单

朱瞻基的政策在他活着的时候已开始实行，当时的司礼监已经可以替皇帝批红，不过在朱瞻基的严格监控下，办事的太监们倒也不敢有什么不轨行为。因为朱瞻基虽然不愿意动笔写那么多字，却经常检查观看司礼监的批红作业。

内阁对国家大事提出处理意见，并票拟出来送给皇帝，皇帝经过修改，加上自己的意见，或是直接同意，让太监代为批红。

这是一个简单而有效的工作流程。

大明王朝就在这样的一个流程中平静地向前发展着。

然而不久之后，这片宁静就将被打破。

一个奇特的宦官

中国人有着十分浓厚的传宗接代观念，像宦官这种职业，虽然衣食无忧，但毕竟要挨一刀，比别人少点东西，也不能生儿育女，所以家里要是出了个宦官，说出去也是十分丢人的。

基于这一点，当时的人们也形成了共识：不到万不得已，绝不做宦官！

还是那句老话，凡事总有例外。

永乐末年，朝廷下达了一道旨意，大致意思是这样的：凡是各省各市教育局的官员，如果长期工作表现不好的，可以调到京城当官。

还有这样的好事？地方上都干不出头，竟然还可以调到京城当官！

按说这样的好消息应该会吸引无数人报名参加，可实际上，根本没有几个人去理会这件事。

为什么呢？难道人们都愿意错过这个飞黄腾达的机会？

当然不是，无人问津的奥秘就在于，调到京城后干的工作比较特殊——"净身入宫中训女官辈"。

开什么玩笑！老子就是不干学官，也能做个老百姓，干吗要挨一刀进宫当宦官！

是啊，谁会干这种傻事呢？

就在众人对此不以为然，把旨意当笑话看的时候，一个因为犯错而即将受到惩罚的学官正在自己的家中犹豫。

他已经有了老婆孩子，生活虽然并不宽裕，但是也不穷，大可以安安心心地过日子，但在他的心中，却有着别人无法了解的雄心壮志。

他自幼就渴望出人头地，苦读多年，虽成儒士被选为学官，却一直无法金榜题名。现在已经成家，但立业却迟迟不见踪影。如今学官也干不下去了，难道就此了结一生？

不会的，我总会等到机会的。

现在机会终于来了，可惜虽然是一个机会，却不是一个好机会。

如果迎接这个机会，等待自己的必然是一条艰苦的道路，会受到无数人的白眼和歧视，入宫后要出头更是难上加难，而且此后自己与妻子儿女也将分离。

不管那么多了，要出人头地就要付出代价！

别人不干，我来干！

这个干出别人不敢干，也不想干的事情的人，就是王振。

正是此人，打破了明宣宗朱瞻基的初衷和他创造的良好氛围，影响了一个王朝的兴衰荣辱。

王振，出生年月日不详，山西蔚州人（今河北），幼年读书，任当地教官，后自愿净身入宫教育宫内人文化。

怀着敢为人所不为的勇气,王振进入了宫廷。让他十分惊喜的是,在宫中,他这个原本教不好书的学官竟然得到了大家的尊重。这其实也很自然,因为他的这份工作实在无人与他竞争。

由于在一堆文盲和小学文化者中鹤立鸡群,他被大家称为王先生,他的名声也越来越大,并受到了宣宗的关注,朱瞻基感觉到他是个人才,便派他去侍奉太子读书。

从此,这位叫王振的太监就和当时还是太子的朱祁镇结下了不解之缘。

应该说,王振确实是一个好老师,他教导太子读书,并对其严格管理,以至于朱祁镇对其不敢称呼名字,居然叫他"先生"。

姑且不论后来王振的是是非非,但他和朱祁镇之间确实有着极其深厚的感情,然而就是这种过于深厚的感情和信任,最终酿成一场大祸。

转折的开始

朱瞻基和他的父亲朱高炽的统治时期是中国历史上的盛世,而他们二人被合称为仁宣,绝不仅仅因为他们是父子关系,实际上,他们两人有很多相同之处。列举部分如下:

首先,他们都姓朱。

其次,他们都是好皇帝,都是明君。

最后,他们的命都不长。

朱高炽活了四十八岁,但由于自己老爹太能干,足足当了二十年太子,只做了一年皇帝。

朱瞻基比他父亲还少活十年,但由于父亲死得早,自己二十七岁登基,做了十年皇帝。

这十一年是明朝的黄金时代,对这段时期的统治,史料中溢美之词不胜枚举。大明帝国空前繁荣强大,一切似乎都在向着更好的方向发展。

但长期观看电视剧的习惯告诉我们，一般到了这个时候，就会出现一个转折，电视编剧会特地搞点矛盾闹点事出来，比如什么男主角杀了人，女主角得绝症之类。要是一直都是花好月圆、人人平安，那这电视剧的收视率就不会高，也卖不出广告。

历史之神（如果真有的话）看来也是一个好编剧，他可能也觉得这样的历史没有意思，便给这出喜剧画上了一个句号。

这个句号最终结束了明朝的黄金十一年。

宣德十年（1435），一代英主朱瞻基经抢救无效死亡，年仅三十八岁。

仁宣之治就此完结。

在朱瞻基临死之前，他为自己那年仅九岁的儿子选择了五位顾命大臣，虽然儿子还年幼，但朱瞻基并不担心，因为他相信这五个人绝不会让自己失望。

此五人分别是：杨士奇、杨荣、杨溥、张辅、胡濙。

确实是豪华阵容，文有三杨，武有张辅，还有一个专干秘密工作的，朱瞻基应该走得很安心。

但他想不到的是，这五位风云人物、朝廷精英最终还是让他失望了。

一场狂风暴雨即将来临。

明英宗朱祁镇

说起这位朱祁镇，可能有的人会咬牙切齿，对其恨之入骨。但实际上，如果仔细分析史料，就会发现他应该不算是个坏人，他的政务处理能力也并不差，为人也很勤快，虽然有两大污点（打错一仗，杀错一人），也并不能完全抹杀他的能力与贡献。

而在明朝的所有皇帝中，要论人生的传奇色彩与命运的跌宕起伏，估计除了朱元璋外，无人可与这位皇帝匹敌。

在明英宗的这个时代，除了他本人皇帝—俘虏—囚犯—皇帝的传奇经历外，一位堪称明代第二强人的登场也使得这个朝代的事情更加精彩夺目。

就此开始吧！

从隐藏到暴露

王振是一个不简单的人，他离别妻儿，愿意受宫刑做宦官，忍受别人的歧视，绝不仅仅是为了混口饭吃，在他的心中，有着很大的抱负。

而他很明智地意识到，要想实现自己的抱负，必须牢牢地抓住自己手中的那个稀世珍宝——朱祁镇。

朱祁镇是自己一手带大的，也算是自己的学生，虽然他还只是太子，虽然他只有九岁，但他终究会长大，他终究会成为皇帝的。

就在这种信念的支持下，王振耐心地等待着机会，等待着独掌大权、权倾天下的机会。

机会似乎到来了，朱瞻基驾崩了，这个精明的皇帝离开了人世，只留下了年幼的朱祁镇，而朱祁镇对自己言听计从，大权在握的日子不远了！

事实真是这样吗？

恐怕不是，因为在王振夺取大权的路上，有两个障碍在阻拦着他。

事实上，对王振而言，要克服这两个障碍可以说是不可能完成的任务，而他也并没有什么好的方法，因为阻挡他前进的这两个障碍代表着的是一股他绝对无法匹敌的势力。

障碍

英宗即位时，杨士奇已经七十一岁，但这位历经四朝的老臣看上去仍然是不可战胜的，从残忍狡诈的朱棣、阴险无耻的朱高煦到仁厚宽容的朱高炽、精明能干的朱瞻基，什么样的人他都见过，什么样的事情他都处理过。历经大风大浪的考验，使得他处变不惊、深沉老到。

王振要想大权独揽，首先要过他这一关。可这似乎是不可能的，小小的王振那点花招把戏要想在杨士奇面前献丑,还得回家再练几十年。

除此之外,杨荣、杨溥都不是等闲之辈,这三个老江湖守在那里,王振就只能乖乖地做他的奴才和太监。

这股文官集团的势力正是王振掌权路上的第一个障碍。但是出人意料的是,事后证明,真正能够对王振起到遏制作用的,是第二道障碍,而组成这道障碍的,是一个女人。

一个女人能拥有比文官集团更为强大的力量吗?

是的,在我看来,还不仅如此。这位伟大的女性不但能够左右朝政,还能废立天子!

此人就是朱祁镇的祖母——张太皇太后。

十一年前,她是张皇后;十年前,她是张太后;现在,她是张太皇太后。

在这十一年中,她失去了自己的丈夫和儿子,令人啼笑皆非的是,每失去一个亲人,她的级别就提升一次。

这大概是世界上最让人痛苦的提升。

死者已矣,活人还得好好干。张太皇太后擦干眼泪,开始辅佐自己的孙子,实际上,如果不是她的决定,朱祁镇是当不了皇帝的。

在朱瞻基死后,由于太子很小,且有传言太子并非其母孙贵妃所生,而是由宫女代生的,所以太子地位很不稳固,外地藩王来当皇帝的谣言传得满天飞。在这关键时刻,张太后坚决地支持了太子朱祁镇,并拥立他为皇帝。

这样的一个人,不要说论能力,就是排资历也能吓死人,真正做到了"号令天下,谁敢不从"。

而这位祖母级的人物也并不是光说不练的,王振就被她恶整过一次,这件事情也成了王振心中永远的痛。

正统(英宗年号)元年(1436)二月,张太皇太后召集五大臣入朝开会。等到这五个人到齐后,张太皇太后把皇帝领了过来,让他看清楚这五个人,然后语重心长地说道:"这五个人是先帝留给陛下的,如果陛下有什么想做的事情,一定要和这五个人商量。"

随后，她又说出了一句很有分量的话："如果事情没有得到这五个人的赞成，你就不能做！"

年幼的朱祁镇畏惧地看着他的这位祖母，似懂非懂地点了点头。

一旁的五大臣十分感动，但他们想不到的是，这位太皇太后叫他们来绝不仅仅是要表示对他们的信任，她还有一项重要的工作要做。

过了一会儿，张太皇太后命令王振进宫，王振得命后立刻入宫面见，他也绝对想不到，自己人生中的最大一场噩梦即将开始。

王振入宫后，看见五位大臣和皇帝都在场，估计是在开高级别会议，召自己前来，莫非是要委以重任？

让人意想不到的事情发生了。

在此之前，张太皇太后的话已经讲完，她之所以不散会，就是要等王振。

王振跪拜行礼后，刚才还和颜悦色的太皇太后一下子从慈母变成了恶煞（颜色顿异）！她突然对王振大喝："你侍候皇帝的起居，不过是个宦官而已，却多有不法的行为，今天，我要杀了你！"

就在太皇太后大喝的同时，殿上的侍卫拔出了亮闪闪的刀，架在了王振的脖子上。

骂完后立刻就动手，招呼都不打一个，从其动作熟练度和时间连接上看，相信这一连串的举动应该是经过预先彩排的。

原先一团和气的大殿突然杀气腾腾，王振顿时魂不附体，他万万想不到，今天让他进宫的目的不是委以重任，而是准备让他进鬼门关参观旅游。

一脸杀气的太皇太后站在殿上，亮闪闪的刀剑拔了出来，面对着突然发生的一切，王振吓得浑身发抖，不停地打哆嗦。这一景象的突然出现不但出乎王振的意料，也让在场的五位大臣一头雾水。

他们这才明白，这位平常神色温和的太皇太后竟然还有这么凶狠的一面，而让他们到场的目的绝不仅仅是交代事情，还同时给他们安排了观众的角色。

第十三章　祸根

朱祁镇大为吃惊，便跪下来求祖母开恩，而大臣们也一起求情。其实张太皇太后并不是真想杀掉王振，因为当时的王振实在算是个老实人，也没有犯什么错误，于是她便顺水推舟，饶恕了王振，但同时恶狠狠地警告他："今天看在有人为你求情的分儿上，就饶了你，今后不准你干预国事！"

王振狼狈不堪地退了出去，太皇太后那可怕的眼神给他留下了深刻的印象，造成了他的心理阴影。自此之后，只要见到这位太皇太后，他就如同老鼠见了猫一样，马上退避三舍，逃之夭夭。

事实也是如此，张太皇太后并没有放松对王振的敲打，隔三岔五便会找个时间把王振叫过去骂一顿，这种搞法使得王振痛苦不堪，足足被骂了七年。

有这样的两个障碍，王振的夺权道路可谓任重道远，因此他及时转变策略，对三杨礼敬有加，每次到内阁去传旨的时候，都摆出一副羞涩的表情，像刚上门的女婿见老丈人一样，畏畏缩缩地站在门外，不敢进门。

等到三杨发现他站在外面，让他进来招呼他坐的时候，他都会表现得受宠若惊，好像能够和三杨说话就是自己前世修来的福分一样。他的这些举动使得三杨也做出了错误的判断，认为这是一个不错的人。

然而在他谦恭的表象之下，却不断地拉帮结伙，扩大自己的势力，他利用司礼监的权力安插自己的侄子王山为锦衣卫同知，并广结党羽，控制朝臣。

这位王山先生听说自己的叔伯发达了，远来投奔，得此高官，十分得意，但如果他知道在七年后，等待自己的将是什么，恐怕打死他也不会来当这个官了。

三杨可以应付过去，但那个老太婆是应付不过去的，隔那么几天，王振总要被拉过去骂一顿，这也是无可奈何的事情，王振没有办法，这个天不怕地不怕的老前辈是他所对付不了的。

只能等她老人家自然死亡了。

这一天终于来到了。

正统七年（1442）十月，历经四朝的张太皇太后离开了人间，王振夺权路上最大的阻碍就此消散。

此时，三杨中的杨荣已经去世，而剩下的杨士奇和杨溥也已年老多病，回天无术了。

王振的机会来了。

他从此大权独揽，广结同党，不但控制了锦衣卫，还收了很多属下，其中不乏饱学之辈、圣人门徒，而要论最无耻的一个，莫过于工部侍郎王祐。

这位王祐先生曾经有一次到王振家中探望。在明代，大臣们都留有胡须，而王振没有胡须（身不能至，心向往之），但当他见到王祐时，才发现这位大臣也没有留胡须，便问他原因。

王祐先生是这样回答他的（以下内容可能引发呕吐，请先做好思想准备）：

"老爷没有胡须，儿子我怎么敢留呢？"

在我看来，王祐先生真正达到了无耻无界限的境界，无耻到祖坟上都冒青烟。

正是有了这些无耻之徒的帮助，王振在朝廷内的势力越来越大。他排除异己，利用杨士奇儿子杀人的事件，攻击他教子无方，最终打垮了这位四朝老臣，之后他又陆续诬陷户部尚书刘中、祭酒李时勉等不服从他的大臣，并把他们赶出了京城。

此时的王振，内得皇帝信任，外有打手帮忙，独掌大权，鱼肉百官，可谓风光无限，成为明朝开国以来最有权势的太监。

大权在手的王振并不满足，他决定做一件前人不敢做甚至不敢想的事情。

五十年前，朱元璋先生为了防止今天王振现象的出现，特地在宫门口立了一面三尺高的铁碑，铸上八个大字"内臣不得干预政事"。

可是正所谓人走碑凉，谁写的、立在哪里并不重要，重要的是有没有人管，有没有人执行，到了王振当权，这块碑文就被当成了贴在墙上没人管的奖状，再无一人理睬。

大家不理，王振却不一样，他总是觉得这玩意儿太刺眼，于是便命人移走这座碑。

如果老朱还在，他一定会把王振这小子抓起来，剐上三千刀再让他死，可时代不同了，也实在不行了。

大家第二天上朝，看见开国皇帝的手迹突然没有了，却都保持了集体沉默，他们都知道是谁干的，到最后却成了打死我也不说，打死我也不管。

朝政如此，多言何用！

但就在王振气焰滔天之时，也有一个人就不买他的账，而这个人也实在不是等闲之辈，虽然吃了点亏，但王振终究还是不能把他怎么样。

事情的经过是这样的，正统六年（1441），当时太皇太后已经病危，无法再训斥王振，三杨也无能为力，王振实际上已经控制了朝政大权，所有外地巡抚官员回京都要照例孝敬王振一些金银财宝，多少倒无所谓，但总得意思一下，表示对这位死太监的尊重。

也正是在这个时候，此人从山西巡抚回来，别说金银，连陈醋都没带回来一瓶。王振气得七窍冒烟，大发雷霆，当即把这个人关了起来。

王振是一个做事偏激的人，对于这种明摆着不给面子的人，他是不会留情的，他本已准备编织罪名，把这个人干掉。但出乎他意料的是，这个人似乎很有背景。

不但地方上的官僚、老百姓帮他说话，连朝中重臣杨士奇等人也为他求情，甚至某些藩王也出面了，要王振不要把事情做绝，否则就要他好看（藩王可是不好对付的）。

一贯整人到底的王振终于意识到，这个人虽然权位不高，却很不简单，是不能"人道毁灭"的，于是他一反常态，放了这个人（不放也不行）。

此人也确实厉害，他被整得很惨，却一句软话也没有说过，一直痛骂王振，一点面子也不给他，坚持和他对抗到底，大有你能把我怎么样的气势。

这位硬骨头有背景的仁兄就是于谦。

可惜在当时这样的人太少了。

抱负

掌握朝政，统领群臣虽然威风，但这并不是王振的最终目的，事实上，王振并不只是一个贪财贪权的人，他也有自己的追求抱负。

王振也有着自己的偶像，他的梦想就是有朝一日像自己的这位偶像一样，横扫千军，锐不可当。他的这位偶像就是朱祁镇的曾祖父朱棣。

虽然自己以前只是个文人（现在是太监），但却十分向往率军出征的威风凛凛，而先辈郑和的丰功伟业也不断地鼓励着他。

太监就不能横刀立马吗？立给你们看看！

这下问题严重了。

一个人如果饥饿就会去找东西吃，因为这是他的基本需求。

如果他已经吃饱了呢？那么他就会四处闲逛，找点事情干，反正闲着也是闲着。

如果一个吃饱的人又找不到什么好事干，他可能就会去干坏事，实现自我价值。

王振大概就属于后两种情况。

他已经大权在握，家财万贯，权和钱都有了，这位死太监也有了新的人生追求——建功立业，名留青史。

应该说，有这样的志向是好的，但问题关键在于这位有志太监本身的素质如何。

就如同一个贪官污吏，平日只是贪污受贿，这样的恶行固然让人愤慨，但这并不是他们作恶的最高境界。

所谓作恶的最高境界，就是明明没有这样的才能，还要打肿脸充胖子，硬要去干一些所谓的好事。

这才是恶人中的极品。

王振就是这样的一个极品，他明明是个不成器的教书先生，明明是个投机的死太监，明明是个贪图权位的小人，这些我们都不计较了。但他现在居然要把自己往军事天才、战争英雄上面靠，就实在是太不要脸了。

偏偏当时的时局给了他这样一个不要脸的机会。

敌人出现

我们前面说过,那位被朱棣打得落花流水的马哈木有个好儿子,这话确实不假,永乐十六年(1418),马哈木的儿子脱欢承袭了父亲的爵位,并从此开始了称霸蒙古的军事行动。

事实证明,这位仁兄确实是有本事的,仅仅过了六年,脱欢就击败了瓦剌的其他部落,统一了瓦剌,成为瓦剌独一无二的首领。

之后,他拥立黄金家族成员脱脱不花为汗,并开始攻击阿鲁台。

由于当年被朱棣打得太惨,阿鲁台元气不足,在与瓦剌的战斗中被击败。宣德九年(1434),阿鲁台被脱欢击败,并最终战死于大漠之中,这位曾与永乐第一名将朱棣周旋几十年的风云人物就此结束了一生。

脱欢是一个很有野心的人,他的梦想绝不局限于做一个太师,他的真正理想是恢复大元的天下,重新占据中原,但上天没有给他这个机会。

正统四年(1439),壮志未酬的脱欢死了,可是明朝并没有因此得到和平,因为替代他的,是一个更为可怕的对手——也先。

也先是脱欢的儿子,他比他的父亲更加强悍,也更加聪明。短短几年之内,他向西攻击哈密,控制了西域通道,威逼明朝西北边境,他向东攻击兀良哈,正统十年(1445),瓦剌彻底击败了兀良哈三卫,并控制了当时尚很弱小的女真族,甚至威胁到了朝鲜。

此时的蒙古已经完成了统一,而也先与他的父亲一样,也整日梦想着恢复大元天下,所以,在一切就绪之后,他把矛头指向了明朝。

虽说也先进攻明朝抱有自己的政治目的,但在我看来,引起这场冲突最大的原因还是在于钱。

蒙古人很会打仗,不过也很穷,他们不种地,也不纺纱,要想得到生活必需品,只能通过两种途径:一种是交换,另一种是抢劫。

在朱棣那个时代,蒙古人更多采用第二种方法,来得快又方便,但经过朱棣的几堂军事教学课,以及拳脚刀剑的教育方式,蒙古人逐渐意识到,继续抢下去会亏本的。而且在抢劫的时候,他们往往不能够拿到自己想要的东西,比如你家缺衣服,想抢几匹布,可出去几次都遇不上(人家不可能准备好了让你抢)。蒙古人虽然善战,但并不是打不死,他们也只有一个脑袋,而抢劫是刀口舔血的行当,随时可能完蛋。为几匹布就把命丢了,实在不划算。

于是,在此之后,蒙古开始走第一条道路——和平发展之路。

他们开始和明朝政府做生意,但蒙古有什么生意可做呢?

不要忘记,虽然他们不搞农业和手工业,但他们也有畜牧业,蒙古部落家家户户都养马、养羊,发财致富之道就从这里开始了。

在部落首领的倡议下,蒙古部落开始大量放牧,生意也越做越大,贸易的形式以朝贡为主,每年蒙古定期入京交易,经常带着牲畜千余头、皮毛几千张,浩浩荡荡地来做生意,随行的还有使者。在我们的印象中,使者应该只有一两个人,不过蒙古部落派来的使者人数却要加个"千"字——一两千人。

从古至今,估计没有哪个国家派外交使节会一下子派出上千人,而这些所谓的使者实际上是蒙古的小商小贩,他们都是赶着自己的牛羊马来做对外贸易的。

如果就这样做生意做下去也不错,毕竟各取所需,而且明朝总是处于贸易的优势地位,每年都是贸易顺差。

因为手工业品的生产已经形成了规模化,从史料分析,当时的明朝政府也确实有抬高物价的嫌疑,各种瓷器、纺织品的价格确实有些偏高,但蒙古人也只能全盘接受。

道理也很简单,天下只此一家,别无分店,你想买就买,想卖就卖,不愿意就散伙!

明朝的人可以不吃牛羊肉,但蒙古人不能没有纺织品,没有日常用具,所以不能散伙。

然而这看似对明朝而言一本万利的生意中,却隐藏着危机。

到了也先时期,由于需求量大,朝贡贸易剧增。本来一年只做一次生意,渐渐发展到一年数贡,每次来做生意的有几千人,牲畜、皮毛和马的数量也大大增加。要知道，这些牲畜、皮毛都不是白送的，明朝政府需要用大量的东西来换，由于皮毛数量过大，而手工业品不是从天上掉下来的，明朝政府一时之间也找不到那么多现货供应。

明朝政府逐渐意识到，自己似乎掉入了一个贸易陷阱，看似不懂贸易的蒙古部落实际上十分精明。他们选择这些牛羊作为贸易品是有着很深的考虑的，因为放牧牛羊对于这个游牧民族而言几乎是不需要什么成本的。

放牧所需的人工成本其实可以忽略不计，因为他们平日的生活就是放牧，除了这个之外也没有什么工作可干，自然也不需要统计误工费。而牛羊吃的是草，这些都是天然资源，在羊毛衫尚未流行的当年，草原沙漠化似乎还是一个遥不可及的梦想。

牛羊养大后，直接送到明朝来交换东西，一头牛可以换到很多明朝的农产品和手工业品。明朝的出口产品也不是从天上掉下来的，迟早会供不应求，这样下去，国家怎么得了？

而也先也以自己统一蒙古的声威和武力为后盾，玩儿了几招阴招。

他用劣质的马匹冒充好马，索要更高的价格。此外，他还改组了自己的使者队伍，在其中塞入了大量强盗、小偷，骚扰沿途居民。到了后来，他派去的那几千人几乎就不是来做生意的，而是沿路抢劫的盗匪。

蒙古部落的这一倾销行为让大明帝国的大臣们十分不满，某些大臣便有意搞点贸易保护措施，限制蒙古肉制产品冲击国内市场。

在这些大臣中，有一个人推行这一政策最为积极，相信出乎很多人的意料，这人竟然是王振。

王振本来就是个只顾自己，不管国家的人，他怎么会这么积极呢？

原来在此之前，也先每次来做生意，都会给王振行贿，然而时间一长，也先把这茬儿给忘了。

于是王大人突然之间愤怒起来，命令核实使者人数，然后一下子减去了应付金额的五分之四。

就算也先做生意不老实，是个奸商，但人家毕竟还是讲信用的，牛羊还是送给你了，而王振却一下子成了外贸稽查员，竟然几乎全部没收，连发票也不给。

也先被彻底激怒了。

原本只是用武力威胁，在此基础上再干点奸商的勾当，无非是想捞点好处，然而这次被王振稽查队抓住了要害，狠狠地罚了一次款，也先血本无归。

本来就跃跃欲试，想搞点名堂的也先终于坐不住了，这次的事情让他找到了借口，他擦亮刀剑，备好马匹，准备发动攻击。

三十五年前，祖父马哈木就是被眼前的这个庞大帝国所击败，现在复仇的机会到了！

第十四章

土木堡

正统十四年,也先挥刀,明朝迎来了他的挑战。也先分兵四路,从四个不同方向发动了进攻。其中第一路攻击辽东,第二路攻击甘肃,第三路攻击宣府,最后一路由也先自己统领,攻击大同。战争就此全面爆发。

消息传到京城,大臣们十分紧张,立即召开紧急会议,商量对策。事发突然,很多大臣心中都没底,但有一个人却与众不同,十分兴

正统十四年（1449）七月，也先挥刀出鞘。

蒙古骑兵分为四路，从四个不同的方向对大明帝国分别发动了进攻。

其中第一路攻击辽东，第二路攻击甘肃，第三路攻击宣府，最后一路由也先自己统领，攻击大同。

战争就此全面爆发。

消息传到京城，大臣们十分紧张，立即召开紧急会议，商量对策。事发突然，很多大臣心中都没底，但有一个人却与众不同，十分兴奋。

此人又是王振。

受贿的是你，查货的是你，惹事的也是你，现在打仗了，你还有什么可兴奋的？

要说明的是，王振从来就不是什么主战派。正统八年（1443），侍讲学士刘球就给皇帝上过一次奏折，指出蒙古使臣人数日益增多，必然包藏祸心，希望能够尽早整顿兵制，积极备战。

刘球没有想到，他出于爱国热情上书，换来的却是杀身之祸。

王振看到奏折后，勃然大怒。不知是他收了也先的钱，还是认为刘球是在指责自己没有尽到责任，反正他找了个借口，把刘球关进了监狱，在不久之后，他指使自己的亲信锦衣卫指挥使马顺杀害了刘球。

这样一个祸国殃民的死太监，自然是不会有什么爱国情操的。

他之所以兴奋，是因为在他看来，这是一个实现自己抱负、扬威天下的机会。

为了达到自己的目的，他开始秘密地筹划。

当时也先的军事实力已经非常强大，明朝的边境将领已然不是对手，大同守军连连失利，纷纷告急，朝廷经过会议，决定派出驸马井源出兵作战。

驸马井源是一个很有能力的将领，他的出征缓和了当时的紧张局势。

然而就在他出征后的第二天，皇宫就传出了一个消息，这个消息震惊了所有的人。

皇帝要亲征了！

这正是王振捣的鬼。

王振想要远征立功，但他没有能力也没有威望带兵出征，为了达到自己的目的，他想到了皇帝。

皇帝是自己的学生，一直听自己的话，只有借助他的名义，才能实现自己统率大军的梦想！

在王振的怂恿下，英宗朱祁镇下达了亲征的命令，召集大军共二十万，立刻准备出征。

这里要说一下，很多史书都说此次出征共有五十万人，根据本人考证，这是不准确的。因为由当时动员兵力的时间及京城附近的布防情况分析，几天之内，绝对不可能召集五十万大军，当时京城的三大营总兵力是十七万左右，加上附近军队，共计数量应当在二十万左右。

我们知道，兵家有云：兵马未动，粮草先行，打仗的人也要吃饭、要睡觉，这就必须准备好粮食帐篷，从某种意义上来说，打仗就是打后勤。

朱棣远征之时，会征用大量的民工、牛马车辆，并设置专门的运粮队，准备后勤时间往往长达几个月。

那么王振统领的这二十万大军出发准备用了多长时间呢？

答：不到五天！

七月中旬接到边关急报，七月十七日就出征了！

在王振这个蠢货看来，只要把人凑齐就行了。他事先通过边报得知，边先只有两三万人马，所以他征召二十万大军，认为这样就一定能够取胜。

是啊，这个算术小学生也会做，二十万对两万，平均十个人对一个人。似乎不用打，一人踩上一脚也能把对手给踩死。

王振就是这样想的，他的作战思想似乎也就源于此。

无知啊，真是极度的无知！王振这个出身市井的小人物此刻终于显出了他的本色，在他看来，战争似乎就等同于街头的黑社会斗殴，双方手持西瓜刀对砍，谁人多，谁气势大，谁就能赢。

话说回来，战争到底与斗殴有什么不同，为什么不是人越多越好呢？

为了说明这个问题，我们有必要开一个专题。

战争是怎样炼成的

一千多年前，一个叫韩信的人对皇帝刘邦说出了一句话：韩信带兵，多多益善！

这不仅是一句成语、一句千古名言，也是一句自信的豪言壮语。

在我看来，在韩信说出此言之后的一千多年里，有资格有能力以此言自居者，不会超过十五个人。

而如果你仔细研究过军事，就会发现，要做到带兵多多益善，实在是太难了。

要说明原因，就必须从什么是战争说起。

如果我们把战争的所有外表包装脱去，就会发现：

战争，就是另一种形式的打架斗殴。

下面，我会借用经济学中的模型理论（先预设基本框架，不断增加条件的经济分析法）来说明这个问题。

先从两个人讲起，相信大家也有过打架的经历，而两个人打架就是我们俗称的"单挑"。

"单挑"实际上是一件比较痛苦的事情，因为打人的是你，挨打的也是你，是输是赢全要靠你自己。当然，如果你比对方高大，比对方强壮，凑巧还练过武术（最好是搏击，套路不怎么管用），那么胜利多半是属于你的。

现在我们把范围扩大，如果你有两个人，而对方还是一个人，那你的赢面就很大了，两个打一个，只要你的脸皮厚一点，不怕人家说你胜之不武，我相信，胜利会是你的。

下面我们再加一个人，你有三个人，对手还是一个人。此时，你就不用动手了，你只要让其余两个人上，自己拿杯开水，一边喝一边看，临场指挥就行。

就不用一个个地再增加了，如果你现在有一千个人，对手有一个人，结果会怎样呢？

我相信，在这种情况下，你是不会赢的，因为对手早就逃了。

到现在为止，你可能还很乐观，因为一直以来，都是你占优势。

然而真正的考验就要来了，如果你有一千个人，对手也有一千个人，你能赢吗？

你可以把一千个人分成几队去攻击对方，但对手却可能集中所有人来对你逐个击破，你能保证自己获得胜利吗？

觉得棘手了吧？其实我们才刚开始。

下面，我们把这个数字乘以一百，你有十万人，对手也有十万人，你怎么打这一仗？

这个时候，你就麻烦了，且不说你怎么布置这十万人进攻，单单只说这十万人本身，他们真的会听你的吗？

你要明白，你的手下这十万人都是人，有着自己的思维，有的性格开朗，有的阴郁，有的温和，有的暴躁，他们方言不同、习惯不同，你的命令他们不一定愿意听从，即使愿意，他们也不一定听得懂。如果里面还有外国友人（比如朝鲜），那你还得找几个翻译。

这就是指挥的难度，要想降低这一难度，似乎就只有大力推广汉语和普通话了。

要是再考虑他们的智商和理解能力的不同，你就会十分头疼。这十万人的文化程度不同，有的是文盲，有的是翰林，对命令的理解能力不同，你让他前进，他可能理解为后退，一来二去，你自己都会晕倒。

很难办是吧，别急，还有更难办的。

我们接着把这十万人放入战场，现在你不知道你的敌人在哪里。他们可能隐藏起来，也可能分兵几路，准备伏击。而你自己要考虑怎么使用自己这十万人去找到敌人并击败他们。

此外，你还要考虑这十万人的吃饭问题、住宿问题，粮食从哪里来，还能坚持多少天。

脑子有点乱吧，下面的情况会让你更乱。

你还要考虑军队行进时的速度、地形，下雨还是不下雨，河水会不会涨，山路会不会塞，士兵们经过长时间行军，士气会不会下降，会不会造反，你的上级（如果有的话）会不会制约你的权力，你的下级会不会哗变。

你的士兵有没有装备，装备好不好，士兵训练水平如何，敌人指挥官的素质如何，敌人的装备如何，敌人的战术是什么，你的心理承受能力有多大，打了败仗怎么撤退，打了胜仗能否追击，等等。

事实上，战场上的情况还要复杂得多。相信看到这里，你已经明白，别说带十万人出去打仗，你就是带十万人出去转一圈，旅个游，能平安无事地回来就已经很不错了。

你可能以为事情就此结束了，恰恰相反，真正的考验还在后面，不要忘记，我们的目标是多多益善。

如果你再把指挥的人数乘上十倍，一百万人，你就会发现，你面对的已经不是一百万可以依靠的人，而是一百万个麻烦，是真正的灾难。

从十万到一百万，你的人数增加了十倍，但你的问题却可能增加了一百倍，任何小的问题如果不加以重视，就会一发不可收拾。一百万人，每天要消耗多少粮食不说，他们每个人都有自己的想法，谁也不是傻瓜，你怎么控制一百万个人，让他们去听从你的指挥呢？

军事指挥就如同一座金字塔，指挥的人数和指挥官的指挥能力是成正比的，指挥的人数越多，对能力的要求就越高。从古至今，有能力站在塔顶的人是很少的。

多多益善是一种境界，它代表着指挥官的能力已经突破了人数的限制，突破了金字塔的塔顶，无论是十万，还是五十万、一百万，对于指挥官而言，都已经没有意义。

因为这种指挥官的麾下，他的士兵永远只有一个人，命令前进绝不后退，命令向东绝不向西。

同进同退，同生同死。

这才是指挥艺术的最高境界。

所以，善带兵而多多益善者，是真正的军事天才。

这样的人，我们称之为军神。

以上就是模型的构建过程，但这个模型是理想化的，我们在此还要补充两种特殊情况。

首先，这个模型设定的是普通的人，不包括具有特异功能的人士，如郭靖、杨过、张无忌等人，能够突破地球引力，一跳十几米，穿墙入室，身负如乾坤大挪移之类的绝学，一个能打几百上千个。

如果你手下有一千人，而对手果真是上述传说人物中的一个，那你还是快逃吧。不但是因为对方身负绝学，更重要的原因是，对方是正面人物、主要人物，是主角，根据剧情限定，他就是睡着了你也打不过他的，你才几斤几两，敢和大侠对着干？剧情限定好了，他是稳赢的。

其次，双方装备不能过于悬殊，比如对方拿火枪，你拿板砖，就算人再多一倍，估计也是没用的。

结论

总之，战争不是打群架，人多就稳赢，实际上现在某些街头斗殴的人也开始注意战术方法了，他们也时不时地来个半路偷袭、前后夹击之类的把戏。

可见事物总是不断向前发展的。

带几十万人出去打仗是很容易的，即使你把全国人口全带出去也没有人管你，问题是你要能保证打赢。而像白起、韩信、陈庆之、李靖这样有能力做到的人，实在是太少了。

比如国民党的著名将领胡宗南，长期拥兵数十万，却一直被只有几万人的对手牵着鼻子走，最后被打得落花流水。倒不是他不肯用心，实在是心有余而力不足，他的黄埔同学最后给他下了一个定义——"胡宗南，也就是个团长"。

司礼监王振，也就是个奴才。

他从前不过是个小小的学官，还是个学艺不精的学官，后来还成了宦官，然而这位身残志不坚的仁兄居然一下子当上了二十万人的统帅（实际统帅权在他手中）。

后果可想而知，也不堪设想。

准备与抉择

在这短短的几天中，王振一直做着青史留名的美梦，而其他的人也有着各自的行动。

首先是大臣们。当他们听说这个如同晴天霹雳般的消息后，顿时炸了锅，纷纷上书反对，带头的是吏部尚书王直。

吏部就是人事部，由于主管官员任命职权，故而位居六部之首，吏部尚书也有了一个专门的称呼——天官，可见其威望之高。

在王直的带领下，百官联合上奏折反对出征，但可惜的是，王振是司礼监，并且得到了皇帝的信任，反对无效。

除了这些人外，兵部的两位主官也上书反对，他们分别是兵部尚书邝埜和兵部侍郎于谦。

邝埜，宜章人，永乐年间进士出身。他为人清廉，十分正直，对于王振的胡作非为很是不满，这次他上书反对，正是他一贯以来正派品行的表现。不出所料，他的反对也被驳回，但这并不是他劝阻行为的结束，事实上，作为一个自始至终参加这次远征的人，他把自己的忠诚保留到了生命的最后一刻。

而这位于谦，正是我们后面篇章的主角，要说这位仁兄实在不是一般的强，他的能力和威望也不是一般的高，他得罪过第一号红人王振，且从未认错，居然就在王振眼皮子底下还能复官至兵部侍郎，而王振也拿他没有办法，可见其根基之牢固、背景之深厚。

这两位兵部高级官员的抗议被驳回后，也只好去继续他们的工作，为远征做准备。按照规定，皇帝出征，兵部主要领导应该陪同，经过内部商议，最终做出了决定：

邝埜陪同出征，于谦暂时代理兵部事宜。

这一决定挽救了大明帝国的国运。

与他们相比，其余两位辅政大臣的表现实在让人失望，三杨已经死了，胡濙没有什么能力，而真正应该起作用的张辅却一言不发。

这就太不应该了，张辅率军平定安南，曾身经百战，不可能不知道这一举动的危险性，此人是四朝老臣，王振也不敢把他怎么样，如果要争论起来，王振可能还不是他的对手，但年老心衰的张辅却令人失望地保持了沉默。

虽然一言不发，虽然明知危险，但张辅最终还是与皇帝一起出发远征了，不是作为指挥官，只是作为一个陪同者。

你把儿子交给我，我就陪他走到底吧。

大臣们乱成一团，各有各的打算和行动。皇帝也有，皇帝也是人，在出差之前，他也要交接好工作，告别亲人，这才能打好包袱上路。

朱祁镇现在就面临着这两项工作，他首先把国家大权交给了自己的弟弟朱祁钰。应该说朱祁镇是一个品性温和的人，他和他的弟弟关系也十分好，而他的弟弟也十分规矩，对于不该属于自己的东西从不贪心，比如说——皇位。正是因为这个，朱祁镇放心地将国家大权交给了他。

然而朱祁镇不明白的是，世界是不断变化的，事情会变化，人也是会变的。

当一个人习惯了某种权威和特权后，他就无法再忍受失去它们的痛苦。

权力在带给人们尊严的同时，也会带给他们自私。

交代完国家大事后，朱祁镇去向自己的妻子——钱皇后告别。

正统七年（1442）对大明王朝而言并不是个好的年份，正是在这一年，张太皇太后去世，王振夺取了国家大权，但这一年对于朱祁镇本人而言，却是幸福的，因为就在这一年，他迎娶了自己的皇后钱氏。

自古以来，几乎是有多少皇帝就有多少皇后，而且皇后的人数只会多不会少。事实上，皇后一直以来都是不可忽视的一股政治力量，从武则天到慈禧，她们在历史中担任的戏份绝不比某些男主角少，当然，更多的皇后则是默默无闻，被湮没在历史的尘埃中。但也有一些皇后因为她们卓越的政治才能和权术手段被载入史册，名留青史。

这位钱皇后就是其中的一位，她的名字一直流传下来，为后人传颂。

但她与历史上的那些皇后不同，她不是靠自己的权术阴谋、政治手段让人们记住她的。

她凭借的是最为简单也最为真诚的东西——感情。

她用自己的真情打动了历代的史官，于是她的事迹就此流传下来，并感动了更多的人。

一个女人的传奇，因真情而不朽。

皇后与皇帝之间有真的感情吗？相信这也是很多人的疑问，在我看来，答案是肯定的。

至少在这位钱皇后身上，我看到了真正的感情，没有任何功利的、纯真的感情。

在那三千佳丽的深宫中，无数阴谋诡计每一天都在不断上演，为了争宠、争权，原本手无缚鸡之力的弱女子会变得比男子更加阴狠毒辣，有的甚至不惜杀掉自己的骨肉去达到自己的政治目的（武则天）。

但这绝不是说她们可恨、可憎，事实上，她们是一群可怜的人。

在那权力决定一切的世界中，有了皇后和宠妃的名分，有了权力，才能掌握自己的命运，要想稳固自己的地位，就必须消除所有的感情和同情心，变得冷酷无情。除此之外，别无他途。

在我看来，这些可怜的女人的所作所为并不是自私，而是自保。

而在后人眼中，所谓后宫就是一笔算不清的烂账，争宠、夺位、争嫡周而复始，不厌其烦，乌烟瘴气。

这位钱皇后，就是乌烟瘴气的后宫中盛开的一朵莲花。

朱祁镇十分喜爱他的这位原配夫人，也十分照顾她。钱皇后并非出生在大富大贵之家，懂得生活不易，即使在做了皇后以后，她也没有习惯养尊处优的生活，只是尽心尽力地对待自己的丈夫，还经常动手做些针线活。而朱祁镇数次要给她的亲戚封侯，都被她推辞。

在很多人看来，皇后衣食无忧，母仪天下，做针线活不过是消遣。

但事实似乎并非如此，如果钱皇后知道，几年以后，她竟然会用自己的针线手艺做活去换取东西，不知会作何感想。

总而言之，这个皇后并不一般，她不要官，也不要钱，除了一心一意对自己的丈夫，她似乎没有其他的要求。

而后来的事实也证明了，她对朱祁镇的感情是真实的、经得住考验的，在她眼中，这个叫朱祁镇的人的唯一身份只是她的丈夫，无论朱祁镇是皇帝，还是俘虏，或是被自己的亲弟弟关押的囚徒，这个身份始终没有变过。

在朱祁镇向她告别，准备出征的那个晚上，没有人知道他们之间说了些什么，但我相信，这位妻子会像所有普普通通的出征士兵的妻子一样，嘱托自己的丈夫要保重身体，注意安全，并说出那句被说过无数次，但仍然值得继续说下去的话："我会等你回来的。"

出征

正统十四年（1449）七月十七日，大军出征。

不顾无数人的阻拦，王振执意出征，他要去寻找梦想的光荣。

与他一同出征的，有很多堪称国家栋梁的文官武将，他们包括：英国公张辅、成国公朱勇（朱能之子承父爵）、内阁成员曹鼐、内阁成员张益、兵部尚书邝埜等，全部名单很长，就不单列了。总之，朝廷的文武精锐很多都随行而去。

能够活着回来的很少。

此时的朱祁镇也不会知道，他的传奇经历就要开始了。对于这个年仅二十三岁的年轻人而言，这是一次令人期待的兴奋经历。他一直尊重有加的"王先生"是不会错的，亲征无疑是唯一正确的方法。

客观地讲，朱祁镇对这次即将到来的失败是负有责任的，但主要责任绝不在他，因为他不过是个没有多少从政经验，且过于容易相信别人的年轻人而已。

王振才是这一切的罪魁祸首。

暂时不说责任在谁，其实就在大军出发的同一天，几百里外的大同已经爆发了一场大战。

战争的地点在阳和，这一战以明军的全军覆没告终。必须说明的是，这场战争完全体现出了也先军队的强悍，因为明军是有备而来，且得到了大同镇守太监郭敬的全力支持。但就是在这样的情况下，明军仍然不是也先军队的对手。

除了全军覆没外，领军大将宋瑛也被阵斩，随军的太监郭敬还算聪明，躲在草丛中装死，才最终逃过一劫。

只有一个人逃了回来，这个人叫作石亨，也是大军的主将。

自己的所有部下都被也先杀死，本人也落荒而逃，这对于一个指挥官而言，是最大的侮辱，但石亨是幸运的，在不久之后，他将有机会亲手拿起武器，为死去的同胞复仇。

战胜的也先已经打扫了战场，养精蓄锐，等待着对手的到来。

而对于这一切，尚在梦境中的王振是不知道的，他始终天真地认为，只要大军出发，看见敌人，一拥而上，就能取得胜利。

二十万大军就在这个白痴的引导下，沿居庸关、怀来，向大同挺进，而前方等着他们的，是死亡的圈套。

八月一日，大军到达大同，在阳和差点被干掉的郭敬已经逃回来，并见到了自己的顶头上司王振。

看着郭敬那惊魂未定的眼神和体态，王振不禁嘲笑了他一番。

"我有二十万大军，还怕也先吗？"

但郭敬接下来说的话，却真正震惊了本就是无胆小人的王振。

他绘声绘色地向王振讲述了那从前的战斗故事，并添油加醋地描述了战败时的惨况。

司礼监掌印太监王振，也就是个奴才。

在他大权在握的日子里，他作威作福，不可一世，还梦想着建功立业。其实在心底，他很清楚，自己不过是骗取了皇帝的信任，狐假虎威的一个小人、一个懦夫。

于是他一改之前的豪言壮语，立刻下令班师。

此时大军刚刚到达大同，并未走远，如果按时撤回，是不会有任何问题的，也先暂时也摸不透这二十万大军的底细，不会立刻进攻。虽说师出无功，就算是出来旅游了一圈吧。

可是王振这个死太监偏要搞出点花样来。

王振是一个小人兼暴发户，他的所有行为模式都是依据这一身份而定位的，而像他这一类的暴发户有一个共同的特点——爱炫耀。

王振的家在蔚县，当时属于大同府的管辖范围，于是他决定请皇帝到自己的家乡看看，小小的蔚县有什么好看的呢？

其实王振的目的很简单，就如同现在的有钱人喜欢开着车回到自己的老家，然后大按几声喇叭，把全村的人都叫醒，然后让全村老小出来看自己的新车、新衣服。

王振带了皇帝和二十万人,回自己的家乡也就是这个目的。

他无非是想炫耀一下而已,当年那个穷学官,现在出人头地了!

虽然已经变成了太监。

一错再错

既然王振决定要回家去看看,那就去吧,大军于是掉转方向,向蔚县出发。

事实上,王振的这个决定倒是正确的,因为他的家乡蔚县,正是由紫荆关入京的必经之路。只要沿着这条路进发,足可以平安抵达京城。

八月三日,大军开始前行,但行进仅五十里,队伍突然停了下来,然后接到命令,所有的部队立刻转向,回到大同,沿来时的居庸关回京。

这简直是个让人抓狂的决定,大军已经极其疲惫,如果继续前进,不久就能回京,并确保安全。

好好的路不走,走到半路,居然要回头取一条远路回京!

发布这条命令的人如果没有正当的理由,那就一定是疯了。

王振有正当的理由,而且似乎还很高尚。

"秋收在即,大军路过蔚县,必会践踏庄稼,现命大军转向,以免扰民。"

真是太高尚了,司礼监王振践踏人命、贪污受贿、祸害国家、诬陷忠良,现在竟然突然关心起蔚县的庄稼来,实在是"明察秋毫"。

后世的史学家无不对此"高尚行为"深恶痛绝,还有很多人分析,蔚县的田地应该都是王振自己的,所以他才那么在乎。

其实在我看来,这些田地是不是王振的并不重要,因为即使不是他的,也不能说明他的品格有多高尚。无非是施以小恩小惠,显示自己的权力而已。

王振最终还是挽救了蔚县的庄稼,显示了自己的权威,当然,也付出了一定的代价。

这个代价就是数十万条人命。

天降大雨，二十万大军行进更加困难，士气极其低落，士兵们怨气冲天，然而事情已经到了这个地步，说什么也没用了，老老实实地走吧。

八月十日，经过艰难跋涉，军队到达宣府，眼看大军就可以安全进入居庸关了，大家都松了一口气。

但也就在此时，一直尾随而来的也先终于看清了这支明军的真实面目，经过数次试探，他已经明白，只要发动攻击，必定能够击败这个所谓的庞然大物。

在躲避及尾随了一个月后，也先这只黔虎终于开始了他的第一次冲击。

所幸的是，明军发觉了也先的这一企图，立即派出主力部队骑兵五万余人进行阻击，统率这支军队的人是朱勇。

朱勇的父亲朱能是一位优秀的指挥官，就如同张辅的父亲张玉一样，但朱能和张玉的不同之处在于，张玉的儿子张辅也是个优秀的军事人才，但朱能的儿子不是。

朱勇带领着五万大军自信地出发了，他虽然是负责后卫工作，但其实他的兵马要多过也先两倍，因为据可靠情报，也先只有两万骑兵，这也正是朱勇自信的根源所在。

盲目的自信往往比自卑更可怕。

具体经过就不用多说了，只说结果吧：

"鹞儿岭中伏死，所率五万骑皆没。"

五万人中了两万人的埋伏，全军覆没，这充分地说明了朱勇不是一个好的指挥官。

不过在我看来，死在鹞儿岭的五万大军还是幸运的，至少他们还是奋战而死的。

他们没有死在土木堡，没有死得那么窝囊。

消灭了朱勇，通往胜利的道路终于打开了，也先的前面，是一片毫无阻拦的坦途。

土木堡

虽然朱勇指挥不力，但他的军队还是为皇帝陛下争取到了三天时间。

三天救命的时间，但也只有三天。

八月十日从宣府出发，明军用三天时间赶到了土木堡，这里离军事重镇怀来只有二十五里，只要进入怀来，所有的人就都安全了。

下面的事情我想我不说大家也能猜得到，又有一个人反对。

这个人还是王振。

他同以往一样，找到了一个理由，不过这个理由一点也不高尚。

"我还有一千多辆车没有运到，大军暂时不入城，就在这里等待！"

一个人犯一次错误不难，难的是从头到尾都犯错误，类似王振如此愚蠢而不自知的人，实在是天下少有。

对于这位司礼监先生，我已经无话可说，抛开他的恶行，单单他的愚蠢和无知，就足以让他遗臭万年，被万人唾骂。

一个人最可悲的地方不在于被骂，而在于骂无可骂。

就这样，明军失去了最后一个脱困的机会。

也先终于赶到了，他擦干了朱勇在他刀上留下的血迹，准备再次大开杀戒。

八月十四日夜，也先突然发动攻击，明军猝不及防，全军败退，但由于人数众多，也先不敢过于深入，明军于是趁此机会结成紧密队形，并挖掘壕沟，准备长期作战。

据我估算，也先此时的兵力应该不止两万，而是五六万，但即使是这样的兵力，他也无法击溃固守的明军。

于是他想了一个办法。

八月十五日，也先突然派来使臣，表示愿意和谈，王振十分高兴，立刻派出曹鼐参与和谈。此时，似乎是为了表示诚意，也先的军队已退去。

面对这种情况，熟知兵法的兵部尚书邝埜冷静地进行了分析，他认为这是也先军队的诡计，不能轻信，应该固守待援。

也就在这个时刻，王振终于完成了他人生中的一件大事，他充分地使用了自己的愚蠢，犯了最后一个错误。

"大军立刻越出壕沟，马上转移！"

在正统十四年（1449）的这次军事行动中，王振以错误开头，用错误结尾，他能够一直坚持自己的错误意见，即使明知自己的愚蠢和无知，也能够发扬厚颜无耻的精神，充耳不闻，真正做到了把错误进行到底。

李景隆，你在天之灵想必也不会再寂寞，因为一个比你更愚蠢、更白痴、更无知的人已经出现了，而这个人马上就会来陪伴你。

不出邝埜所料，大军出发仅三里，已经消失的也先军队就出现了，"铁骑揉阵而入，奋长刀以砍大军"。

经过长期奔波，被王振反复折腾得士气已经全无的二十万大军终于达到了极限，并迎来了最后的结局——崩溃。

彻底的崩溃，二十万大军毫无组织，人人四散奔逃，此刻不管你是大将、大学士，还是普通士兵，只有一件事情可以做——逃跑。

说起逃跑，实在是个技术工作，除了看准方向外，还要有充足的体能做底子，这下子平日不劳动的大臣们遭了殃，因为也先的士兵们在屠杀这件事情上做得相当彻底，不管你是什么身份，是进士及第（曹鼐是状元）还是进士出身，马刀之前人人平等。

四朝老臣张辅曾横扫安南，威风无比，也于此战中被杀，一代名将就此殒命。

此外，驸马井源、兵部尚书邝埜、户部尚书王佐、侍郎丁铉和王永和以及内阁成员曹鼐、张益等五十余人全部被杀。

财产损失也很严重：

"骡马二十余万，并衣甲器械辎重，尽为也先所得。"

数十年之积累，数十年之人才，就此一扫而光。

二十万大军崩溃，五十余位大臣战死，他们本不该死，这就是最后的结局。

不过值得高兴的是，有一个该死的人终于死了。

护卫将军樊忠在乱军之中拼杀。他明白,所有的一切都结束了,自己也将死于此地。

他自然是不甘心的,二十万大军就此溃灭,只是因为一个人的错误指挥。

可惜他没有死在我的手里。

似乎是上天要满足他最后的心愿,不久之后,他居然在乱军中找到了这个人。

这个人的特征也很明显,他是太监,没有胡须。

于是樊忠赶上去扯住了惊慌失措的王振,用手中铁锤砸烂了他的脑袋。

"吾为天下诛此贼!"

杀得好!杀得痛快!

可惜太晚了。

尾声

正统十四年(1449)九月十二日。

"臣居庸关巡守都指挥同知杨俊报:近日于土木堡拾所遗军器,得盔六千余顶,甲五千八十领,神枪一万一千余把,神铳六百余个,火药一十八桶。"

正统十四年(1449)九月十三日。

"臣宣府总兵杨洪报:于土木堡所遗军器,得盔三千八百余顶,甲一百二十余领,圆牌二百九十余面,神铳一万二千余把,神箭四十四万支,大炮八百尊。"

第十五章

力挽狂澜

在朱莱城内不东根到奏报的第二天（八月十六日）京城的人们知道了这个消息。天塌了。二十万大军毁于一旦，无数文官武将战死，最为精锐的三大营全军覆没，京城已经不堪一击。后宫太后和皇后哭成一团，大臣们如同热锅上的蚂蚁，急得跳脚却又没有办法，千头万绪从何处做起？姜还是老

在怀来城内的守将亲眼见到了这一幕惨剧，但他也没有办法，只能派人快马加鞭回去报信。一天之后（八月十六日），京城的人们知道了这个消息。

天塌了。

二十万大军毁于一旦，无数文官武将战死，最为精锐的三大营全军覆没，京城已经不堪一击。

后宫太后和皇后哭成一团，大臣们如同热锅上的蚂蚁，急得跳脚却又没有办法，千头万绪从何处做起？

姜还是老的辣，此时吏部尚书王直站了出来，他明确地指出了问题的要害，也是当前必须先解决的首要矛盾：

皇帝是生是死？

是啊，乱成了一团，把皇帝给忘了，要知道，这确实是当前最为重要的问题。

兵没有了可以再招，大臣死了可以再考，其实皇帝死了倒也没有什么，再立一个就是了。

问题在于你得先确定朱祁镇先生是不是真的死了，万一把他当成死人注销了户口和皇籍，另外立了皇帝，过两天他自己屁颠屁颠地回来了，你还要脑袋不要？

社稷为重，君为轻，和国家比起来，你朱祁镇不算啥，但问题在于你得给个准消息，死了开追悼会，活着咱们再想办法。

太后和皇后当然希望他还活着，但大臣们就不一定了。

从后来的事情发展看，大臣们的意见应该是：皇帝死了比活着好。

朱祁镇，你还是死了吧，反正这一次把你祖宗的面子都丢光了，你死后我们好重新立一个皇帝，简单方便，别又搞出个建文帝来，折腾几十年。

有的时候，皇帝的命也是不值钱的。

虽然很残酷，但这是事实。

朱棣为了建文帝的消息足足等了二十一年，但朱祁镇的大臣们是幸运的，他们只等了一天。

正当大臣们盘算着这个问题时，有人前来通报，一个叫梁贵的锦衣卫（千户，随同出征）有要事禀报，也正是这个梁贵，带来了确定的答案。

皇帝陛下还活着。

人质

朱祁镇确实还活着。

在大军崩溃的时候，他的侍卫不是战死，就是早不见了踪影，人人只顾得上自己逃跑。也先士兵的喊杀声与被砍杀士兵的惨叫声汇成一片，小小的土木堡一下子变成了人间地狱。

朱祁镇虽然没有识人之明，却不是个窝囊废。

他失去了二十万大军，失去了大臣和侍卫，也失去了随身的所有财产，却保留了一样东西：

大明皇帝的尊严。

在这情况万分危急的时刻，他没有像其他人一样四散奔逃，而是安静地坐了下来，等待着决定自己命运时刻的来临。

此刻陪伴着朱祁镇的，是一个叫喜宁的太监。

不过，他可不是个好人。

一个瓦剌士兵发现了盘膝而坐的朱祁镇，便上前用刀威逼他，要他脱下身上穿着的贵重衣物。

出乎这位士兵意料的是，这个坐着的人根本就不理他，看都不看他一眼。

这位瓦剌士兵万万想不到，已经一盘散沙、只顾逃命的明军中居然还有这样一个沉着镇定的人，自己手持利刃，张牙舞爪，这个人手无寸铁，却镇定自若，他顿时有一种被侮辱的感觉。

于是他举起了手中的刀，决定杀了这个人。

这一刀如果砍了下去，倒是省事了。

但就在此时，他的哥哥赶到了。这是一个见过世面的人，看到此人有如此气度，便阻止了他，说道："这个人举止特别，不是一般人（此非凡人，举动自别）。"

他随即请朱祁镇先生去见也先的弟弟——赛刊王。

赛刊王是瓦剌的高级人物，世面也算见得多了，但这位被俘的大明天子还是让他吃了一惊。

朱祁镇见到赛刊王后，也没有和他说客套话，居然先给他出了一道三选一的选择题。

"子额森（也先）乎？伯颜帖木儿（也先之弟）乎？赛刊王（猜对了）乎？"

赛刊王大惊失色，俘虏见得多了，但这样的真没有见过。派头实在不是一般的大，胆量也确实过人，他也拿不定主意了，只好跑去找他的领导——也先。

也先得知此事后，大为震惊，他认为这个人很可能就是大明的皇帝，于是便让两个见过朱祁镇的部下去看，并最后证实了他的猜想。

一场争论就此展开。

七十多年前，蒙古贵族们被赶出中原，数十万大军被徐达、常遇春、蓝玉等人打得落花流水，才流落到了茫茫草原大漠。也先虽然不是黄金家族的人，但他已拥立了黄金家族的脱脱不花为大汗，继承了皇室正统，更重要的是，他也是蒙古人。

虽无家恨，却有国仇。

也先首先发言，他掩饰不住自己的喜悦，对众人说道："我以前不断向上天祷告，希望大元有朝一日能统一天下，现在果然应验了，明军被我打败，天子也在我手！"

此时，一个名叫乃公的人说道："上天把仇家赐给我们，杀掉他吧！"

我查了很多史料，也不知此人到底是个什么身份，估计是个无名小卒。他说这句话可能无非是想凑个热闹，拍个马屁而已，可是这个马屁实在拍得不是地方。

要知道，高级贵族谈话，哪有小人物说话的份儿，就如同电视剧里的黑社会谈判，大哥还没有开口，小弟就先跳出来，一般出现这种情况，小弟都不会有好下场，这次也不例外。

听到这句话，另一个重量级人物——朱祁镇选择题中的第二选择伯颜帖木儿开口了，他大怒，跳出来对也先说："这人是什么东西，哪里有他说话的份儿！"

然后他用一个字打发了这位乃公："滚（去）！"

处理完这位小弟后，伯颜帖木儿发表了自己的看法，他说的话很长，大致意思是：打仗这么乱，大明皇帝居然没有死，这说明上天还没有抛弃他，而且大明皇帝对我们一直都还不错，如果也先大人主动把皇帝送回去，能得个好名声，岂不是更好？

众人纷纷点头，也先同意他的看法，并把朱祁镇交给伯颜帖木儿看管。

史料记载如此，但我认为，这其中有一大半是胡扯的。

伯颜帖木儿和某些蒙古贵族不愿意杀朱祁镇，自然是历史的真实，但如此描述，就有点问题了。在这场争论中，看不到真正的反对意见，满篇仁义道德，很明显夹杂着后代史官的人生理念和思想。

也先虽然文化不高，但权谋手段还是懂得一些的，他既然与大明开战，就说明双方之间没有什么情分可谈，他又不是读四书五经长大的，所谓的好名声，他又怎么会在乎呢？

在我看来，事实应该是这样的：

也先：现在怎么处理朱祁镇呢？

伯颜帖木儿：杀掉他可能没有什么好处吧，不如留着他。

也先：留着他干什么？

伯颜帖木儿：真笨，皇帝在手里，还怕没有好处吗？可以带着他去要赎金，还可以带着他去命令边关守军开城门，天下就是我们的了！

于是众人纷纷点头，也先同意他的看法，并把朱祁镇交给伯颜帖木儿看管。

事实证明，这一推测并不是没有依据的，在后来的数年中，也先玩儿的也就是这几招。

从此，俘虏朱祁镇就成了人质，而也先也摇身一变，成了绑匪集团的头目。

根据绑匪集团的内部安排，朱祁镇由绑匪第二把手伯颜帖木儿看管，但估计这位二当家做梦也没有想到，这个看似手无缚鸡之力的朱祁镇是个有着特殊才能的人。

朱祁镇的才能，就是他的人缘。

在我们的身边，经常会出现一些人，让我们一见如故、感觉温暖、如沐春风，这种气质往往是天生的，我们都愿意和这样的人交往，而朱祁镇正是一个这样的人。

年仅二十三岁的朱祁镇实际上是一个非常宽厚的人，他虽然身为皇帝，却对身边的下人很好，对大臣们也是礼遇有加，用谦谦君子、温润如玉来形容并不过分。

正是他的这种特质，使得他创造了一个奇迹。

在被敌人俘虏的窘境中，在时刻面临死亡威胁的阴影下，在异国他乡的茫茫大漠里，朱祁镇始终保持着镇定自若的态度，即使对自己的敌人也是有礼有节，时间一长，连看管他的蒙古士兵和军官都心甘情愿为他效力。

其中甚至还包括二当家伯颜帖木儿。

而朱祁镇的这种能力作用还不限于此,甚至在他回国后被弟弟关押起来时,奉命看守他的大臣也被他感化,心甘情愿任他驱使,为他出力。

在心理学中,有一种病症叫"斯德哥尔摩症候群",这个名称源于一起抢劫案,案件中的被劫人质一反常态,居然主动掩护劫匪逃走,阻拦警察,让很多人不解。

这个现象是可以用心理学来解释的:人质在强大的压力和威胁下,会倾向于服从控制自己的一方,这也正是人质会服从配合绑匪的原因。著名的战争影片《桂河桥》描述的就是这样一群被日军俘虏后,积极配合日军军事行动,患上"斯德哥尔摩症候群"的人。

可是朱祁镇先生却开创了历史,他创造了"土木堡症候群",在他的这种能力的影响下,绑匪竟然会主动站在人质一边!此后伯颜帖木儿不但数次要求释放朱祁镇,还主动为其争取皇位,每每看到这些记载,都让我目瞪口呆。

这真是一种可怕的能力。

忠诚与背叛

朱祁镇固然是个有亲和力的人,但很明显,他的亲和力并不是无往不胜的,至少对那位叫喜宁的太监就没有作用。

在朱祁镇被带走后,喜宁就迫不及待地抛弃了他的主人,投降了也先。现在看来,当初他守在朱祁镇身边,实在是别有企图,更为可恶的是,他还不断地为也先出谋划策,并告知边关的防守情况,为蒙古军队带路,活脱脱就是一副汉奸嘴脸。

也正是这个喜宁,主动向也先提出,现在京城空虚,可以立刻进攻,必可得中原。

估计这位太监与大明有仇,或者本来就是卧底,除此之外,实在无法理解他的行为动机。

也先雄心勃勃,在他看来,有了喜宁出谋划策,一统天下的梦想很快就能实现。

由于喜宁的背叛，朱祁镇身边没有了人照顾，于是也先为大明天子另外挑选了一个仆人，这个人叫袁彬，也是在大战中被俘虏的。

也先不会想到，他的这个随意的决定却给了朱祁镇极大的支持，在后来的岁月里，袁彬用他的忠诚陪伴着朱祁镇，并最终等到了自由的那一天。

而此刻以心腹自居、得意扬扬的喜宁也没有料到，在不久的将来，他会死在这个叫袁彬的人的手里。

在做好一切准备后，绑匪也先开始实行绑架的最后一个步骤：通知人质家属。

这是一件十分紧急的事情，当年没有电话，必须找人去报信，而且这一次绑架比较特殊，报信的人必须加快速度，如果晚了的话，可能会出现"撕票"的情况。

所以他释放了一个叫梁贵的俘虏，让他赶紧回去报信，务必在对方"撕票"之前，把消息送到。

这也算是个举世奇闻，绑匪竟然怕"撕票"？

千真万确，三条腿的蛤蟆不好找，两条腿的皇帝还是容易立的。大明王朝的子孙繁衍速度是很快的，排队等皇位的人足以从东直门排到西直门。如果不赶紧，万一新立皇帝，手上的这个活宝就不值钱了。

于是，大明王朝的精英们就此得知：他们的好皇帝还活着。

这就麻烦了。

死了最好，死了可以重新立一个，失踪也不错，起码可以先立个皇帝，把事情解决完，等到一切走上正轨，即使前皇帝最终沿途乞讨回来了，也没有什么大的作用了。

可是现在的情形恰恰是最差的一种，人不但活着，还做了绑匪的人质，明目张胆地找你要赎金。

钱不是问题，要钱给你就是了，问题是即使给了钱，人也不一定能回来。如

第十五章　力挽狂澜

果让也先尝到了甜头，他可能每年过年都会来要一次，就当是压岁钱。拿钱后又不放人，你要是敢不给，就是不顾皇帝死活，舆论压力也是顶不住的。

然而这并不是最麻烦的，更大的问题在后头。

由于王振一味地想靠人数压倒也先，所以他出征时带走了京城三大营的全部兵力和北方明军的精锐，此时的北京城中，所剩兵力不到十万，还都是老弱残兵，而且士气低落。也先击溃了明军主力，必然会借助余威攻击北京城。照目前的情况看，凭借着这点兵力是很难抵挡住对方的攻势的。

而且也先进攻的时候必然会带着他的人质朱祁镇，作用很简单——当人盾。

其实朱祁镇的真正作用不在于他是皇帝，而在于所有的守军都知道他是皇帝！

不知道也就算了，问题是大家都知道也先手中的这个人是皇帝，而也先很清楚这一点，只要把大明皇帝放在他的队伍里，明军投鼠忌器，自然不敢真打，万一有哪个不长眼的在乱军中把皇帝打死了，那可就是灭族的罪过。

守也守不住，打也不能打，该怎么办呢？

在我看来，实在没有办法。

大明王朝即将陷入绝境。

怒吼

大臣们在思考着对策，他们毕竟经验多，阅历丰富，即使在如此不利的情况下，他们也能够冷静下来，商量解决问题的方法。

但后宫就不同了，朱祁镇被俘虏的消息如同晴天霹雳，一下子震晕了钱皇后。在女人看来，自己的丈夫是最重要的，于是她立刻把后宫的所有金银珠宝全部派人送到也先的军营里，希望能够赎回丈夫。

人回来了吗？当然没有。

也先好不容易抓到这么个稀世珍宝，还指望着慢慢收地租，吃利息，怎么可能把人送回来！

于是他要了流氓，钱收了，人不放，表示这些还不够，要宫里接着给。

后宫哪里还有钱呢，钱皇后虽然姓钱，但也变不出钱来，于是只好每天哭天抢地，以泪洗面。

没经验就是没经验啊。

后宫干了蠢事，大臣们也无计可施，因为他们已经自顾不暇。眼看蒙古军队就要攻入北京，万事无头绪，人心惶惶，贪生怕死的倒是占了多数，很多人主张南迁。

这倒也怪不得他们，怕死是人的本性，不过这些怕死一族最担心的，倒不单单是自己的性命，还有他们的前途。

他们主张南迁，其实是有着私心的。在他们看来，北京可能保不住了，朝廷如不迁都，很有可能玉石俱焚，而如果南迁，即使半壁江山丢了，自己还是可以接着当官。

至于国家社稷，那实在是比较次要的事情。

这种情绪一直缠绕着文武百官，很多人也已经准备好包袱，南迁令一下马上就走。

但不管自己怎么打算，如果没有皇帝的命令，还是走不成的，于是怕死一族做好了准备，要在第二天的朝会上提出建议，一定要让皇帝同意南迁。

在这些逃跑派中，有一个人叫作徐珵。

此时的徐珵正跃跃欲试，他将在第二天提出自己南迁的建议，而且他很有自信，自己的建议一定能够得到皇帝的认可。

因为他有充分的理论依据。

第二天到来了。

正统十四年（1449）八月十八日。

大明王朝的国运就在这一天被决定。

早上，朝会正式开始，由暂代皇帝执政的朱祁钰主持。

这是大明王朝历史上十分重要的一次朝会，会议的主题是如何处理眼前的诸多问题，而其中最关键的问题就是逃还是战。

逃就会丢掉半壁江山，战则可能玉石俱焚。

朱祁钰初掌大权，十分紧张，他迫切地等待着群臣提出建议，然而接下来发生的事情却大出他的意料。

这些文武百官上朝之后，竟然什么也不说，只是号啕大哭，整个朝廷哭成一片。

搞得朱祁钰手足无措，呆若木鸡。

其实这也容易理解，这些大臣都有同事亲属在这次战乱中死去，而且好好的一个国家搞到如此地步，实在也让人心寒，多日的痛苦终于在朝会上得以发泄，算是哭了个痛快。

于是，这场关键朝会以痛哭拉开了序幕。

哭了一阵之后，大臣们渐渐恢复了理智，毕竟伤心总是难免的，活着的人还要应付眼前的难题，目前最关键的就是讨论朝廷是走还是留的问题。

徐珵首先发言，我们有理由相信，他已经等得不耐烦了，因为从他后来的表现来看，在他的心目中，最重要的永远是自己的荣华富贵。

徐珵大声说道："我夜观天象，对照历数，发现如今天命已去，只有南迁才可以避过此难。"

这似乎是算命先生的说法，在座的人都是饱读诗书之辈，也不是三岁小孩，徐珵怎么会愚蠢到把所谓天象当成理论依据呢？他的这套理论又能说服谁呢，不是自取其辱吗？

可是奇怪的是，徐珵本人却扬扬得意，认定大家都会相信他。他到底凭什么如此自信呢？

这其中还是有原因的。

徐珵，吴县人（今苏州，姚广孝的同乡），宣德八年（1433）考中进士，正统十二年（1447）任侍讲学士。大家知道，所谓侍讲学士是个翰林官，如果不是博学之士是当不了的。而翰林院里往往书呆子多，每天只是不停地读圣人之言、四书五经，可是这位徐珵却是工作休闲两不误，除了经学、理学外，他还有自己的个人爱好——阴阳术数之学。

前面提到过，所谓阴阳术数之学范围很广，包括天文、地理、兵法、算命等，可以说，这门学问如果钻研透了，倒也确实能出人才。著名的阴谋家姚广孝就是研究这个的，不过徐珵和姚广孝有所不同，姚先生研究的主要是前面三项（天文、地理、兵法），徐珵却偏偏挑了第四项（算命）。

算命这玩意儿可谓历史悠久，源远流长，具体准不准我们不好说，但只要人类对未知的恐惧仍旧存在，它就会不断地延续下去。

徐珵就是一个有志于研究算命的人，他经常主动给人家算，虽说他不收钱，只是凭兴趣义务劳动，不过他经常算不准，所以人们也不大信他。

似乎上天想要挽救他的算命名声，在不久之后，这位失败的算命业余爱好者却对当时的一件重要事情做出了准确的判断。

这件事情就是土木堡之败。

在明英宗亲征前，他夜观天象，大惊失色，跑回家对老婆说："我观天象，此战必败，到时瓦剌军队攻来就来不及了，你赶紧回老家躲躲吧。"

可是徐先生的算命水平连他的老婆都不相信，对他的这一忠告，人们只是笑笑而已。

所以当土木堡之败的消息传来后，徐珵除了对自己将来命运的担忧之外，还有几分高兴。

"都不信我，现在信了吧！"

这件事情最终也挽救了他的算命威望，所以此刻他才能够如此有底气地说出那一番话。

让我们看看现在的大明王朝的五个关键词：

军队惨败　皇帝被俘　京城空虚　人心惶惶　投降（逃跑）派

真是一片亡国之象。

这一幕似乎似曾相识，不错，在三百二十三年前，发生过极其相似的情况。

北宋靖康元年（1126）十月，盘踞北方的金兵对北宋发动进攻，太原、真定失守。十一月中旬，金军渡过黄河，宋钦宗惊慌失措，不知该怎么办，而大臣们全无战意，纷纷主张投降。

在这种情况下，十二月初二，宋钦宗正式向金投降。

靖康二年（1127）四月一日，金将完颜宗望押着被俘的宋徽宗、宋钦宗和赵氏皇子后妃、宫女四百余人及其掠夺的大量金银财宝回朝，北宋灭亡。

如果对照一下，就会发现，相隔三百多年的两个朝代，境况竟然如此相似，都是兵败不久，都是京城空虚，都是人心惶惶，都是投降逃跑言论甚嚣尘上。而且此时的大明境况更为不利，因为他们的皇帝已经落在了敌人的手上，投鼠忌器，欲打不能。

但大明最终没有沦落到和北宋一样的下场，因为和当年的北宋相比，此时的大明多了一个人，多了一声怒吼：

"建议南迁之人，该杀！"

发言者，兵部侍郎于谦。

于谦

洪武三十一年（1398），明帝国送走了它的缔造者——朱元璋，这对于帝国而言，是一个不小的损失。

但也就在同一年，浙江钱塘县（现属杭州市）的一个普通家庭诞生了一个帝国未来的拯救者，于谦。

由于家庭环境不错，于谦有着自己的书斋，他就在这里度过了自己的童年时光。与当时的所有读书人一样，于谦也是从四书五经开始自己的求学生涯的。

说老实话，像四书五经这种东西是很容易培养出书呆子的，但于谦似乎是个例外。他十分上进，读书用功刻苦，却从不拘泥于书本上的东西，除了学习考试内容，他还喜欢阅读课外书籍（如兵法等）。历史告诉我们，喜欢看课外书的孩子将来一般都是有出息的。

就如同现在的追星族一样，于谦也有着自己的偶像，他把这位偶像的画像挂在自己的书斋里（此举比较眼熟），日夜膜拜。

有一次，教他读书的先生发现他经常看那幅画像，便好奇地问他为什么这样做。

于谦闻言，立刻正色回答："将来我要做像他那样的人！"

画像上的人物是文天祥。

除此之外，于谦还在书斋中写下了两句话作为对文天祥的赞词：

殉国忘身，舍生取义；
宁正而毙，不苟而全！

这正是少年于谦对自己未来一生的行为举止的承诺。

三十余年后，他用生命实现了自己的承诺。

永乐十九年（1421），于谦二十三岁，此时的他已经乡试中举，即将赴京赶考。

他将从此告别自己的家，告别江南水乡的故土，前往风云际会、气象万千的北京。

前路艰险，但于谦却毫无怯意，他明白，一个更为宽广的世界在等待着自己，实现平生抱负的时候到了。

于谦收拾好行李，告别家人，遥望前路漫漫，口吟一诗，踏上征途。

拔剑舞中庭，
浩歌振林峦！
丈夫意如此，
不学腐儒酸！

于谦，天下是广阔的，就此开始你波澜壮阔的一生吧！

第十五章　力挽狂澜

清风

在京城的这次会试中，于谦顺利考中进士，并最终被任命为御史。在之后的宣德元年（1426）的朱高煦叛乱中，于谦以其洪亮的声音、严厉的词句、深厚的骂功狠狠地教训了这位极其失败的藩王，并给明宣宗留下了深刻的印象。

从此，于谦走上了青云之路。

宣德五年（1430），明宣宗任命于谦为兵部右侍郎，并派他巡抚山西、河南等地。这一年，于谦只有三十二岁。

年仅三十二岁，却已经位居正三品，副部级，实在不能不说是一个奇迹，于谦也成了他同年们羡慕的对象。

这当然与朝中有人赏识他是分不开的，而着力栽培，重用他的正是"三杨"。

像杨士奇、杨荣这种久经宦海的人自然是识货的，于谦这样的人才逃不过他们的眼睛。事实上，当时确实有人对于谦升迁得如此之快表示不满，而杨士奇却笑着说："此人是难遇之奇才，将来必成栋梁！我是为国家升迁他啊。"

奇才不奇才，栋梁不栋梁，也不是杨士奇说了算的，只有干出成绩，大家才会承认你。

于谦就此离开了京城，开始了他地方官的生涯，不过他估计也没有料到，这一去就是十九年。

在这十九年中，于谦巡抚山西、河南一带。他没有辜负杨士奇的信任，工作兢兢业业，在任期间，威望很高，老百姓也十分尊重他，更为难得的是，他除了有能力外，还十分清廉。

正统年间，王振已经掌权，他这个人是属于雁过拔毛型的，地方官进京报告情况，多多少少都会带点东西，即使是些日常用品，王振也来者不拒，让人哭笑不得。可是于谦却大不相同，他是巡抚，权力很大，却能够做到不贪一针一线。不但自己不贪，也不让别人贪。

一个贪，一个不贪，矛盾就此产生了。

于是正统六年（1441），一直看于谦不顺眼的王振找了个借口，把这位巡抚关了起来。结果之前我们已经说过了，王振完全没有估计到于谦的人望如此之高，如果要杀掉这个人，后果可能会极其严重。于是王振退让了，他放出了于谦。

这件事情也让王振了解到，于谦这个人是不能得罪的。后来于谦官复原职，王振连个屁都不敢放，可见王振此人实在是欺软怕硬，纯属小人。

在牢里仍然大骂王振的于谦出狱后仍然坚持了他的原则，清廉如故。

曾经有人劝于谦多少送点东西做人情，对于这样的劝解，于谦作了一首诗来回答。

  绢帕麻菇与线香，
  本资民用反为殃。
  清风两袖朝天去，
  免得闾阎话短长！

正统十三年（1448），于谦被召入京城，任兵部侍郎，他的顶头上司正是邝埜。

邝埜是一个十分正派的人，在其任间，他与于谦建立了良好的关系，两人合作无间，感情深厚。

如果就这么干下去，估计于谦会熬到邝埜退休，并接替他的位置，当一个正二品的大官，死后混一个太子太师（从一品）的荣誉称号，明史上留下两笔：于谦，钱塘人，何年何月何日生，任何官，何年何月何日死。

应该也就是这样吧。

对于于谦和邝埜自己而言，这样的生活似乎也不错，可是历史不能假设，邝埜不会退休，于谦也不会这么平淡地活下去，惊天动地的正统十四年（1449）终究还是来到了。

之后便是我们已经熟悉的内容，贸易纠纷、边界吃了败仗、太监的梦想、愚蠢的决策、苦苦的劝阻、一意孤行、胡乱行军，最后一起完蛋了事。

于谦眼睁睁地看着这一切发生，但他却无能为力，邝埜是一个好上司、好领导，他给了自己很多帮助，而且从某种意义上说，那个牺牲在远征途中的命运可能本来应该属于自己。

不要再悲痛下去，是应该做点什么的时候了。

英雄

在国家出现危难之时，总有一些人挺身而出，为国效力，这样的人，我们称为英雄。

英雄不是人人都能当的。一般看来，英雄有如下特点：

1.敢为人之所不敢为，敢当人之所不敢当。

2.挽狂澜于既倒，扶大厦于将倾。

但实际上，要成为英雄，必须先学会畏惧。

这个世界上本来就不存在着天生的英雄，只要过日子，就会有困难，有困难，就会有障碍。你会开始畏惧，畏惧所有阻挡在你眼前的障碍。

当你感到畏惧和痛苦，支撑不下去的时候，你应该同时意识到，决定你命运的时候到了。

因为畏惧并不是消极的，事实上，它是一个人真正强大的开始，也是成为英雄的起点。

不懂得畏惧的人不知道什么是困难，也无法战胜困难。

只有懂得畏惧的人，才能唤起自己的力量。

只有懂得畏惧的人，才有勇气去战胜畏惧。

懂得畏惧的可怕，还能超越它、征服它的人，就是英雄。

这就是我所认为的真正的英雄——畏惧并战胜畏惧的人。

关键只在于那畏惧的一刻，你是选择战胜它，还是躲避它。

人生的分界线就在这里，跨过了这一步就是英雄，退回这一步就是懦夫！

于谦不是天生的英雄。

至少在正统十四年（1449）八月十八日的那个早晨之前，他还不能算是个真正的英雄。虽然他为官清廉，虽然他官居三品，手握大权，但这些都不足以证明他是一个英雄。

他还需要去显示他的畏惧和战胜畏惧的力量。

于谦是一个很强势的人，从他怒斥朱高煦到不买王振的账，他一直都很强硬，似乎天下没有他怕的东西。

但这次不同，作为代理兵部事务的侍郎，他要面对的是瓦剌的大军和城内低迷的士气。自己的生死可以置之度外，但如今国家的重担已经压在了自己的身上，必须谨慎处理，一旦出现失误，后果不堪设想。

于谦十分清楚，逃就会丢掉半壁江山，所以不能逃。

那么战呢？说说豪言壮语自然容易，但瓦剌攻来的时候，用语言是不可能退敌的。万一要是指挥失误，大明王朝有可能毁于一旦。

是战是逃，这是个问题。

于谦也是人，也会畏惧，但他之所以能够名留青史，永垂不朽，就是因为他能战胜畏惧。

他并非天生就是硬汉。

从幼年的志向到青年的科举，再经过十余年的外放生涯，直到被召回京城，担任兵部侍郎，他并非一帆风顺，他曾平步青云，也曾被人排挤，身陷牢狱，几乎性命不保。但无论是成功还是失败，这一切都一直在磨炼着他。

也正是在这一天天的磨炼中，他逐渐变得坚毅，逐渐变得强大。

强大到足以战胜畏惧。

邝埜临走时期冀的目光还在他的眼前，到了这个时候，他应该站出来挽救危局。

可是身陷敌营成为人质的皇帝，也先精锐的士兵，城中惊慌失措的百姓，不堪一击、士气低落的明军，还有类似徐珵这样只顾着自己的逃跑派煽风点火，一切的一切都在提醒他：

　　这是一团乱麻，一盘死棋。

　　殉国忘身，舍生取义；

　　宁正而毙，不苟而全！

　　于谦最终还是迈出了这一步。

　　国家兴亡，我来担当！

第十六章

决断！

"建议南迁者,该杀!"于谦就是他,接着说道:"京城是国本,如果就此迁都,大势必然不可挽回,难道诸位忘了宋朝南渡的事情吗(独不见宋南渡事乎)?"他的这一番怒吼震醒了那些犹豫不决的人,朝中第一号人物吏部尚书王直站出来公开支持于谦,而明代历史上另一个连中三元者、后来的宪宗重臣商辂也站在了他的一边,在

"建议南迁之人，该杀！"

于谦就是这样训斥徐珵的。

他接着说道："京城，是天下的根本，如果就此迁都，大势必然不可挽回！难道诸位忘了宋朝南渡的事情吗（独不见宋南渡事乎）？"

他的这一番怒吼震醒了那些犹豫不决的人，朝中第一号人物吏部尚书王直站出来公开支持于谦，而明代历史上另一个连中三元者，后来的宪宗重臣商辂也站在了他的一边，在这些人的影响下，主战派终于打动了朱祁钰，并坚定了他抵抗到底的决心。

由于于谦已经代理了兵部尚书，且又是主战派的代表人物，所以朱祁钰便把防守北京的重任交给了于谦。

这是天下最高的荣誉，也是天下最重的担子。

散朝后，于谦走出了大殿，看着乌云密布的天空，回想起这个并不平静的早晨，他也不由得感到惊心动魄。

在八月十八日的这个早晨，他进行了一生中最重要的选择，也完成了一生中最重要的转变。

他的不朽传奇也正是从这一天开始的。

八月十九日。

于谦召开了他的第一次军事会议，必须说明的是，这位兵部侍郎虽然是个与军事打交道的主官，之前却从未指挥过军队，算是书生上阵。

话虽如此，书生上阵未必就不行，南宋的虞允文就是以文官的身份组织战争，并最终在采石击败金完颜亮数十万大军的。

于谦虽然是文官，但他对兵法也有研究，排兵布阵很有一套，相信是小时候看课外书打下的基础。所以说，课外读物实在是必不可少的。

但当于谦真正了解到目前京城的情况时，他才认识到，摆在眼前的是一个不折不扣的烂摊子。撇开那些逃跑投降派不说，军事上的压力就实在吃不消，土木堡失利几乎把所有的老本都赔干净了，京城里连几匹像样的好马也找不着。士兵数量不到十万，还都是老弱残兵和退休人员。

这倒也罢了，关键在于士气不振，一流部队被抽调出去作战，却落得个全军覆没的下场，侥幸逃回来的人为了掩饰自己的无能，自然会把敌人描述得极为厉害。

城内的二流部队听到这些前辈的议论，自然心里害怕，在他们的眼中，也先和他的蒙古骑兵简直就是外星怪物，一人长了好几个脑袋，怎么也打不死。

但最严重的问题还在于，大明帝国的最高统治者皇帝（代理）自己也没有信心，朱祁钰也不算是个胆小的人，可是在如此强大的敌人面前，他也没有了主意，虽说目前他同意抵抗，但如果再打个败仗，朱祁钰也是很有可能改变主意的。

所以目前最重要的工作就是稳定军心。

于谦在听完属下的汇报后，沉思不语，仔细研究过军事布防图后，他用低沉而有力的声音下达了自己的第一道军令：

"即日起，奉命征调如下部队赴京守卫：

"1.备操军，包括两京备操军、河南备操军；

"2.备倭军，包括南京备倭军、山东备倭军；

"3.运粮军，包括江北所有的运粮军；

"4.宁阳侯陈懋所部浙军（战斗力较强）。

"各军接到命令后，立刻出发，并按时赶到京城布防，如有违抗，军令必斩！"

以上部队共计十余万人，但这些部队并非主力，大多是预备役或是后勤部队。

主力部队去了哪里？

全埋在土木堡了。

这也是没有办法的办法，最精锐的京城三大营以及京城附近的主力部队已经全军覆没，剩下的寥寥无几，即使逃回来的，也早已被吓破了胆，士气全无了，要想保卫京城，只能靠这些预备役和后勤部队了。

除了士兵外，要守住京城还需要一样更加重要的东西——粮食。

京城人口众多，要解决这些人的吃饭问题，就必须囤积、运输大量的粮食。

虽然目前京城内的粮食还充足，但要是被长期围困，这个算盘就不好打了。其实就在离京城不远的通州，储存着很多粮食，多到什么程度呢？"仓米数百万"，这么多的粮食足够京城的人吃一年，是当时最大的粮仓。

但大臣们似乎并不想用这些粮食，甚至主张把通州粮仓烧掉。

这又是一件怪事，好好的粮食不用，为何要烧掉？

要知道大臣们并非脑袋进了水，实在是因为这些粮食看得见，用不成。

当时的通州并不是北京城的一部分，事实上，它和京城还是有着相当一段距离的，通州粮仓里的粮食虽然很多，却很难运进京城，因为如果要安排民工运输，耗用大量人力不说，还很危险。

当时也先的骑兵部队已经在京城关外附近耀武扬威，而运输却需要很长时间，没准在运输过程中，对方的骑兵已经攻了进来，一旦也先军队突破紫荆关，通州指日可下。而那些粮食自然就成了也先的军粮，所以要运输粮食，就必须派出军队护卫。

可现在这个局势，保卫京城的军力都不足，哪还有多余的人去护卫粮食呢？

这是一个难题，看来除了一把火烧掉之外，也没有更好的解决办法了。

可是于谦解决了这个问题，用了一个十分巧妙的方法。

这就是他的第二道命令：

"所有受召军队进发时应由通州入京，士卒各自取粮，并运送至京城。"

问题就此解决，通州的粮食将由十余万士兵运送入京。

看到了吧，这就是水平。

所谓有水平就是能做到别人做不到的事情，想出别人想不出的方法。

匹夫之勇人人皆有，但问题摆在眼前，能否处理好，就要看能力了。

于谦是一个勇敢的人，但他同时也是一个有能力的人，在这件事情的处理上，他十分明智地把调兵和运粮这两个问题联系在一起解决，既不耽误行军，还能免去民工的费用，同时保证了运粮队伍的安全，一举三得。

力挽狂澜者，绝非匹夫，国士也。

智勇兼备，方为国士。

秋后算账

于谦下达了命令，自八月十九日起，大明帝国境内所有可调可用之兵纷纷集结起来。

这些军队来自山东、河南、南京、浙江等不同省份，他们日夜兼程地行军，目标只有一个——尽快赶到京城。

这是一场和时间的赛跑，他们不知道也先会什么时候打过来，但他们知道的是，也先迟早会打过来，只要能够在此之前赶到京城，就多一分胜利的把握。

大明帝国开始了建国以来的第一次总动员，以应对即将到来的强大敌人。

在于谦的努力和调配下，到九月初，各路人马纷纷赶到，京城的兵力达到了二十二万，且粮食充足，人心也逐渐稳定下来。

军事上的准备已经开始，并有条不紊地进行着，而与此同时，一场政治风暴也即将到来。

"把王振千刀万剐！"

这是很多大臣的心声，理由也很简单，王振是个不折不扣的小人，自从掌权以来，以诬陷整人为日常爱好，谁敢不服从他就收拾谁，很多大臣因为一言不合就被他打入大牢。而且他还主动索取贿赂，谁敢不给就没有好下场，如此行径，简直视文武百官为无物。

此外他还勾结锦衣卫，把这个特务机构变成他的整人机构，无数官员都吃过他的苦头。

更重要的是，正是由于王振的无能和愚蠢才最终导致了土木堡的失败，朝廷精英和多年积累就这么毁在一个小人的手中。就在二十多年前，大明帝国还曾经横扫天下，势不可当，之后仁宣之治，天下太平，如此强大之帝国，居然葬送在一个死太监的手里，谁能咽得下这口气！

当然了，在士大夫们的心中，还有一个痛恨王振的理由，不过这个理由不太方便说出来。

既然士大夫们不愿意说，我就替他们说吧，这个心中暗藏的理由，就是出身。

士大夫们发奋读书，寒窗十年，经过几十场考试，三场大考（有的只有两场），淘汰了无数的才子同仁，才换来了头上的乌纱和手中的权印。而且考上了也不代表你就前途似锦，运气好的可以混个翰林，运气不好的连御史也干不了，只能派到下面干个七八品小官，熬资历几十年下来，最后混个从三品退休就已经谢天谢地了。

实在不容易啊。

可是王振这个死太监，学问有限（不成器的学官），能力不足（土木堡就是明证）、身体残疾（职业限制）、道德败坏（贪污受贿），却能够一下子独掌大权，号令天下！

死太监，你凭什么！

客观地看，士大夫们的愤怒是有道理的。他们日夜操劳，处理政务，且学识渊博、经验丰富，却要听从这个司礼监太监的命令，看着他胡作非为，也确实让人难以忍受。

而这个愚蠢的司礼监不但祸害朝政，现在还害得国将不国，惊涛四起，几十万士兵和文武官员因他而死，事情已经到了忍无可忍的地步。

秋后算账的时候到了！

但此时的于谦似乎顾不上这些，因为他有太多的事情要忙，八月二十一日，于谦正式接替了邝埜的位置，成为兵部尚书，正式执掌兵部权力。

兵部尚书于谦并没有升官的喜悦，因为也先一旦打来，这个官能当多久还是个问题，目前最重要的是要解决手边的众多问题，保卫京城和国家的安全。此时的于谦实际上已经成了朝政的实际控制者。

不过日理万机的于谦大人其实尚未意识到，他正坐在火山口上，还是一座活火山。

八月二十三日，火山爆发。

这一天的清晨，大臣们如往常一样，准备上朝议事，但谁也没有想到，明朝二百七十六年历史中最为严重的一次朝堂斗殴即将开始。

这也是整个明代朝廷最为混乱的一天。

朝会由朱祁钰主持，他开始询问大臣们有何事上奏。

话音未落，一人大步迈出，高声说道："臣有本奏！"

导火线就此点燃。

这个上奏的人名叫陈镒。

陈镒，苏州人，都察院右都御史，为官清廉，极其痛恨王振，此次的惨败使他痛心疾首，便下定决心，要一举铲除王振一党。

他厉声说道："王振祸国殃民，作恶多端，害得皇上身陷敌营，如此恶行，不灭族不足以安人心，平民愤！"

语气如此严厉，坐在上面的朱祁钰也被吓了一跳。

可是陈镒却越说越气愤、越激动，想起无辜受难的同僚和百姓，竟然痛哭失声。

一石激起千层浪，陈镒的这一哭激起了大臣们的愤怒，他们开始不顾礼仪，争相向朱祁钰弹劾王振。

一时之间，朝堂上乱了起来，上奏声、骂人声、痛哭声此起彼伏，纷乱程度实在可比集贸市场。

朱祁钰初登大位，还不是皇帝，只不过代行职权而已，见到这个阵势，吓得不轻，下面的大臣们像连珠炮般地说着话，旁边还夹杂着哭骂声，压根儿就听不清他们在说些什么，可怜的朱祁钰根本反应不过来。

突然，朝堂上的喧嚣平静了下来，下面的大臣都用一种极为可怕的眼神看着他，原来弹劾的人已经说完了，等着他的裁决，基本意见就一条："杀其同党，灭其全族！"

这可是大事啊，怎么能做得了主呢？朱祁钰胆战心惊地再三考虑，还是不敢做出决断，便下了一道命令：

"百官暂且出宫待命，此事今后再议。"

后来的事实证明，这不仅仅是一道谕令，也是炸药包，是增加爆炸威力的炸药包。

再议？何时再议？再议又如何？再议之后再议？

你糊弄谁呢？！

这些久经宦海的大臣绝不会被这句话打发走。他们知道，如果错过了今天这个机会，此事就会石沉大海，王振虽然死了，但他的同党还会继续操纵朝政，今天发言的人必定遭殃，国家也就完了。

为国为己，只能拼了！死也要死在今天，死在这里！

谕令已经传达了多次，可是大臣们就是不走。

大臣们似乎达成了默契，没有一个人动，只是不停地痛骂、痛哭，死死地盯着坐在上面的朱祁钰。

朱祁钰吓得脸都发白了，旁边传谕令的太监金英也不停地擦汗，这种阵势他也从没有见过，实在太可怕了。

朱祁钰开始认识到，今天不说出个一二三，他是回不去了。

当权者的沉默彻底激怒了大臣们，王振的倒行逆施、仗势欺人又出现在他们的脑海里。在土木堡之战中，这些大臣也多有亲属、同年毙命，新仇旧恨，如此罪大恶极之人竟然得不到处罚，天理何在！

正当大臣们的情绪即将达到顶点时，一个不识相的家伙出现了。

锦衣卫指挥使马顺一直都是王振的死党，帮着他干了不少坏事，侍讲学士刘球就是被他派人杀害的，此事尽人皆知，只是由于其势力太大，一直没有人动他。

此时，这位马顺出马了，他仗着有皇帝的谕令，竟然呵斥群臣，让他们立刻出去。

马顺的行为可以用两个字来形容：

找死。

就这样，由陈镒点火，朱祁钰加炸药，马顺最终引爆，三方通力合作，团结一致，即将演出明史中朝廷最为精彩火爆的一幕。

大臣们本已愤怒到了极点，哭骂声越来越大，王振的同党马顺偏偏这时跳出来大耍威风。按理说，他们应该更加愤怒才是，可是此时这些愤怒的人们却陷入了短暂的沉默之中。

可怕的沉默。

这种沉默是愤怒的顶点。

不在沉默中灭亡，就在沉默中爆发！

那么多的屈辱，那么多的悲痛，毫无道理地欺压侮辱，亲人好友的战死被俘，现在到了这个地步，竟然还在作威作福。

够了，足够了。

不用再压抑自己的愤怒，不用再忍受无耻的欺凌！

动手！

殴斗

马顺还在扬扬得意地呵斥着大臣们，往日他也是这样做的，在他看来，今天并没有什么不同。

突然，有一人跑出大臣行列，朝自己猛冲过来！还没有等他缓过神来，头发已经被狠狠地抓住，脸上重重地挨了好几下。

终于开始了。

第一个动手的是户科给事中王竑。

王竑是个言官，平时的工作就是监察弹劾，此人脾气急躁，性格耿直，早就看王振一党不顺眼，而国家沦落到这个地步他也十分痛心，更加痛恨王振一伙。眼见王振已死，马顺还敢如此嚣张，他不由得怒上心头。

什么都别谈了，来真格的吧！

马顺，看我打不死你！

他冲上前去，抓住马顺的头发，先用手中的朝笏劈头盖脸地向马顺打去。愤怒冲昏了他的头脑，到后来，兵器也不要了，索性赤手空拳上阵，拿出看家本领王八拳，一套拳法用得如行云流水，密不透风，拳头暴雨般地落在马顺的身上，边打还边骂：

"到了这个时候，你还敢嚣张！"

他越打越怒，越打越气，情绪激动到极点，竟然干出了一件骇人听闻的事情。

王竑觉得这样还不足以出气，于是放弃了拳脚，抓住马顺，竟然用嘴咬下了他脸上的一块肉！

疯了，彻底疯了。

这里我们从技术层面评点一下王竑的这一系列斗殴动作，他上来后首先抓住马顺的头发，抓头发这招在打架中应该说是很常用的，用这一招开头，说明他确实有一定的打架经验。

但考虑到他本人是文官，平时的主要工作是上奏折，所以暂不考虑他是武林高手的可能，其使用王八拳的可能性很大，而从他动嘴咬人这一点上看，他确实是气愤到了极点。因为在男性打架过程中，用此招往往会被人瞧不起，所以非万不得已，这一招是不会使出来的。

他已愤怒到了极点。

此时倒在地上的马顺是痛到了极点，也吓到了极点。他绝想不到，竟然有人敢在朝堂之上、皇帝面前动手，平时一呼百应、毕恭毕敬的大臣竟然变成了恶狼。

马顺已经十分痛苦了，但更让他痛苦的还在后头。

王竑的这一举动也惊呆了站在一旁的大臣们，但只在片刻之间，他们已经反应过来，事情到了这个地步，王振那帮人竟然还敢欺凌自己，实在是让人忍无可忍！

有怨报怨，有仇报仇，该出手时就出手！

于是，在王竑动手之后，大臣们立刻蜂拥而上，几个跑得快的先赶了上去，对着马顺拳打脚踢，就是一顿暴打，很快马顺就被团团围住，无数双拳头、无数只脚朝他身上招呼，转瞬之间，他已经是遍体鳞伤。

跑得快的还能打上几拳，跑得慢的就没有这个福气了。人群围了几层，后来的大人们只能撩起官袍，抬起大脚朝着被众人包围躺在地上奄奄一息的马顺猛踩。

于是，这些平日温文尔雅、埋头苦读的书呆子一改往日之文雅举止，无论打过架与否，无论是翰林还是堂官，也无论年龄大小、官位高低，纷纷赤膊上阵。

要知道，明代的官服并不是打架的专用服装，为显示官员的地位，他们的外袍比较宽大，有时走起路来还要提起下摆，免得踩到摔跤。而且这些大人上朝还戴着乌纱帽，就这么一副装束，怎么能打架？

此时此刻也顾不得了，大人们压抑不住心中的愤怒，丢掉帽子、卷起官服，纷纷上前痛殴马顺，还有个别人打得兴起，甚至卷袖赤膊上阵。

往日不可一世的马顺此刻只剩下了求饶的份儿，但没有人理会他，因为所有的人都记得，这个人是王振的帮凶，他曾经逼死了刘球，逼死了很多被关入诏狱的大臣。

他罪有应得。

不一会儿，群臣停止了打斗，因为马顺已经被打死了。

但事情不能就这样完结，这些杀红了眼的人把目光对准了坐在上面的朱祁钰。

朱祁钰目瞪口呆。

他看着王竑冲了出来，看着王竑抓住了马顺的头发，看着王竑嘴咬马顺，然后他看见群臣也冲了出来，一拥而上，把马顺团团围住，拳打脚踢。

最后，他看见马顺被打死，就当着他的面。

所有的这些行为已经超出了他的理解范围，那些文质彬彬的大臣，一下子变成了野兽。朝堂之上，皇帝最大，大臣唯唯诺诺，不发一言，这才是想象中的朝堂。

可是现在，满地都是被丢的官帽、官服、腰带，一群近乎疯狂的人在进行殴斗，太监们也早已躲到了一边发抖，哀号声、痛骂声，还有拳头落在人肉上发出的沉闷而可怕的声音充斥了大殿。

更让他难以想象的是，不但那些年轻的官员赤膊上阵、拳脚并用，连一些五六十岁的老臣也提着腰带，颤颤巍巍地走过来对着马顺踩上一脚，中间还不乏一些尚书、侍郎之类的高官。

这是幻觉？

这不可能是真的，这是朝廷，是皇帝与大臣们议事的地方，是大明帝国的中枢，但是现在，这里变成了斗殴场所，变成了擂台，变成了地狱。

如果是噩梦，就快点醒吧！

可是事实提醒了他，这不是在做梦，因为那些刚刚打死马顺的大臣已经把目标锁定了他。他们瞪着发红的眼，死死地盯着他，其中也包括那个嘴角还沾着人血的王竑。

下面的事情越发出乎朱祁钰的意料，大臣们竟然忘记了君臣名分，直接用手指着自己，要他把王振的余党交出来！

反了，要造反了！大臣竟然敢要挟皇帝（代理）！

但在这个惊心动魄的时刻，朱祁钰是不可能想到这些礼数的，他吓得浑身发抖，面对群臣的质询，竟然说不出一句话来。

此时，旁边的侍候太监金英眼看局势危险，这样下去，朱祁钰本人都可能有危险，他立刻派人去找毛贵和王长随。

毛贵和王长随是王振的同党，金英这个时候去找他们，实在是不怀好意。

两人被连拉带拽地拖到金英面前时，还是丈二和尚摸不着头脑，金英也没有和他们废话，一脚把他们踢进大殿。

此时的大臣们还在威逼朱祁钰，突然看见这两个人出现在自己的面前，就如同三天没吃饭的老虎见了肥羊，恶狠狠地扑了上去。

毛贵和王长随懵懵懂懂，屁股上挨了一脚，被踢进了朝堂，还没有弄明白是怎么回事，就见到一群衣冠不整、凶神恶煞般的人朝自己冲了过来，然后就被雨点般的拳头和踢腿淹没。

很快，两人也被打死。

此时大殿上三具尸体陈列，四处血迹斑斑。大臣们已经歇斯底里，完全失去了控制，在朝堂上四处乱窜，更多的人则是继续朝朱祁钰要人。

有些大臣觉得还不解恨，便把三个人的尸体挂到东安门外示众，城中的老百姓和士兵也吃够了王振的苦，纷纷上前痛殴尸体。

朝堂上更是热闹，既然朱祁钰没有下令逮捕王振的家人同党，那就自己动手！

大臣们自发自觉地找人去抓了王振的侄子王山，这位为荣华富贵来投奔自己叔叔的仁兄终于了解到了一个真理：

有得必有失。

他得到的是七年的荣华富贵，付出的却是生命。

大臣们仍然处于混乱之中，打死了马顺、毛贵、王长随，下面该怎么办呢？难道要把王振的同党们一个个地打死吗？

大臣们有的仍然怒发冲冠，破口大骂王振。

也有人不知前路如何，杀掉这三个人会不会遭到报复，只是呆呆地坐在地上。

更多的人则是拥到朱祁钰面前，向他要人，让他下令。

大臣的行为固然出气，但他们却没有意识到，危险正在向自己靠近。

第十六章 决断！

因为他们忽略了一个重要的问题——马顺的身份。

毛贵和王长随不过是宦官而已，但马顺却是锦衣卫指挥使，我们说过，锦衣卫不但是特务机关，还担任皇帝的警卫。

大臣们没有意识到一个奇怪的现象，他们当着锦衣卫的面打死了他们的长官，为什么这些锦衣卫却毫无行动呢？

这是因为还有一个人在场——朱祁钰。

朱祁钰是当前的摄政，如果没有他的命令，锦衣卫是绝对不敢乱来的，但如果他不说句话就此退朝的话，大臣们的生命安全就很难保证了。因为局势混乱，而锦衣卫中有很多王振的同党（王山就是锦衣卫同知），大臣们打死马顺是自发行为，那么难保没有几个像王竑一样的锦衣卫站出来，在王振同党的指挥下，打死几个大臣，这似乎也可以理解为自发行为。

此时朱祁钰正打算做这样的事情，他已经从最初的震惊中缓过神来，明白眼前发生了什么事情，看着这些几近疯狂的大臣和血肉横飞的场面，他害怕了。

朱祁钰选择了逃走，他要逃到宫里去。

这是一个关键的时刻，如果朱祁钰真的走了，那么锦衣卫和王振的同党很可能会动手，马顺虽然功夫不怎么样，但他手下的锦衣卫要收拾这些文官还是很轻松的。

但此时群臣似乎没有意识到这个问题，还在不断地哭、骂，要朱祁钰给王振定罪。

只有一个人保持了冷静的头脑，意识到了即将到来的危险。

这个人正是于谦。

于谦是一个头脑清醒的人，他并没有参加斗殴，虽然他也痛恨马顺等人，但他不会采取这样的方式，在整个过程中，他只是旁观者和思考者。

他十分清楚，人已经打死了，要想真正解决问题，必须朱祁钰下令，但这位摄政王已经被吓得脑袋不清醒了，现在竟然准备逃走，如果让王振余党抓住机会，给参与打人的大臣定下一个杀人之罪（马顺确实无罪），问题就麻烦了。

眼看朱祁钰准备开溜，于谦十分着急，这实在是千钧一发之际，可是周围的人却一点也不清醒，四处吵吵嚷嚷。

顾不得那么多了！

于谦立刻向朱祁钰跑去，他要拦住这个人。

可是前面的群臣已经排得密密麻麻，于谦无奈，只好用力把人群分开，往前挤（排众直前）。

这是一个比较痛苦的过程，在拥挤之中，于谦的衣袖也被拉破，但他终究还是赶在朱祁钰逃走之前拦住了他。

于谦用洪亮的声音说道："殿下（当时还不是皇帝），马顺等人是王振的余党，其罪该死（顺等罪当死），请殿下下令百官（基本都动过手）无罪！"

这响亮的声音终于惊醒了朱祁钰。他明白，如果现在不给这些人一个说法，局势将无法稳定，于是他依照于谦的话下达了命令。

大臣们也清醒过来，既然马顺等人已经定罪，那也就没什么事了。

稳定情绪的朱祁钰终于恢复了正常，他接着下令把王振的侄子王山绑至刑场，凌迟处死！

群臣拍手称快，八月二十三日的这场风波就此平息。

三个人在朝堂之上被活活打死，大臣们一下子从书呆子变成了斗殴能手，老少齐上阵，充分地发泄了自己的愤怒情绪，把朝堂搞成了屠宰场，闹得鸡犬不宁，鲜血四溅，代行皇帝职权的朱祁钰也被结结实实地威胁了一把，弄得狼狈不堪。

大臣被打死，代理皇帝被威逼，居然还是发生在朝廷议事之时，这样的乱象在明朝历史上可谓是绝无仅有的。

所以，当群臣恢复正常，整理自己的着装，检查自己的伤势（大部分是误伤），并走出大殿时，都有一种恍如隔世的感觉。

真是彻底疯狂了一把。

但有一点大臣们是很清楚的，打死马顺之后，锦衣卫已经磨刀霍霍，如果不是于谦在那一刻挺身而出拉住朱祁钰，为他们正名的话，能不能活着走出大殿来还是一个未知之谜。

第十六章　决断！

多亏了于谦啊。

当于谦走出左掖门的时候,所有的人都对他投以敬佩的目光。如果说在五天前他们对这个怒吼的人还有什么疑虑的话,现在他们已经有了新的共识:

这个人一定能够独撑危局,力挽狂澜。

吏部尚书王直也感触万分,他十分激动地握住于谦的手,对他说道:"国家全靠你了,今天这种情况,就是有一百个王直也处理不了啊(国家正赖公矣,今日虽百王直何能为)!"

王振的罪行彻底得到了清算,他的家产被查收,而他的家人也被杀得一干二净,其中还是王山先生最惨,他被割了上千刀才死,这是因为大臣们提议,虽然王振已经死了,但还需要找个人来替代他受刑,方可有个交代(够狠)。

于是,从千里之外投奔王振的王山便替他的好亲戚受了此刑,七年富贵换了个凌迟,真是亏本买卖。

说实话,从法理学的角度上来讲,王山、马顺等人并没有明显的罪行,被活活打死似乎没有理由。如果从程序上来说,大臣们的行为应该属于故意伤人致死,绝对算不上是正当防卫。

但在场的每个人都知道,这些人都是十恶不赦之徒,正是因为他们,朝纲才会如此不振,国家才会如此混乱,数十万士兵才会送命。所以当他们出于义愤,打死这些王振同党的时候,他们已经实现了正义,他们自己的正义。

最后一个麻烦

军队开到了,粮食充足了,王振的余党也彻底清除了,在于谦的努力下,很多棘手的问题都得到了解决。

但他还有最后一个麻烦,这也是最大的一个麻烦:

皇帝还在人家手里呢。

很明显,也先把朱祁镇当成了一张信用卡,把大明帝国当成了提款机,只要人还在他手里,他就会不断地刷这张无限额的金卡,直到把银行刷倒闭为止。

不能再这样下去了，必须想一个解决的方法。

于谦清楚地认识到，朱祁镇之所以会成为也先手中的王牌，不是因为他是朱祁镇，而是因为他是皇帝。

朱祁镇就是论斤卖也卖不到几个钱，但皇帝的这个名分却重如泰山。

其实解决方法很简单——再立一个皇帝。

因为皇帝不是你朱祁镇的，而是大明帝国的，这个名分可以给你，也可以给别人。

换句话说，朱祁镇是不是皇帝，不是朱祁镇说了算，也不是你也先说了算，而是我们说了算。我说你手上的皇帝是假的，就一定是假的。

就算不是假货，也是个过期产品。

天下唯一的皇帝权威认证机构在我这里，想定期领工资？也先，你就别做梦了！

方针已定，那么立谁呢？

最先被考虑的是朱祁镇的儿子朱见深，不过这位仁兄当时只有三岁，别说处理朝政，话都说不好，字也认不全，立他当皇帝就是抓瞎。

唯一可能的人选只有朱祁钰。

于是，大臣们纷纷上书，要求立朱祁钰为皇帝。

皇太后倒是没有什么意见，毕竟朱祁钰也算是她的儿子（非己出），立刻就同意了。

但意想不到的是，朱祁钰推辞了，他说自己不想干这份工作。

这套把戏我们也见得多了，但与以往不同的是，我们可以肯定，朱祁钰先生确实不是虚情假意，他真的不想当皇帝。

太危险了。

当皇帝要率队出征，路途辛苦，运气不好还可能被人家抓去做俘虏，几年回不了家。

这些且不说，八月二十三日那天发生的事情，更是让他心有余悸，自己手下的这帮人根本不听使唤，而且似乎对斗殴很有兴趣。要是哪天重新来这么一次，

第十六章　决断！

没准挨打的就是自己了。

况且目前敌军随时可能攻过来，京城万一不保，这个皇帝也干不了多久，灭国的责任却要担在自己头上。

安全第一，安全第一，这个皇帝，不做也罢。

可是事情已经不是他能控制的了。

不做不行！

于谦不由得他不做皇帝了，国家到了这个地步，必须立一个皇帝，你朱祁钰愿意也好，不愿意也好，必须做！

而于谦的理由也很充分："臣等诚忧国家，非为私计。"

后来的事实证明，他说的是真话。

于是，在于谦和其他大臣的坚持下，朱祁钰终于"自愿"了。

正统十四年（1449）九月六日，朱祁钰正式即大明皇帝位，定年号为景泰，第二年为景泰元年。

而朱祁镇先生的皇帝身份自即日起失效，改为太上皇。此后凡新旧皇帝冲突者，均以新皇帝为准。

坐在皇位上的朱祁钰想必是不太安心的，他这才明白，皇帝也不是想干什么就干什么的，要你干你就得干，不干也不行。

要处理政务，要承担风险，要对大明帝国负责，千头万绪的事情摆在眼前，不能偷懒、不能怠慢，即使做对了很多事，但只要在一个问题上出现纰漏，就可能前功尽弃、遗臭万年。

这真不是一般人能干的活啊。

从朱祁钰先生推辞干皇帝的行动上看，他是认识到了这些的，但同时，他也忽略了一点，那就是皇位的魔力。

如果干皇帝这么不好，为什么从古至今，还有那么多的人不惜性命，积极参加竞争，要做这份工作呢？

因为做皇帝虽然辛苦，却也是世界上最有成就感、最有权威的工作，天老大，我老二，君临天下，谁敢不服！

事实证明，封建皇权是一种容易让人上瘾的东西，且成瘾性极大，一旦尝试，极易形成药物性依赖，无有效方法自动根除，易复吸。

唯一的戒除方法是死亡。

朱祁钰和他的哥哥一样，也是个温和的人，兄弟俩从小一起长大，关系很好，如果没有意外，朱祁镇会一直做他的皇帝哥哥，朱祁钰则是安心做一个藩王弟弟，逢年过节弟弟会登门给哥哥拜年，互致问候。

但历史的机缘巧合，将兄弟俩推到了十字路口。

朱祁钰怀着不安的心情登上了皇位，并尝试了皇权的第一口滋味。

奇迹并没有发生，他毫无例外地进入了成瘾者的行列。

从此，任何敢于触碰他权威的人都将成为他的敌人，朱祁镇也不例外。

无论朱祁钰将来变成什么样子，至少在目前，于谦终于解决了这个最棘手的问题，他可以把全部的精力放在防守北京的任务上了。在他的努力下，京城人心渐渐稳定下来，军队的素质装备有了很大的提高。

从一盘散沙到众志成城，于谦的威望达到了顶点，所有的人都相信，这位兵部尚书有能力带领他们击败任何敌人。

从八月到九月，于谦不断地忙碌着，大到粮食储备、军队训练，小到城内治安、修补城墙，所有的问题都要他来处理。在这一个月的时间里，他没有休息日、没有假期，因为他很明白，现在他正在和时间赛跑，多争取一点时间，多做一点事情，胜利的把握就大一分。

到了九月下旬，京城的防卫基本完善。

也先，来吧，我等着你！

第十七章

信念

近几天,他经常会去北校场的营帐去转转,当然,他先都会意识到,这是一个无价之宝。有了这个人,就能不断地从大明帝国那富庶的国库中拿到金银财宝,因为这个人是大明帝国的皇帝,为了赎回他,大明会交出所有的财富,但他却不会把朱祁镇还给大明。有这

也先最近比较烦。

近几天，他经常会到弟弟伯颜帖木儿的营帐去转转，当然不是看他的弟弟，而是去看那个人质——朱祁镇。

每次看到朱祁镇的时候，也先都会意识到，这是一个无价之宝。

有了这个人，就能不断地从大明帝国那富庶的国库中拿到金银财宝，因为这个人是大明帝国的皇帝，为了赎回他，大明会交出所有的财富，但他却不会把朱祁镇还给大明。

有这么好的一张长期饭票，干吗要一下子兑现呢，整存零取不是更好吗？等到钱不够花了，就去找对方要，而他们是不敢不给的，今后就不用再为钱发愁了。

所以，他经常会巡视这个叫朱祁镇的人，每一次的巡视都会让他十分开心，因为他明白，他正在巡视着自己的财宝。在他的眼中，朱祁镇不是一个人，而是一堆金灿灿的黄金和白花花的白银。

最初的生活是甜蜜的，他告知了人质家属，并且索取赎金，不多久，就有人送来了大批金银珠宝，全部笑纳后，他做出的反应自然不是放人，而是接着索要。

在他看来，皇帝在自己手中，对方一定会乖乖听话，把大明的国库全部搬到自己这里来。

第十七章 信念

可是接下来的事情却大大出乎他的意料。

付赎金的要求提出了多次，却迟迟没有人来，别说金银财宝，连个铜钱的影子都没有看到。

一天、两天、三天，也先就这样在树旁不停地等待着，可那撞树的兔子就是不来。

渐渐地，也先开始烦躁起来，他恨不得自己带着朱祁镇到边关去喊："你们的皇帝在这里，拿钱来赎！"

时间一天天地过去，也先的耐心也达到了极限，莫非他们不想要自己的皇帝了？

不久之后，消息传来，大明帝国已经另立了皇帝，现在手上的这个已经过期作废了。所谓的皇帝朱祁镇已经有了新的称谓——太上皇。

过期作废了？不能用了？

也先并不一定知道所谓太上皇是怎样的一个设置，但从大明的态度来看，他很清楚，朱祁镇已经是个废物。他的生死也已经无关紧要，留在这里浪费粮食，要是杀了他，估计大明会比自己更加高兴。

废物利用

其实在也先向大明索取赎金的同时，他还企图利用朱祁镇去骗开城门，具体操作方法是：

兵临城下，并不开打，先叫守将在城头说话，然后把朱祁镇领出来给城内的人看，并传达所谓皇帝的意旨，打开城门。

也先的如意算盘就是兵不血刃地攻克城池，反正有皇帝在手中，不用白不用。

这一招十分狠毒。

要知道，边关的将领们平日和也先交道打得多，自然是不会乖乖投降的，但现在皇帝大人就在城门前训话，是听还是不听呢？打开城门自然是不行的，但如果不答应朱祁镇的要求，以后的处境就很难说了，要是这位俘虏兄将来回去继续做了皇帝，自己岂不是要背上个大不敬的罪名？

正是抓住了这种心理，也先经常会带着朱祁镇四处叫门，企图打开一条通道。

但同时要说明的是，这条计策并不是也先自己想出来的，而是那位叫喜宁的太监的主意。也先虽然在战场上十分狡猾，毕竟还是喜欢用武力解决问题，像这种阴谋诡计，他是不太精通的。喜宁的出现正好弥补了这一空缺。

这也算是老传统了，无论哪个朝代，汉奸从来都不是稀有动物。

也先对喜宁的意见十分赞赏，便准备把这一套用在他窥视已久的两个目标上。

这两个目标分别是宣府和大同。

有些细心的人可能已经发现，在我们前面的叙述中似乎有一个不太合乎情理的地方：也先在土木堡击败二十万明军，这一胜利已经彻底击溃了明军主力。可以说当时正是最好的进攻机会，因为明帝国短时间内已经不可能找出一支大规模的军队来对抗也先了。

但奇怪的是，也先却没有继续进攻，而是收拾好东西回了家。

这是为什么呢？

其实原因也很简单，虽然明军主力被击溃，但通往京城的大门却始终关闭着，这就是宣府和大同。守住了这两个地方，就守住了京城的外围防线。

宣府和大同有很多军队吗？

没有，这两个地方的驻军并不多。但也先并没有乘胜进攻，一方面是因为他自己的部队也不多，而且这两个地方城防坚固，并不好攻，但更为重要的原因是，这两个地方都各有一名强悍的将领镇守。

这两个连也先都怕三分的人，就是郭登和杨洪。

其一，大同镇守者郭登。

郭登，智勇双全，小心谨慎，而且是个高干子弟，他的祖上就是大名鼎鼎的武定侯郭英。承继着祖先的光荣传统，他也一直干着武将这一危险的工作。事实证明，他确实不是等闲之辈，在他守护下的大同，是也先完全无法逾越的障碍。

事实上，在土木堡事发的时候，郭登还不是总兵官，他是凭着自己的表现才获得大同最高镇守者的职位的。

土木堡失败之时，大同也受到了极大的威胁，当时情况十分复杂，城内士兵慌乱，人心惶惶，加上还有也先军队不断地发动小规模进攻，大家都认定大同也守不了多久。时任总兵官刘安能力不足，无法处理防务，稳定军心。

此时郭登挺身而出，他亲自带领士兵整顿防务，慰问受伤士卒，鼓励他们继续作战。但当时的士兵们士气十分低落，郭登的这一行为并没有赢得多少人的信任，反而招来了不少风言风语。很多人认为，像郭登这样有背景的人，就算也先攻下了大同，士兵们送了命，他还是能够活着回去接着当官。

这些话也传到了郭登的耳中。

不久之后的一天，郭登召集士兵们，神色严峻地注视着他们，并当众拔剑立誓：

"请诸位放心，我誓与此城共存亡，要死我陪你们一起死（不使诸君独死也）！"

在郭登的勇气感召下，士兵们众志成城，撑过了最为艰难的时刻。

此后，郭登正式被任命为大同总兵，守护住了这道大明帝国最重要的门户。

其二，宣府镇守者杨洪。

杨洪，人称正统年间第一智将，性格冷静镇定，屡出奇谋，作战之时极为狡诈，善用佯攻，经常用少量兵力搅得也先军鸡犬不宁。此外，他还擅长守护城池，也先进攻多次，都被他轻易击退，到后来，也先只要听到杨洪的名字就头疼，尽量避免与其交战。

现在也先终于找到了一个理想的武器去制伏这两位大将，他相信只要朱祁镇站在城下喊一声，这两座城池就会兵不血刃地归他所有。

当然，这只是也先的想法而已。

八月二十一日，也先挟持着朱祁镇开始了他的"撞门"计划。

也先首先到达的地方是宣府，这也是他以前经常来的地方，当然，每次迎接他的不是礌石就是弓箭。

但这次不同了，我手里有大明皇帝。

志得意满的也先胁迫朱祁镇，发出了命令，要宣府守军开门。

开门自然是引狼入室，但皇帝（当时还是）下了命令，不开门似乎又于理不合。

杨洪会如何应对呢？

城内守军（实际上就是杨洪）的应答实在大出也先的意料。

"天色已晚，不敢开门（天已暮，门不敢开）！"

这就是杨洪的智慧，典型的外交辞令，管你是谁叫门，我只当不知道，反正政策规定晚上不能开门，如果有何意见，可以向本人上级部门（具体说来是兵部）投诉反映。

也先气得鼻子冒烟，接着胁迫朱祁镇，命令杨洪亲自出面说话。

这也是一着狠棋，杨洪无论怎么嚣张，真的见了皇帝，也不敢当面违抗命令。

可是城里的回答差点让也先从马上摔下来。

"杨洪出差了（镇臣杨洪已他往）！"

我相信，此刻的也先是十分痛苦的，这种痛苦并不在于他没有能够攻克宣府，而是因为他又被杨洪耍弄了一番。

杨洪真的出差了吗？自然没有，此时，他正手持宝剑，一边站在城下指挥城上的士兵答话，一边厉声对士兵下令："出城者斩！"

也先就此乘兴而来，败兴而归。

此处不留爷，自有留爷处！出发，去大同！

可是郭登也不是省油的灯啊！

到达大同之后，也先吸取了教训，直接命令朱祁镇找郭登说话，朱祁镇在胁迫之下，只能让人传话，让郭登开门。

郭登不开门。

第十七章　信念

一来二去没了结果，朱祁镇只好派人传话说："我与郭登有姻亲关系（朕与登有姻。注：此处待查），为何如此拒我啊？"

朱祁镇也真是没办法了，估计刀已经架到了脖子上，连这样的话也说出来了。

话已说到这个份儿上，郭登还能毫无反应吗？

郭登确实有了反应，不过是个比较强烈的反应：

"臣奉命守城，其他的事情不知道（不知其他）！"

于是，也先又一次被无情地拒绝了。

郭登，你好样的，算你狠，今天先回去，下次再来！

之后的岁月对于也先来说是艰苦的，他带着朱祁镇四处旅游，却没有一个地方接纳，赎金也从此杳无音信，而大明也新立了朱祁钰为皇帝，手上的这个已经过期作废，不值钱了。

难道就此了事？

哪有那么容易！也先决定，即使手上的这个皇帝不值钱，毕竟还有威信，对边关守将还是有一定的威慑作用的，继续带着他去撞门！

郭登的大同他是不敢再去了，毕竟这位仁兄已经撕破了脸，所谓"不知其他"言犹在耳，去了无异于自取其辱。

还是去宣府吧。

可是事实证明，杨洪也是个软硬不吃的人，前后去了三次，都被赶了回来。到后来，也先便胁迫朱祁镇写信给杨洪，让他开门。

可是杨洪做得更绝，他收到信之后，连看也不看，就加上封印，派人送给京城的朱祁钰，而朱祁钰给他的答复是："这些都是假的，今后收都不要收（伪书也，自今有书悉勿受）！"

说你假，你就假，真的也是假的。

攻击！攻击！

也先的忍耐已经到了极限，一个多月的时间，他没有拿到多少赎金，喜宁的计策又完全行不通，被人像傻子一样赶来赶去，实在是面子丢尽了。

他已经对身边的这个喜宁失去了信心，事实证明，他所说的这些方法完全行不通。

既然行不通，那就用我的方法！

战争的意念冲上了也先的大脑，他的血液开始沸腾。

不需要再耍什么阴谋诡计，不需要再靠投机取巧！

要恢复大元的天下，还是要靠我们自己！

集中所有的士兵，备好行囊，整装上马，拔刀，冲锋！

目标，京城！

也先并不是傻瓜，他没有带领军队去攻击宣府和大同，郭登和杨洪这两位猛人他是惹不起的，于是他决定绕路走。

他已经选好了突破口，他相信，从这里他能够打开通往京城的大门。

也先选择的突破口，正是当时王振所放弃的行军目标——紫荆关。

正统十四年（1449）十月一日，也先率领所有精锐兵力，向着最后的目标挺进。

当然，他不会忘记带上朱祁镇，虽然他已经不是皇帝，但毕竟还是太上皇，起码还可以用来挡挡刀剑，做个掩体。

也先的军队十分强悍，骑兵以猛虎下山之势直扑紫荆关，在喜宁的引导下（所以说叛徒最为可恨），也先仅用了两天时间就攻破了这座关口，守备都御史孙祥战死。

这里要插一句，按说孙祥死后，应该追认荣誉，就算评不上什么光荣称号，起码也该是因公殉职，但他却在死后被草草火化（焚之），什么也没有得到。英雄得到如此下场，全拜我们前面提到过的一位老朋友所赐，这位老朋友就是言官。

孙祥战死之后，有一些言官不经过调查研究，就胡乱发言告状，说孙祥是弃关逃跑，结果在战后，不但没有给孙祥开追悼会，反而直接把他的尸体烧掉，就此了事，实在是比窦娥还冤。

第十七章　信念

一年之后，孙祥的弟弟上书为哥哥辩解，朱祁钰这才了解到真实情况，给他的家人补发了抚恤金（诏恤其家）。

紫荆关是京城的门户，此关被破，震惊了京城，因为每一个人都知道，京城从此将无险可守。

兵临城下

正统十四年（1449）十月十一日，北京城头的士兵正在巡哨，突然，漫天的尘土呼啸而来，随后传来的是急促的马蹄声和叫喊声。

出人意料的是，城防士兵们并不惊慌，反而有一种放松的感觉，因为他们都十分清楚来的是什么人，以及来干什么。

该来的迟早会来的。

城外瓦剌军主营。

也先的情绪已经高涨到了极点。两个多月前，他在土木堡击溃了明军二十万大军，立下不朽奇功，还活捉了明朝皇帝，事后他才得知，这二十万大军已经是明朝的最精锐部队。

既然明军最强的部队都被自己轻易打垮，所谓的三大营也已经全军覆没，明朝还有什么能力和自己对抗？

这次出征的进程更加增强了他的信心，此次他一路攻击前行，只用了十一天就打到了京城，此刻，这座宏伟的帝都已经完全暴露在也先的面前。

在也先看来，进城只是个仪式而已，他不相信主力已经被击溃的明军还能做什么样的抵抗（视京城旦夕可破）。只要叫喊两声，吓唬一下，城内的人就会吓破胆，乖乖地出来办理城防交接。

在攻击前的军事会议上，他自信地看着部落的其他首领们，用洪亮的声音告诉他们，眼前的这座城市不堪一击，大明的壮美河山，无数的金银财宝、古玩稀珍都将归瓦剌所有，伟大的大元帝国将再一次屹立起来！

"京城必破，大元必兴，只在明日！"

据说以前曾有一些餐馆会在门前挂上一块牌子，写着"明日吃饭不要钱"七个字。

当然，这些饭馆绝对不是慈善机构，因为那块牌子上的日期永远都是"明日"两个字，而这个明日是永远不会到来的，如此做法不过是拿穷人开心而已。

历史已经证明，也先的这个明日最终也没到来。他又被耍弄了一回，但这次耍弄他的不是杨洪，而是命运。

六天后的也先可能会奇怪，自己的兵力强过土木堡之时数倍，且士气高涨、士兵强悍，最终为什么会失败？

当然，当时的也先是意识不到这些的，毕竟到目前为止，他还是很有信心的，他绝对想不到，自己前进的步伐和恢复大元的梦想将在这里被一个人终止。

一个有勇气的人。

正统十四年（1449）十月八日，兵部尚书于谦下达总动员令。

决战的信念

得知也先进军紫荆关后，于谦敏锐地判断出，这次也先的目标是京城。

虽然现在京城内的士兵数量已经将近二十万，但毕竟作战经验不足，为防万一，他立刻下令派出十五位御史去各地征集士兵充任预备队。到十月八日，全部兵力集合完毕，总计二十二万人。

勉强够用了

也先的兵力总计也不过几万人，为什么城内有二十几万人还只是勉强够用呢？

这是由具体情况决定的，绝不是于谦的能力不行，当年的朱文正能够以数万人马挡住陈友谅六十万大军，是因为洪都城池不大，陈友谅虽然兵多，但在同一时间内无法全部展开，只有一批批地上，其实际攻击效果并不好。

但现在于谦守卫的是京城，是大明王朝的首都，这是真正的大城市，并不是比较大的城市（比如铁岭）。

也先攻击的目标是北京外城九门，此九门分别是：

德胜门、安定门、东直门、朝阳门、西直门、阜成门、正阳门、崇文门、宣武门。

这九门的位置大致相当于今天北京市的二环到三环之间，当年的北京虽然远远比不上今天北京市的规模，但也是相当大的。

简单做一个除法会发现，每个门的守卫兵力也就在二万人左右，而也先的兵力在单一攻击其中一门时是占据优势的。更大的问题在于，也先的士兵素质要强于明军，而且全部是骑兵，机动性很强，一旦打开缺口，就能够立刻集中兵力攻击。

军队的战斗力并不单单取决于人数，还有机动力。

所以明军虽然在总的人数上占优，但平均到每个门的防守却是不折不扣的劣势。

在这个世界上，很多事情只要一平均就会原形毕露。

这就是于谦所面临的形势，敌军十分强大，己方兵力虽然也不少，但并不占据优势，形势并不乐观。但与此同时，于谦也找到了一个得力的助手，这位助手将帮助他完成防御北京的任务，并成为他的亲密战友，并肩作战。

当然了，于谦绝对想不到的是，他的这位助手在八年后还会做出一件惊天动地的事情——置自己于死地。

从战友到敌人，从朋友到对头，那位完成这一戏剧性转变的亲密助手，就是石亨。

石亨，陕西渭南人，父亲是武官，他承袭父业，也干了这一行。此人自幼好勇斗狠，极为骁勇，被称为正统第一勇将，与杨洪并称。

据说在石亨年轻时，一次去街上玩儿，被一个算命的盯上了，那位算命先生抓住他仔细端详，以极为惊讶的口气说出了这样一句话：

"如今太平盛世，你怎么会有封侯的面相！"

且不说这个故事是真是假，算命先生有没有收费，但起码他总结出了一个规律：

乱世方出英雄。

话虽如此，但正统十四年（1449）七月身处阳和的石亨却绝对不能算是个英雄，因为那个时候，他正在逃跑。

数万大军全部覆灭，主将被杀，也先的骑兵肆无忌惮地踩踏着明军的尸体，这一切的一切全部发生在石亨的眼前，可是他无能为力，因为他还有更为重要的事情要做——逃命。

作为统兵的将领，眼睁睁地看着自己统领的军队被敌人歼灭，士兵被残杀、被俘虏，而自己却无能为力，对于一个武将而言，这是最大的侮辱和折磨。

窝囊，真是窝囊啊！

窝囊的石亨活着回来了，然而等待着他的并不是安慰和抚恤。由于他也是军队主将之一，根据军令，他要负领导责任，于是他被罢免职务，贬为事官。

在他人生最为失意的时候，于谦帮助了他。

在于谦看来，这个失败的将领并不是无能之辈，只要能够善加使用，他是能够成大器的。

于谦的判断是正确的，石亨将成为一柄锋利的复仇之剑，插入瓦剌的胸膛。

也先的军旗在城外飘扬，蒙古骑兵们在城前骑马来回驰骋，向城内的明军显示着他们的军威。八十多年过去了，他们终于又回到了这个地方，他们中的很多人都相信，在不久之后，他们将再次成为这里的主人。

也就在几乎同一个时刻，城内的于谦正在召开他战前的最后一次军事会议。

参加会议的包括朝廷的主要大臣和石亨等防卫北京的武将，这是一次气氛压抑的会议。因为与会的每一个人都知道，他们将要面对的是什么。现在敌军已经兵临城下，只有战胜敌人，才能保住帝都，才能挽救国运，除此之外，别无他途！

会议就在这样的气氛下开始，首先讨论的是如何退敌的问题。

石亨发言认为，在目前的局势下，敌军的实力要强于明军，要想退敌，最好的方法就是坚壁清野，等待敌军疲惫，自然就会退军了。

毫无疑问，这是一个很好的方法，因为也先的士兵并不是机器人，他们也要吃饭，只要坚守城池，等到他们吃光了所有的粮食，自然是要走人的。

石亨深通兵法，他的这个提议也是行得通的。

大多数人支持，只有一个人反对。

按少数服从多数的原则，石亨的提议应该是会获得通过的。但这次，即使赞成的人再多也没有用，因为这个反对的人的手中掌握着否决权。

此人正是于谦。

于谦是兵部尚书，也是会议召集人，在这个会议上虽然谁都可以说话，但只有他说了才算数。

他站起来，说出了自己的观点：

"也先率大军前来，气焰已经十分嚣张，如果坚守不出，只会助长他们的气焰，我大明开国至今已近百年，昔日高皇帝布衣出身，尚可纵横天下，横扫暴元，我辈岂惧小小瓦剌！"

他环顾周围众人，停顿了一下，厉声下达了他的第一道命令：

"大军全部开出九门之外，列阵迎敌！"

众臣鸦雀无声。

确实也不用说话了，反正我们说了也不算，你看着办就是了。

于谦接着下达了他的第二条命令：

"锦衣卫巡查城内，但凡查到有盔甲军士不出城作战者，格杀勿论！"

此言一出，举座皆惊，文臣们万万想不到，平日看上去温文尔雅的于谦竟然如此强悍，军令之严厉，前所未闻，甚至连战场杀惯了人的石亨也感到心惊。

沉稳又富含威严的声音再次响起：

九门为京城门户，现分派诸将守护，如有丢失者，立斩！

安定门，陶瑾！

东直门，刘安！

朝阳门，朱瑛！

西直门，刘聚！

正阳门，李端！

崇文门，刘得新！

宣武门，汤节！

阜成门，顾兴祖！

他停了下来。

这不是一个寻常的停顿，因为所有的人都知道，还有一个门他没有说，这个门就是德胜门。

德胜门是最为重要的门户，因为它在北京的北面，且正面对着也先的大军。一旦开战，这里必然是最为激烈的战场。

并没有等待多久，他们听到了镇守者的名字：

"德胜门，于谦！"

他没有开玩笑。

文武大臣们又一次吃惊了，可让他们更吃惊的还在后面，因为于谦马上要颁布的是一道他们闻所未闻的军令：

"凡守城将士，必英勇杀敌，战端一开，即为死战之时！

"临阵，将不顾军先退者，立斩！

"临阵，军不顾将先退者，后队斩前队！

"敢违军令者，格杀勿论！"

这就是明代历史上著名的军战连坐法，此后的明代名将大都采用过这一方法。

就在一个月前，他还是一个从未指挥过战争的书生，是一个言谈温和、脸上始终保持着沉着镇定的表情的人。

此刻他已经成为了一位意志坚定、果断严厉的战场指挥官。

在残酷的战场上，弱者是无法生存下去的，只有最为坚强、刚毅的强者才能活下来，并获取最后的胜利。

于谦就是这样的强者。

看起来会议要谈的问题已经谈完了，似乎也该散会了，正当众人庆幸从于谦那令人窒息的军令中解脱出来的时候，于谦下达了他的最后一道命令。

最后一道命令

于谦把手指向了兵部侍郎吴宁，下达了他的最后一道命令：

"大军开战之日，众将率军出城之后，立即关闭九门，有敢擅自放入城者立斩！"

听到这道命令，连石亨这些杀人不眨眼的武将也被震惊了，这就意味着但凡出城者，只能死战退敌，方有生路，如果不能取胜，必死无疑！

豁出去了。

所有的人都惊讶地看着于谦，他们这才意识到，于谦这次是准备玩儿命了，不但玩儿他自己的命，还有大家的命。

于谦毫无惧意地看着这些惊讶的人，对他们说出了最后的话：

"数十万大军毁于一旦，上皇被俘，敌军兵临城下，国家到了如此境地，难道还有什么顾虑吗？若此战失败，大明必蹈前宋之覆辙，诸位有何面目去见天下之人！

"拼死一战，只在此时！"

这是一场不能失败的战争，如果失败，北方半壁江山必然不保，大明的国运也将从此改变。

这场战争，于谦输不起，大明也输不起。

所以于谦为守护城池的人和他自己留下了唯一的选择：

不胜，就死！

与会众人终于散去了，于谦也回到了他的住处，现在他要做的，是实践他许下的承诺。

自古以来，发言演讲是容易的，但实干起来却是艰难无比。

古代雅典的雄辩家们口才极好，擅长骂阵，指东喝西，十分威风，但马其顿的亚历山大长枪一指，便把他们打得东倒西歪、四散奔逃。

辩论和演讲从来不能解决问题，因为这个世界是靠实力说话的。

于谦看着房中准备齐备的盔甲，他知道，不久之后，他就要脱下身上的公服，穿上这套只有武将才会穿的铠甲，第一次走上战场。

于谦，你真的毫无畏惧吗？

不，我畏惧过，我并不是武将，我没有指挥过战争，没有打过仗，没有亲手杀过人，在过去的二十余年中，我的工作只是在文案前处理公务和政事。

那你为什么要站出来挽救危局，指挥战争？

在我看来，这是我应尽的责任。

你真的准备好了吗？走上战场，去指挥你从未经历过的战争？

是的，我已经准备好了，少年时，我曾立志做一个像文天祥那样的人。无论寒暑，我在孤灯下苦读不辍，踏入仕途，我曾青云直上，也曾郁不得志，曾经登堂入室，也曾身陷牢狱，经历了数十年的磨砺和考验，我终于走到了这一步。

我已无所畏惧。

第十八章

北京保卫战

北京保卫战前锋战开始,也先原先认为京城已经是个空架子,只要兵临城下,自然会不战而胜,可当他来到北京城下,整兵出战时,才惊奇地发现,那些他认为绝对不堪一击的明军已经摆好阵势,在城外等待着他。也先是一个有着丰富军事经验的人,单从气势上,他就已经看出,守在门前的这帮人是

于谦实践了他的抉择，穿上了那套沉重的铠甲，离开了他的住所，向德胜门走去。

在那里，他将获得他人生中的最大光荣。

十月十一日，北京保卫战前锋战开始。

也先原先认为，京城已经是个空架子，只要兵临城下，自然会不战而胜，可当他来到北京城下，整兵出战时，才惊奇地发现，那些他认为绝对不堪一击的明军已经摆好阵势，在城外等待着他。

也先是一个有着丰富军事经验的人，单从气势上，他就已经看出，守在门前的这帮人是来拼命的，实在不好惹。

但既然已经来了，就不能不打，于是他决定先试探一下。

他选择的目标是西直门。

在他的命令下，上千名瓦剌士兵挟持着俘获的百姓向西直门发动了试探性的进攻。

西直门的守将是刘聚，他迅速做出了反应，派遣部将高礼、毛福寿迎敌。

瓦剌士兵还没有从土木堡的胜利中清醒过来，他们依然认为眼前的明军会像土木堡的那些人一样任他们宰割。

其实在战争中，恶狼和绵羊的角色是经常互换的，这一次，主演恶狼的是明军。

满腔怒火正无处宣泄，现在这些杀戮自己同胞的仇人竟然还敢找上门来，真正是岂有此理！

此仇不报，更待何时！

于是他们抽出腰刀，睁着发红的眼睛，大呼"杀敌"，以万钧不当之势向瓦剌兵冲去。

瓦剌兵惊呆了，在他们的想象中，这其实是一个美差，那英明神武的也先派他们前来是接受投降的，他们可以优先进城抢夺一番。

可是到了这里，他们才发现，迎接他们的是一群杀气腾腾的人和他们的大刀。

瓦剌军一触即溃，四散奔逃，数百人被杀，挟持的百姓也被明军救走。

当也先看到逃回来狼狈不堪的瓦剌士兵时，他已经明白，眼前的敌人不是牛羊，而是虎狼。

对付这样的敌人，如果硬拼是十分危险的，正在他踌躇之时，超级卖国贼喜宁出场了。

他向也先建议，目前不要与明军开战，应该躲避其兵锋，自己已经想好了一条计谋，必能不战而胜。

喜宁的计划是这样的，首先在城外扎营，然后派人通知明朝大臣，就说太上皇（朱祁镇）在这里，要他们派人出来迎驾。

这条计策的毒辣之处在于，有意把朱祁镇放在显眼的位置，并公开通知对方前来迎接。如果对方来接，就可以谈条件，索要钱财和利益；如果不来的话，明朝就会理亏，从礼法上讲也是一件丢人的事情。

卖国贼更为人所痛恨，实在不是没有来由的。

一道难题摆在了于谦面前，他会怎么应对呢？

这个在我们看来很难的问题，在于谦那里却十分简单，他立刻派出了两个人去办这件事。

这两个人一个叫赵荣，另一个叫王复。

值得注意的是这两个人的官职，王复是通政司参议，赵荣是中书舍人，在去谈判之前临时才分别提升为右通政和太常少卿。

这是一个意味深长的人事升迁和派遣决定。

奥秘在哪里呢？

只要分析一下他们的官职就明白了，通政司参议和中书舍人是多大的官呢？一个是正六品，一个是从七品，也就是说，王复和赵荣这两个人都是芝麻官，这种人在下层官员中一抓一大把。

那么他们升迁后的官职有多大呢？右通政和太常少卿一样，都是正四品。

正四品，也就是个厅局级干部。

于谦的意思很清楚，他压根儿就没有把也先说的话当回事，派这么两个小官出去，无非是做做样子，应付一下而已。

也先同志在城外苦苦等待着朝廷大员来和他谈判，来恳求他放回朱祁镇，然后拿到大批的金银珠宝，风光一把。

可他等来的是什么呢？两个六七品的小官，临时给了四品级别，跑来和他谈判。

这不是谈判，这是调侃，是侮辱。

更可笑的是，也先对于明朝的官制和人员并不清楚，他还一本正经地要和对方谈判，因为在他看来，这两个人应该是大人物。

而王复和赵荣也是一头雾水，他们本就默默无闻，别说代表国家出来谈判，平日他们连上朝面圣的资格都没有，在高官云集的京城，说他们是官都是抬举了他们。

这两位仁兄估计不久之前还在大堂坐班，瞬息之间就被告知自己官升四品，并被派任驻瓦剌代表，即刻出行。

既未劳其筋骨，饿其体肤，更谈不上什么空乏其身，忽然就天降大任了。

谈判双方一个心里没底，一个自以为是，这谈的是个什么判。

眼看也先就要成为外交史上的笑柄，死太监、卖国贼喜宁先生又出场了。

他十分清楚这两个所谓的谈判代表不过是两个小人物，便告诉了也先，回报王复和赵荣，拒绝和他们谈，并表示他们的谈判对象仅限以下四人：

第十八章　北京保卫战

于谦、石亨、胡濙、王直。

除此四人之外，其他人不予考虑。

于谦对此的答复是：不作答复。

你嫌小，大爷我还不伺候了！

他撂下了一句十分凶狠的话，算是给了个回复：

"我只知道手上有军队，其他的事情不知道（今日只知有军旅，他非所敢闻）！"

也先，别废话了，你不是要打吗？那就来吧！看看你有什么本事！

出战！

也先真的愤怒了，他曾经天真地以为城里还会派人出来，并满怀诚意地站在土坡上张望，但时间慢慢地过去，别说人，连狗也没一条。

他的心灵又一次受到了严重的伤害，因为他已经意识到，自己又被忽悠了。

他自己也应该为多次上当被骗负一定的责任。我查过也先同志的年龄，正统十四年（1449），他已经四十二岁了，所谓四十不惑，到了这个年纪，性格竟然还这么天真，被骗也实在不算冤枉。

要说到打仗，也先算是一把好手，但要论搞政治权谋，他和明朝那些久经考验的官吏比，水平还差得太远。

到了这个地步，玩儿手段玩儿不过，退回去也不可能了，只剩下了一条路。

攻击！用武力去征服！

北京保卫战正式打响。

在于谦的身后，德胜门缓缓地关闭。

这位京城的最高守护者，兵部尚书大人，是抱着必死的决心出战的，他根本就没有打算活着回去。

也先失败的命运就在这一刻被决定。

瓦剌大军终于发动了进攻，他们的目标是德胜门。

圈套！最后的神机营！

这是个大家都能预料到的开局，攻击的最短路径往往也是最有效的，作为京城北门，德胜门必然会首当其冲。

也先并不是傻瓜，他明白德胜门已经有了准备，于是他派出了小股部队前往探路。他的如意算盘是先探明形势，如果该门坚固难攻，就改攻他门，如果有机可乘，再带领大军前来攻击。

在这种指导思想下，探路骑兵出发了，出乎他们意料的是，还没有到德胜门就发现了明朝骑兵，而且神色慌乱，装备不整。他们跟踪追击，发现一路都是这种情况，于是他们立刻回报也先。

也先听到这一军情，立刻做出了他的判断：明军还没有做好准备，只不过是在虚张声势而已。

在也先正确的战术指导思想的引导下，瓦剌派出了一万大军进攻德胜门，带队的主将是也先的弟弟孛罗，这支军队是也先的精锐，他派出主力作战，表明其志在必得的决心。

大军由也先主营出发，骑兵驰骋争先，烟尘四起，向德胜门杀去。

踌躇满志的孛罗万万没有想到，他连德胜门的边儿都没能摸到。

因为在前方等待着他们的，是一支复仇的军队——神机营。

早在几天之前，于谦就和石亨分析了战场形势。他们一致认为，如果正面交锋，明军是不占优势的，要想战胜敌人，必须用伏击。最好的选择，是神机营。

神机营主力部队已经在之前的战役中全军覆没了，剩下的这些人只是神机营的二线部队，一线全都死了，二线自然就变成了一线。

作为京师三大营里战斗力最强的部队，在土木堡没放一枪一炮，就被人像切菜一样干净利落地解决掉了。

所以，在所有的京城守军中，他们的求战欲望最强，复仇心理最重。

把任务交给他们，实在是最为合适的抉择。

最后的神机营此刻正埋伏在前往德胜门的必经之路上，他们隐蔽在沿路的民居中（设伏空舍中），当探路的瓦剌骑兵趾高气扬地经过时，他们并没有动手，因为他们明白，这不过是个诱饵，真正的大鱼在后面。

没过多久，远方道路上扬起了漫天的灰尘，马蹄声伴着风声传来。

来了，终于来了。

李罗率队飞奔在最前面，他已经隐约看到了德胜门，只要越过前方的民居，京城就唾手可得！

目标近在咫尺！

其实他想得并没有错，他的目标确实就在前方，只是最后的目的地有点不同。

不是京城，而是地府。

到此为止吧，这里就是坟墓！

当瓦剌骑兵冲入这片空旷的民居时，突然从前方两翼冲出大队士兵，堵住了瓦剌军前进的道路。与此同时，大队士兵在瓦剌军后面出现，切断了他们的退路。

这种情形在兵法上学名叫作围歼，民间称之为打埋伏，通俗说法是包饺子。

奇怪的是，这些士兵并没有发动进攻，他们似乎在等待着什么。

李罗不知道他们为什么等待，也不想知道，但他清楚，如果不赶紧冲出去，等待着自己和万人大军的命运只有一种——死亡。

他亲自率领骑兵对围堵的明军发动了总冲锋，希望能够突围。他相信凭借自己骑兵的冲击力，足以击退这些伏兵。当然，这需要一些时间。

但可惜的是，他没有争取到突围的时间。

因为等待着他的，是神机营复仇的火枪。

一霎间，原本平静的民居突然发出巨响，万枪齐鸣，神机营的士兵们发扬了地道战的精神，以民房为据点，开凿枪眼，贯彻打一枪换一个地方、不放空枪的原则，从各个方向射击瓦剌骑兵。

瓦剌骑兵如同陷入地狱之中，因为他们大部分都是骑兵，在民居之间根本无法行动，站在高处的神机营把他们当成了活靶子，从容地装药、瞄准、发射。瓦剌骑兵抓狂了，他们疯狂地挥舞马刀，却找不到目标，完全无法进攻，马虽然跑得快，但并不能上房揭瓦，很多人当场就被击毙。个别聪明的已经开始丢弃马匹，拔腿逃跑。

孛罗被这突然的袭击打晕了，不过他并没有晕多久，很快就被神机营乱枪打死。他没有能够成为第一个攻进京城的人，却很不幸地成为第一个在京城被击毙的瓦剌高级将领。

主帅被击毙，一万大军立刻崩溃，几乎被全歼，至此德胜门之战结束，也先完败。

此刻的也先正在大营等待着胜利的消息，可他等来的却是全军覆没的结果。

他简直不敢相信自己的耳朵，自青年起，他继承父亲伟业，四处征战，灭兀良哈，平女真，统一蒙古，横扫天下。

而土木堡之战，他连对方的皇帝也抓了过来。如此武功，连自己的祖父马哈木也无法比拟，他似乎已经看到，这座宏伟的京城即将归为己有，而恢复大元的梦想也会在自己手中实现，并开创帝国基业，自己的名字将与成吉思汗、忽必烈一起名留青史！

然后于谦给了他一闷棍，将他彻底打醒，并在他的耳边大声喊道：

也先，醒醒，快点起床吧。

也先的愤怒

我不会输的，更不会输在这里！

也先终于清醒了，他开始认识到自己眼前的这座城池不是那么容易攻克的。

但已经无法回头了，一万骑兵被全歼，弟弟孛罗也被打死了，就此撤回，有何面目见天下人！

再赌一把！我亲自动手！

也先失去了他的耐性，他下达了总动员令，命令所有骑兵对京城九门同时发动总攻，其实此时也先心里应该明白，他已经不太可能攻占这座城池了。

但这是个面子问题。

就算走，也要赢一把再走！

自古以来，无数赌徒就是这样倾家荡产的。

也先骑上马，亲自指挥骑兵发动了最后的冲锋。之前，他经过仔细考虑，为自己这次表演选定了目标——安定门。

安定门的守将是陶瑾。此人名气不大，没有什么卓著的战功，而安定门与德胜门一样，也是京城向北的城门，路途较短，十分适合军队进攻，也先选择安定门为目标，似乎是想找个软柿子作为突破口。

随着他一声令下，精锐的瓦剌骑兵倾巢而出，向着京城最为薄弱的安定门发动了冲锋。

当然，与之前一样，所谓最为薄弱的安定门，只是也先自己的判断。

他万万想不到的是，一位老朋友正在安定门外等待着他，并将带给他意想不到的惊喜。

当然这位老朋友并不是软柿子，而是一块坚硬的石头。

也先带领着他的精锐主力向安定门扑去，但他比他的弟弟要谨慎得多，一路上他都小心翼翼，唯恐中埋伏。

但让他吃惊的是，一直到安定门前，都没有遇到过任何麻烦，也没有任何伏击者出现，这更让他确定了安定门是京城防守的弱点所在。

可就在他准备向城门发起冲锋的时候，却惊奇地发现城门守军竟然放弃了防守，主动向自己冲杀过来！

到底出了什么事？

也先实在是摸不着头脑，虽然他已经看清对方也是骑兵，但明朝骑兵并不是瓦剌骑兵的对手，这几乎是公认的事实，可现在这支骑兵竟然放弃防守，主动向自己发动进攻，其中缘由实在让人费解。

原因其实并不难找，还是引用我们之前反复说过的那句老话：

凡事总有例外。

驻守安定门的正是这样一支例外的部队，而他们的指挥官就是也先的老相识石亨。

石亨和也先算得上是老朋友了，石亨原来做边将的时候，就经常和也先打交道，当然，他们打交道所用的道具是刀剑，地点则是战场。在他们之前的交往之中，双方互有输赢，但在后来的阳和之战中，石亨输掉了他所有的一切。

那是一个让石亨刻骨铭心的时刻，全军覆没，四周布满了手下士兵的尸体，自己孤身逃离，背后是紧追不舍的瓦剌士兵。

成功逃回去的石亨不但没有得到任何安慰，还被削去了官职，并且终日生活在旁人鄙视的眼神中，因为所有的人都知道，这个人是战场上的失败者，抛弃了他所有的属下和士兵，独自逃走并活了下来。

从此石亨在他的心中深深地刻下了自己仇人的名字——也先。

他很明白，要想洗刷自己的耻辱，唯一的方法就是找到也先，并在战场上彻底击败他。

但残酷的事实摆在眼前，自己不但是一个失败者，还是一个被罢了官的人，复仇从何谈起？

就在此时，于谦出现了，他不计前嫌，提拔了石亨，并且给了他一个机会。

一个证明自己的机会。

在战前部署时，石亨与于谦一致判定，也先的进攻重点必然是德胜门和安定门，所以他们进行了分工，德胜门由于谦镇守，并安排神机营设伏，而石亨则率领骑兵在安定门外迎敌。

当看到也先那熟悉的旗帜出现在安定门外时，一股强烈的兴奋感冲击着石亨的大脑，他马上意识到，自己等待已久的复仇机会终于到来了。

安定门外的骑兵们抽出了马刀，准备向眼前的入侵者们发动进攻，可出人意料的是，还没等到下达军令，一个人就单枪匹马冲了出去，而且十分滑稽的是，这个不守军令率先出击的人竟然就是军队的先锋主将！

这位十分生猛、带头冲锋的仁兄名叫石彪。

石彪，是石亨的侄子，人如其名，他平素为人就十分彪悍，蛮横无理，属于那种无风要起几层浪，见树还要踢三脚的人。他没有什么业余爱好，但对战争和杀戮却有着特别的兴趣，一上战场就兴奋无比，经常口喊杀声，冲锋杀敌，其勇武善战连石亨也自愧不如。

此刻，这位仁兄的老毛病又犯了，他忘记了自己的身份，见到敌人出现，便不顾一切，手舞兵器冲了过去。

顺便说一句，石彪先生的兵器是比较特殊的，据史料记载，他用的是斧头，上阵杀敌当然不会用砍柴的斧头，至于到底是李逵的板斧还是程咬金的宣花斧就实在很难考证。但是他用斧头这种笨重的武器作为随身兵器，起码说明了一点：这是个不好惹的人。

眼见先锋率先冲锋，列阵的士兵纷纷醒悟过来，领导已经带头了，小兵还等什么！

石彪挥舞巨斧以万军不当之势冲入瓦剌军阵，左冲右突，大肆砍杀瓦剌士兵。很快，明军也赶来助战，在瓦剌军中左冲右突，横冲直撞，搅得瓦剌大军混乱不堪。

也先万万想不到，自己还没动手，就被人打得落花流水。他眼睁睁地看着石彪和明军在自己阵中势如破竹，砍人如切菜，他挥舞着马刀，想要稳住阵脚，无奈对方太过凶猛，瓦剌军前锋和中军简直不堪一击，纷纷四散奔逃，根本无法组织起有效的抵抗。

也先开始意识到，自己的失败似乎已经是不可避免的了。

保卫自己家园的人总是有着无尽的勇气的，因为他们明白，自己是为了保卫身后的父母和亲人而战，他们的奋战和牺牲都是有价值的。

当时的也先是否能够理解这一点，谁也不知道，但我们可以肯定的是，也先十分清楚，如果他再不撤军逃跑，就会全军覆没。

眼看大军即将崩溃，也先无奈地下令全军撤离。石彪紧追不舍，跟在也先的屁股后面猛下黑脚，瓦剌军叫苦不迭，只顾逃命。

逃跑中的也先十分狼狈，但他想不到的是，自己的厄运并没有结束，一个真正的对手正在他的退路上等待着他。

石亨此刻已经列好了队伍，正准备迎接也先的到来。在战前，他与石彪已经商定了计划，由石彪在安定门前布阵，石亨则带兵隐藏于也先的后路，等到也先大军发起进攻时，便开始前后夹击，打对方一个措手不及。

但事情的发展超出了石亨的预想，石彪竟然如此威猛，仅凭一己之力就击退了也先，这样也好，通常打落水狗总是容易的。

当也先上气不接下气地逃离石彪的追击，还没来得及庆祝一下时，就惊喜地发现了为他接风洗尘的石亨军队。

终于可以报仇了，也先，你也有今天！

石亨一点也没客气，亲自率队对也先军发动了最为猛烈的进攻。这是一场没有悬念的战斗，也先军毫无战意，一触即溃，勇猛的瓦剌军队将他们所有的气力都用在了逃跑上，而明军肆无忌惮地在后面追击也先，并杀死所有被他们追上的瓦剌士兵。

奸商也先这次算是彻底亏本了，他虽然没有还清在土木堡和阳和欠下的所有债务，但至少还是付出了相当大的一笔利息。

西直门，孙镗的困局

安定门和德胜门击退瓦剌军的同时，西直门守将孙镗却正面临着尴尬的窘境。

也先的军队以骑兵为主，机动性很强，在德胜门和安定门吃了败仗后，他们立刻转向了京城西面的西直门，这可就苦了正在镇守此门的都督孙镗。

德胜门和安定门虽然是京城北门，正对敌军，但也正是因为这个，其防卫十分森严，而西直门就没有这个待遇了，分配来的士兵的战斗力和人数都十分有限，而也先军也发现了这一点，于是原先围攻德胜门和安定门的士兵们纷纷转向，他们似乎形成了一个共识：西直门易攻，同去，同去！

北京保卫战的主战场随即转移。

孙镗是一个比较有能力的将领，他带队在门前迎战，率领守军主动冲击瓦剌军前锋。他本人武艺高强，勇猛异常，身先士卒，手持大刀亲自参加白刃战，斩杀多名瓦剌士兵（斩其前锋数人）。

可是孙镗的勇猛并没有改变西直门被围攻的局势，他十分郁闷地发现，瓦剌军越杀越多，攻势越来越猛，守军眼看就要支撑不住了，在经过仔细的思考后，他做出了一个决定——逃跑。

临阵退缩对于一个武将来说，实在是很羞耻的事情，但是对于孙镗本人来说，这个行为还是可以理解的。

老子也是人，凭什么武将就该送死，不能逃跑？！

你能说他的想法不对吗？

但武将孙镗很快发现，对于他来说，还有一个更大的难题摆在眼前——往哪儿逃？

外面漫山遍野都是瓦剌军，肯定不能往城外跑，那是找死。

最好的选择当然是退入城内，可问题是于谦大人发布了那条要人命的指令，所有的大门都是紧闭的。

眼看局势危急，孙镗没有办法，只好退到城门前对着城头喊话："我已支持不住，放我军入城！"

此刻，守在城头的人叫程信。

程信是一个文官，具体说来，他是给事中，属于言官，在我看来，这是一个十分有趣的人。

他在城头看得一清二楚，也明白孙镗并非贪生怕死，实在是支持不下去了，可是他军令在身，而且他也是一个比较死板的人，通俗说来就是认死理。所以他没有开门，而是站在城头，对孙镗喊了很长的一番话。

这番话的大意是，虽然我知道你很辛苦，敌人很多，你很想进城，我也可以理解，但是因为上级有命令不能放你入城，所以我不能违背命令放你进来，其实只要你打退敌人，就可以进城了，所以希望你多多努力，我会在城头为你呐喊助阵的。

这番话说得孙镗目瞪口呆，要能打退敌人，老子还找你干吗？不让进就不让进,说这么多废话干啥?!

找一个言官来做武将的监军,实在是很有意思的组合,在很多时候会造成极强的喜剧效果。

孙镗明白,虽然这位城头的言官说了一些废话,但是主题意思是清楚的:

能够进城的只有两种人,胜利者,或是尸体!

他拨转马头,转向了激战正酣的战场。

反正也进不去了,就战死在这里吧!也先,老子跟你拼了!

人有时候必须有舍弃生命的觉悟,才能找到生路。

孙镗抱着必死的决心,挥舞大刀向也先军杀去,士兵们被他的勇气(其实这也是没办法的事情)所鼓舞,无不奋力死战,明军士气大振,稳住了局面。

而城头上的程信也算得上人如其名,他还是很够意思的,并没有说空话,除了指挥啦啦队为孙镗呐喊助威外,还组织了一批士兵,用火铳和弓箭攻击城外的瓦剌军队,用实际行动支持了孙镗。

正在战局相持不下之际,石亨终于赶到。他之前已经把也先打得落花流水,便率领军队开始武装大游行,四处扫荡瓦剌军队,听说西直门被围攻,便立刻赶来支援。在这位猛将兄的指挥下,明军三两下就解决了进攻的瓦剌军,把他们赶了回去。

九死一生的孙镗终于摆脱了自己人生中的困境,由于坚守有功,他在战后还受了封赏。但是他不坚定的意图和行为,使得他经常成为其他武将暗地里嘲笑的对象,而很多史书上都留下了"镗力战不支,欲入城"这样不光彩的记录,自此之后,他就一直在这样的尴尬中干着武将的老本行。

但孙镗最终还是恢复了自己的名誉,在十二年后那个混乱的夜晚,他用自己的行动证明了自己的勇气,挽回了声誉。

也先的第二方案

此时的也先正在逃亡的路上,在他的背后,是一群近乎疯狂的明军,这些人手持马刀，喊打喊杀，大有不把他碎尸万段誓不罢休的势头。

他终于理解了石亨的痛苦，被人追着跑实在不是一件让人感觉愉快的事情。

这里不能待了，还是退回大本营吧。

也先的大本营在京城外围的土城，这里距离京城还有一段距离，是也先牢固的进攻基地，当然，这是不久之前的事情。

当也先再次来到这里的时候，他深刻地领悟到了屋漏偏逢连夜雨的痛苦，他惊奇地发现，在他逃跑的路上，很多沿途居民纷纷爬上屋顶，毫不吝啬地向他扔砖头（争投砖石击之），也先第一次体会到了被人拍砖的痛苦。

土城也不能待了，赶紧走人吧。

也先彻底绝望了，他满怀希望前来，却落得这样一个结果，弟弟被乱枪打死，几万军队被打得溃不成军，自己也被当初的手下败将石亨打得到处跑，真是丢人啊。

从开始的踌躇满志到现在的狼狈不堪，对于也先来说，这个世界变化得实在太快。

其实事情到了这个地步，也该收手了，此刻也先最明智的决定应该是率领他的军队撤走。

可是这位也先同志是一个很有个性的人，自他领军以来可谓横扫天下，难逢敌手，在这里吃了如此大亏，就这么走了，面子往哪里摆，回去怎么见自己的手下？

于是他决定再等五天，如果五天之内进攻无效，他将改变自己的计划。

这五天对也先来说是十分难熬的。他利用手中的朱祁镇，想同城内的人谈判，其实他的要求也不过分，给点钱财让他有个台阶下，也就够了。可城内的于谦根本就不搭理他，于是他就武力进攻，可总是被打得落花流水，落荒而逃。

打也不行，谈也不行，也先在城外就这样蹲了五天。十月的北京风沙大，也先足足喝了五天西北风，一无所获，忍无可忍之下，他决定使用第二套方案。

第二套方案仍然是以武力进攻为主，不过这一次，他的进攻方向不再是京城，而是居庸关。

居庸关是北京的门户，只要占据了居庸关，就等于扼住了京城的咽喉。通过多日的试探和进攻，也先已经明白，想要占据京城已经是不可能的了，于是他决定转而求其次，攻击居庸关，这样进可攻，退可守，进退自如，不能不说是一个很好的战术考虑。

也先重整了军队，集合所有兵力（史料记载约有五万），转向攻击居庸关。

应该说也先的这个决策还是正确的，居庸关没有京城那么多的兵力，也没有坚固的城防，也先的军队虽然受挫，但战斗力仍在，正常情况下，居庸关是抵挡不住也先的进攻的。

可也先想不到的是，当时的情况偏偏就不正常。

守卫居庸关的将领叫作罗通，正如也先所料，他并没有足够的兵力和坚固的城防去抵挡瓦剌军队的进攻，但似乎是天不绝人，看似败局已定的罗通此时却迎来了一个帮手——天气。

因为1449年的第一场雪，比以往来得早了一些。

正统十四年（1449）的十月，天气已经十分寒冷，而罗通也充分利用了他的物理学常识，城下重兵压境，他却丝毫不乱，只是不慌不忙地命令城内守军不断地往城墙上浇水。城外的也先看着守军的这一行为，也是丈二和尚摸不着头脑，不知他们为何做此举动，只是下令第二天全力破关。

第二天一早，也先就找到了守军那奇怪举动的答案，因为一夜之间，昨天还是砖土结构的居庸关已经变成了一块巨大的冰砖，别说攻城，连个搭手的地方都没有，在这种情况下，也先下令停止进攻，驻营城外。

也先的意志已经接近崩溃，总结自己一个多月来的经历，他痛苦地发现，自己就如同一个天真无邪的小孩，被杨洪、于谦、石亨、罗通等人不断地耍弄。这些人都十分狡猾，很少正面交锋，却总是用各种诡计算计自己，可偏偏自己的脑袋不争气，屡屡被他们得逞，搞到现在这个打也不是、退也不是的尴尬境地。

仗打到这个地步，也先早已不敢奢望什么攻进北京城恢复大元之类的梦想，因为现实已经击碎了他的梦想，在我看来，他需要的不过是个体面的下台阶的机会。

第十八章　北京保卫战

进攻还是撤退，这是个面子问题。

在这种理念的支持下，他在居庸关外痴痴地等待了七天，希望眼前的这座冰山能够融化，希望有人能够给他一个机会，给他一个说法，免得自己的这次庞大军事行动成为人们眼中的笑柄。

可他得到的只是城内射出的弓箭和火铳，以及守军无情的嘲笑。

实在撑不下去了，还是收拾包袱撤吧。

也先下达了撤退的命令，瓦剌的五万大军开始收拾东西，准备回家。

可是罗通实在是一个好客的人，他似乎觉得把也先这位客人晾在城外几天不搭理有点过意不去，便不顾也先的反对，坚持派出全副武装的士兵去为也先送行，于是"三败之，斩获无算"。

也先什么也顾不上了，他已经意识到，这次麻烦大了，如果再不逃走，连老命也难保了，他带着朱祁镇，准备撤回关外。

在败退的路上，也先最后看了一眼那近在咫尺却又远在天边的北京城，叹息而去。

似乎是为了怀念自己那最终未能实现的梦想，也先在离北京城外不远的地方扎营，度过了在京城的最后一个夜晚。

估计也先的打算不过是好好地睡上一觉，再做个好梦，然后第二天走人。可他万万没有想到，于谦已经准备了一份厚礼，作为给他的离别礼物。

也先是一个经验丰富的军事指挥官，他已经预料到了城内的守军可能会夜袭出击，所以他把军营设在了离京城有一定距离的地方，加上他的军队以骑兵为主，所以就算守军出城攻击，他也能够从容地做出反应，将军队撤走。

可是这次，上天又一次和他开了个大大的玩笑，由于在小时候没有接受过系统的科学技术教育，也先同志这次又要吃大亏了，吃没文化的亏。

他什么都考虑到了，却忘记了于谦手中有一样武器，不需要靠近他的营地就能置他于死地，而这件可怕的武器就是大炮。

明代的大炮自宋代和元代发展而来，经历长时间的改进，到了明永乐年间，大炮已经具有较远的射程和极大的威力。此时的于谦已经准备了数十门大炮，并把炮口对准了也先的营地，准备在夜里用这份意外的礼物给也先饯行。

就在那个夜晚，也先带着无尽的遗憾和惋惜再次遥望了京城，事后证明，这也是他投向京城的最后一瞥。他始终无法理解的是，自己的军队装备精良、士气高涨、士兵强悍，而对手则是主力被歼灭、装备不全、士气低落，士兵也是临时召集的预备队，毫无经验可言，这样的实力对比，无论用什么方法预测和计算，哪怕是搞民意调查，自己也是无论如何不可能失败的。

然而事实是，他失败了。

在那座看似岌岌可危的城池中，有一种力量在支撑着守军，顽强地对抗着他，而击败自己，创造奇迹的正是这种力量。

这种力量，我们称之为勇气。

作为失败者的也先自然会有很多感慨，可是此刻的胜利者于谦却没有这样的空闲，此时，他正忙于调集大炮，并将黑洞洞的炮口对准也先的营地，准备在夜里为也先组织一场盛大的焰火送行晚会。

既然于谦有大炮，为什么一开始不用，却非要等到也先夜间在城外扎营，准备撤退之时方才动手呢？

其中大有奥妙。

于谦是一个正直勇敢的人，事实确实如此，但我们往往会忽略了这样一点，那就是于谦也是一个历经宦海，很有城府的人，他之所以在战斗的初始阶段不使用大炮，是因为在也先的队伍中有一个身份特殊的人——朱祁镇。

朱祁镇虽然已经不是皇帝，但如果在战阵之中、众目睽睽、光天化日之下被大炮轰死，影响实在不好，舆论压力太大，所以不能轻易动手。我们之前也说过，朱祁镇是死是活其实并不重要，这个人之所以重要只是由于人们知道他是太上皇。也正是因为这个原因，在战争的前期大炮并没有得到广泛的使用。

但于谦也绝对不会因此放弃使用这种武器，他充分发挥了灵活处理问题的能力，解决了这个难题。

既然不能在众目睽睽下使用，那就等你们走远了再用，就算把你轰死了也是眼不见心不烦；既然不能在光天化日之下，那就等到晚上再动手，大炮无眼，黑灯瞎火的时候就算一不小心"误伤"或是"误杀"了太上皇阁下，那也是可以理解的。

最后如果在打扫战场时发现朱祁镇先生的尸体，就追认一个名分，史书上写些"为国捐躯，英勇献身"之类的话，宣传一下朱祁镇先生奋勇杀敌、寡不敌众被敌军所杀的先进事迹，用以鼓舞后人、启迪后代，至此大功告成，功德圆满。

于是就在那个夜晚，当也先的士兵们进入梦乡，营地一片寂静之时，远处的明军大炮开始了猛烈的轰鸣。数十门大炮齐放，也先营地顿时陷入火海，无数瓦剌士兵在睡梦中被击毙，余者四散奔逃，也先从梦中猛醒，拔刀出营准备组织抵抗，却惊奇地发现眼前并没有敌人，只有那不断从天而降的致命礼物。

瓦剌军营乱成一团，而远处的明军炮兵却是不慌不忙，把瓦剌士兵们当成活动的靶子，从容地瞄准开炮，也算是结结实实地上了一堂炮兵瞄准训练课。

仗打到这个地步，也就没什么可说的了，瓦剌军营陷入一片火海，损失惨重（发大炮击其营，死者万人），却连一个敌人也没有看到，也先同志带着他还没有做完的美梦，连夜离开了这片伤心之地。

至此，北京保卫战结束，大明完胜。

北京保卫战是中国历史上一次十分重要的战役，如果此战失败，中国历史将会改写，因为京城一旦失陷，北方将无险可守，半壁江山必然难保，大明王朝的国运也将被改变。在这场决定历史的战争中，明朝政府在主力被歼、上皇被俘、兵力不足、士气全无的情况下，采用了正确的军事和外交方针，最终击败了来犯的蒙古军队，保住了帝国的北部领土，取得了最后的胜利。

从一盘散沙、行将崩溃到众志成城、坚如磐石，从满天阴云、兵临城下到云开雾散、破敌千里，大明帝国终于转危为安，北京保卫战创造了一个力挽狂澜的奇迹，而这个奇迹的缔造人正是于谦。

当几乎所有的人都对现状绝望的时候，他挺身而出，担当重任，挽救国家危亡。

当情况一片混乱，陷入绝境的时候，他一力承担，苦苦支撑，直至胜利的到来。

无论局势如何复杂困难，前景如何黑暗，他始终没有放弃过希望，始终坚持着他的努力和抗争。

这场战争是一个关于勇气和决心的故事，是一个在绝境下始终坚持信念的传奇。

无论在多么绝望的情况下，也不要放弃希望，坚持下去，就一定能够创造奇迹。

于谦用他的行为为我们证明了这一真理。

第十九章

朱祁镇的奋斗

他希望重整旗鼓,再和也先决一死战,可是摆在他面前的这位敌人实在太可怕,因为他就出现在也先的身后,脱脱不花是黄金家族的传人,也是也先所推立的蒙古大汗,而也先不过是蒙古太师而已。换句话说,脱脱不花是也先的领导,不过他的这个领导干得实在比较烦,因为他自己并没有足够的军事实力,所以在他的名字前面总会被人加上两个前缀字——"傀儡"。事实证明,成吉思汗的子孙一般都不是孬种,至少这位脱脱不花不是。据史料记载,他

也先的第二个敌人

也先退出了关外，却并不承认自己的失败，他希望重整军队，再次入关进攻京城。但就在此时，一个隐藏的敌人出现了，打乱了也先的计划，而这个敌人比明军更为可怕，因为他就出现在也先的身后。

脱脱不花是黄金家族的传人，也是也先所推立的蒙古大汗，而也先不过是蒙古太师而已。换句话说，脱脱不花是也先的领导，不过他的这个领导干得实在比较烦，因为他自己并没有足够的军事实力，所以在他的名字前面总会被人加上两个前缀字——"傀儡"。

事实证明，成吉思汗的子孙一般都不是孬种，至少这位脱脱不花不是。据史料记载，他是一个十分精明强干的人，对于现在的这种地位他十分不满，但又苦于没有足够的资本和兵力与也先叫板，只能一直隐忍下来。

无独有偶，瓦剌部落的第三把手知院阿剌也对也先不满，这倒没有什么可奇怪的，像也先这样强势的人，自然是老子天下第一，不把他人放在眼里。就这样，看似强大无比的瓦剌内部出现了严重的裂痕，对于这些情况，也先心中也是有数的，但他仗着自己兵多将广，不把脱脱不花和阿剌放在眼里，把他们当成跑龙套的，任意使唤，可他想不到的是，这道裂痕将彻底毁掉他的宏图霸业。

瓦剌内部的这些斗争自然瞒不过明朝大臣们的眼睛，他们充分地利用了这一点，并扩大了他们之间的矛盾，而主持这一隐蔽战线工作的正是老牌地下工作者胡濙。事实证明，他的工作是卓有成效的。

也先刚刚退出关外时还是有所期望的，因为在出发之前，他就下达了指令，命令龙套甲脱脱不花和龙套乙阿剌陈兵关外，一旦自己战况不利就立刻进关会师合战，可当他真正下达会师命令时，却惊奇地发现这二位龙套兄早已不见了踪影。

原来这两位仁兄早在进攻前就打好了算盘，他们认为打胜了也是也先的功劳，自己捞不到什么好处，而如果战败自己却要损兵折将，这笔生意做不得（利多归额森，害则均受之），所以他们乐得听从也先的命令，表示自己甘愿做预备队，在关外等候。

而当他们听说也先失败后，不禁喜上心头，大肆庆贺，再加上明朝政府在一边煽风点火，大搞策反工作，还没等也先退出关，他们就变成了和平使者，派遣使者向明朝求和，并赠送了马匹。

这下也先同志有大麻烦了，被打得落荒而逃不说，逃出关外也无人接应，用狼狈不堪来形容实在一点也不过分。但这些还只是小问题，更大的难题在于，他只是瓦剌的太师，脱脱不花虽然是傀儡，但毕竟还是名义上的领导，现在领导都已经求和了，自己这个太师还怎么打？

思来想去，毫无出路、众叛亲离的也先只好满怀悲痛地收回了自己出鞘的马刀，回家放牧，而他一统天下的梦想也就此永远破灭。

历史已经无数次证明，挑起战争的侵略者终归是会失败的。

孤独的抗争

轰轰烈烈的北京保卫战结束了，于谦用他无畏的勇气击败了来犯的军队，从而名垂青史、万古流芳。朱祁钰也由于这场战争的胜利获得了极大的威望，稳固了自己的皇帝地位，此外石亨、杨洪等人都因功被封赏。对于明朝的君臣而言，可谓皆大欢喜，但就在他们弹冠相庆的时候，另一个人却正在痛苦中挣扎和抗争,只为了能够活下去,这位不幸的仁兄就是朱祁镇。

从大同到宣府,再到北京,朱祁镇一直被挟持着来回奔走,堂堂的皇帝成了人质,这个角色的变化固然让人难以接受,但更让他难受的是,他已经得知,自己不再是皇帝,他的弟弟已接替了他的位置。

对于这一变化,朱祁镇是有着亲身体会的。边关将领刚开始对他的到来还小心应对,到后来却变成了毫不理会,而京城的那些人明知自己身在也先营中,却仍然大炮伺候,这一切的一切都告诉他,对于大明而言,他已经变成了一个多余的人。

而绑匪集团自然也不会给他什么好脸色看。之前也先还能从他身上捞到点好处,可慢慢地他发现,大明王朝对赎回这个人没有多少兴趣,自己不但要背一个绑匪的名声,还要管朱祁镇先生的饭。历来不做赔本生意的也先逐渐失去了对这位过期皇帝的耐心,对他十分怠慢。

朱祁镇就此陷入窘境,家里人不要他,不会再派人来赎他,绑匪集团也对他这个过期人质失去了兴趣,随时可能要他的命,而他独自一人身处异地他乡、狼窝虎穴之中,唯有每日随军四处漂泊。

这是真正的绝境,身陷敌营,没有人可以信任,没有人可以依靠,也不会有专人来伺候他的起居。其实衣食待遇不好还在其次,对于朱祁镇而言,能否活到第二天才是他每天都要考虑的问题。

每天生活在这样的环境中,巨大的生理和心理压力足可把任何一个正常人逼疯,但出人意料的是,平日养尊处优的朱祁镇竟然坚持了下来,而且还活得不错,这不能不说是一个奇迹。

应该说朱祁镇的处境确实十分困难,因为很多被派来看管他的蒙古士兵和蒙古贵族的祖上都吃过朱棣和明军的大亏,很多人的亲人也死在明军手中,所以对他怀有极深的仇恨。但朱祁镇用他的气度和风范征服了身边几乎所有的人,即使身处敌营,他也从未因为自己的人质身份向敌人卑躬屈膝,即使对于一些辱骂轻慢他的人,也能够以礼相待,不卑不亢,渐渐地,在他身边的那些原本对他怀有敌意的人都被他所感化。

特别是也先的弟弟伯颜帖木儿，作为一个长期征战的武将，他原本十分瞧不起这个打败仗的明朝皇帝，但自从他奉命看管朱祁镇以来，这个看似弱不禁风的年轻人却用自己的人格魅力不断地影响着他，即使在极为危险艰苦的环境下，这个人仍然镇定自若，待人诚恳，丝毫不见慌乱，渐渐地，他开始欣赏并喜欢这个人。

他改变了自己的态度，对这个自己看管下的人质不但没有丝毫不敬，还对他礼遇有加，甚至还时常带着自己的妻子去看望朱祁镇，且态度十分恭敬（伯颜与其妻见帝，弥恭谨），如同见自己的上级前辈一般。

伯颜的这种态度使得也先十分不满，他没有想到，这个囚犯竟然反客为主，不但没有吃什么苦头，反而过得很舒服，还让自己的弟弟对他服服帖帖。他想破脑袋也搞不清楚这是怎么一回事，对于这件匪夷所思的事情，他唯一的情绪就是愤怒。

这种情绪驱使着他，在他的内心催生了一个念头——杀掉朱祁镇。

朱祁镇人生中的又一次危机即将到来。

谋杀与策略

在向北京进军的途中，也先的军队经过黑松林，并在此地扎营，安排歌舞招待高级贵族，这其中也包括朱祁镇。然而就在这个宴会上，又发生了一件让也先十分难堪的事情，促使他下定决心要杀掉朱祁镇。

在宴会召开时，伯颜帖木儿居然就在众目睽睽之下，对身为囚犯的朱祁镇礼遇有加，使得众人侧目，自己的弟弟竟然如此尊敬这个人质，置自己于何地！

也先气得七窍冒烟，他再也无法忍受下去，他下定了决心，宁可不要赎金和人盾，也要杀掉这个让他丢面子的朱祁镇！

但公开杀掉朱祁镇影响太坏，于是也先便制订了一个周详的谋杀计划。由于朱祁镇住在伯颜帖木儿的营区，很明显，伯颜帖木儿是不会让也先杀掉朱祁镇的，而且他的营区距离也先的营区还有十几里，为了掩人耳目，也先决定在夜间派人潜入朱祁镇的帐篷，把他除掉。到时即使伯颜帖木儿有什么意见，也没有用了。

可是就在夜深人静，也先决定动手之时，一件意想不到的事情发生了。

原本平静的夜里突然下起雷雨，狂风大作，这还不算，天雷竟然震死了也先的马（会夜大雷雨，震死额森所乘马）！

老天爷的架势一下子把也先吓住了，他自然不会把这场雷雨和积雨云、阴阳电极之类的玩意儿联系起来，在他看来，这是上天对他谋杀行动的愤怒反应。

看来上天真的还在庇护着这个人啊，怀着这样的感慨，也先撤销了自己的计划。

就这样，朱祁镇逃过了这一劫。但似乎上天还想要继续考验他，在他未来的道路上，有一个比也先更为可怕的敌人正在等待着他。

在影视剧中，叛徒和汉奸往往更加可恨，而在现实中也是如此，那个比也先更加厉害、更难对付的人就是喜宁。

不知这位仁兄到底有什么心理疾病，自从他成为也先的下属后，就不断地出主意想要毁掉大明江山，想要除掉朱祁镇。

在北京战败后，喜宁充分发挥了太监参政议政的积极性，在也先狼狈不堪、无路可走之时，他故作神秘地告诉也先，他已经找到了一条新的道路，可以绕开京城，攻灭明朝，横扫天下。

喜宁的计划十分复杂，具体说来是由关外直接攻击宁夏，然后绕开京城，向江浙一带前进攻击占领南京，从而占据天下。

我翻了一下地图，大致量了下距离，顿时感到这个世界上真是没有想不到，只有做不到，喜宁先生发扬大无畏之精神，竟然主动要求完成如此艰巨的任务，真可谓身残志坚。

当然了，与以往一样，他仍然向也先建议，要带着朱祁镇去骗城门兼当人盾。

如果这个计划真的付诸实施，且不说最终能否实现那宏伟的目标，至少朱祁镇先生很可能在某一个关口被冷箭射死或是被火铳打死，而沿途的军民也会大受其害。

朱祁镇又一次走到了人生的十字路口，滑稽的是，他本人并没有意识到这一点，但幸运的是，这一次他的身边多了两个人，帮助他闯过了这一关。

其中一个就是我们之前提到过的袁彬，而另一个人叫作哈铭。

袁彬，江西人，在此之前，他的身份仅仅是一个锦衣校尉，根本没有跟皇帝接近的机会，但机缘巧合，这场战乱使他不但成为朱祁镇的亲信和朋友，还用他的忠诚与坚毅书写下了一出流传青史、患难与共的传奇。

而另一个哈铭则更有点传奇色彩，因为这个人并非汉人，而是蒙古人。但从其行为来看，他似乎并没有趁着战乱，站到自己的同胞一边以邀功，而是对朱祁镇竭尽忠诚，其行为着实可让无数所谓忠义之士汗颜。

正是有了这两个人的帮助，朱祁镇才得以战胜一个又一个敌人，克服无数的难关，最终获得自由。

朱祁镇是一个政治嗅觉不敏锐的人，听到喜宁的远征计划后，他没有看出喜宁的险恶用心，拿不定主意，便去询问袁彬和哈铭。两人闻言大惊，立刻告诉朱祁镇：此去极为凶险，天寒地冻不说，大哥您还不会骑马，就算没饿死、冻死，到了边关，守将不买您的账，您怎么办啊（天寒道远……至彼而诸将不纳，奈何）？

这一番话说得朱祁镇冷汗直冒，他立刻下定决心，无论如何，绝不随同出征！

打定主意后，朱祁镇坚定态度，对喜宁的计划推托再三，还请出伯颜帖木儿等人多方活动，最终使得这一南侵计划暂时搁浅。

就这样，朱祁镇在袁彬和哈铭的协助下，赢得了这个回合斗争的胜利。

经过这件事情，朱祁镇与袁彬、哈铭的关系也更加密切，他们已经由君臣变为了朋友。要知道，在那个时候，和朱祁镇做朋友可不是一件好事，因为在瓦剌军中，朱祁镇的身份是囚犯，他的待遇不过是一个普通的帐篷和车马（所居止毡帐敞纬，旁列一车一马），况且这位仁兄已经不是皇帝了，还随时有被拖出去砍头的危险。而根据相关部门统计，自古以来，被俘的皇帝能够活着回去的少之又少，跟着这位太上皇大人，非但捞不到什么好处，反而很有可能搭上自己的性命。

如果要搞风险投资，大可不必找朱祁镇这样的对象，因为风险太大，而收益却遥遥无期。

袁彬和哈铭十分清楚这一点，但他们仍然坚持自己的操守，把自己的忠诚保持到了最后一刻。在朱祁镇人生最为黑暗的时刻，他们一直陪伴在他的身边。

在沙漠中，昼夜温差极大，白天酷热难耐，晚上却寒气逼人。很明显，朱祁镇先生并没有独立生活的经验，也缺少自理能力，而他的身边也没有太监和宫女伺候，只有单薄的被褥，夜幕降临，气温下降时，他就冻得直哆嗦，每当这个时候，袁彬都会用自己的体温为朱祁镇暖脚（以胁温帝足）。

可能有人会觉得袁彬的这一行为只能表现封建社会臣子的愚忠，那么下面的事例应该可以证明，至少在这段时间内，他们是亲密无间的朋友。

在行军途中，袁彬不小心中了风寒，在当时的环境下，这几乎是致命的。瓦剌也不可能专门派人去照料袁彬，朱祁镇急得不行，也想不出别的办法，情急之下，他紧紧地抱住袁彬，用这种人类最原始的方法为袁彬取暖，直到袁彬汗流浃背，转危为安（以身压其背，汗浃而愈）。

在那艰辛的岁月中，几乎所有的人都背弃了朱祁镇。这也是人之常情，毕竟瞎子也看得出来，如果没有什么奇迹发生，这位朱祁镇先生就只能老死异乡了。但无论情况多么险恶，袁彬和哈铭始终守在他的身旁，不离不弃。

这种行为，我们通常称之为患难与共。

自古以来，最难找到朋友的就是皇帝，但我们有理由相信，这次朱祁镇先生确实找到了两个朋友，不为名利、不为金钱的真正的朋友。更为难得的是，朱祁镇并没有走他先辈的老路，演一出可共患难不可共享乐的老戏，在之后的岁月中，虽然他的身份有了很大的变化，但他始终牢记着这段艰辛岁月，保持着与袁彬和哈铭的友情。

就这样，朱祁镇、袁彬、哈铭团结一致，在极其困难的环境下坚持着与命运的抗争，但他们逐渐发现，要想生存下去，并不是那么容易的事情，因为有一个人十分不愿意让他们继续活着，非要置他们于死地。

这个人还是喜宁。

喜宁十分厌恶朱祁镇，也十分讨厌忠诚于他的袁彬和哈铭。这似乎也是可以理解的，因为在背叛者的眼中，所有人都应该是背叛者，而袁彬和哈铭违反了这一规则。他多次向也先进言，希望杀掉朱祁镇，但由于有伯颜帖木儿的保护，加上也先的政治考虑，这个建议很难得到实施。于是他灵机一动，希望拿袁彬开刀，可又苦于没有借口，正好这时一件事情的发生几乎促成了他的阴谋。

事情是这样的，也先为了缓和与明朝的关系，也是为了将来打算，决定把自己的妹妹嫁给朱祁镇，但不知是他的妹妹长得不好看，还是朱祁镇不想当这个上门女婿，反正是一口回绝了。但毕竟自己还是人家的囚犯，绑匪愿意招人质做女婿，已经很给面子了，万一要是激怒了也先，那可就吃不了兜着走，于是朱祁镇想了一个很绝的理由拒绝了这门送上门的亲事。

朱祁镇说：很荣幸您愿意把妹妹嫁给我，我也很想娶她，可问题在于我现在还在外面打猎（所谓北狩，是史书中对于被俘皇帝的体面说法），虽然想娶您的妹妹，但礼仪不全，实在太过失礼，等我回去之后，一定郑重地来迎娶您的妹妹（驾旋而后聘）。

朱祁镇打了个太极拳，所谓驾旋而后聘，要想让我聘您的妹妹，先得让我"驾旋"，一来二去，又推到了也先的身上。

也先虽然粗，却并不笨，听到这个回答，立刻火冒三丈。

等你朱祁镇回去再说？那得等到什么时候？老子还不想放你呢！

也先这才感觉到，这个貌似文弱的年轻人其实十分之狡猾，他很想砍他两刀泄愤，可考虑到政治影响，又只好忍了下来。正在此时，喜宁抓住了这个机会，向也先告密，说这些话都是袁彬和哈铭唆使朱祁镇说的。

这个小报告十分厉害，也先正愁没有人出气，便把矛头对准了袁彬和哈铭，开始寻找机会，想要杀掉这两个人。所幸朱祁镇得到了消息，便安排袁彬和哈铭与自己住在一起，时刻不离，也先碍于面子，也很难在朱祁镇面前动手，袁彬和哈铭的命这才保住了。

但朱祁镇毕竟不能二十四小时和袁彬、哈铭待在一起，他也有外出的时候，虽然这段时间很短，却也差点酿成大祸。

一次，朱祁镇外出探访伯颜帖木儿回来，发现袁彬不见了。他大吃一惊，询问左右人，得知是也先派人把他叫去了，朱祁镇顿感不妙，顾不上其他，问清袁彬出行的方向，立刻追寻而去。

朱祁镇不会骑马，只能一路小跑，虽然汗流浃背却也不敢有丝毫停歇，因为他知道袁彬此去必定凶险异常，如果赶不上就只能看见他的人头了。

好在上天不负有心人，体质虚弱的朱祁镇紧跑慢跑，终于还是追上了袁彬，不出他所料，也先派来的人正准备杀掉袁彬，此时的朱祁镇体现出了他强硬的一面。

他眼见袁彬有难，便跑上去怒斥也先派来的人，以死相逼，绝不允许他们杀死袁彬，那些人看到这个平时文弱不堪的过期皇帝竟然拿出了玩儿命的架势，也都被他吓住了，便释放了袁彬。

就这样，朱祁镇用他的勇气从也先的屠刀下救回了他的朋友，但他们同时都意识到，如果不除掉头号卖国贼喜宁，这种事情还会再次发生，到时结局如何就不好说了。为了能够解决这个心头大患，朱祁镇经过仔细思考，与袁彬、哈铭密谋，订下了一个完美的计划。

朱祁镇的圈套

景泰元年（朱祁钰年号，1450）元月，朱祁镇突然一反常态，主动找到也先，表示愿意配合他去向京城要赎金。

也先闻言大喜过望，他正缺钱花，这位人质竟然主动要求去要钱，实在是出乎意料，他连忙询问派何人前去，何时动身。

朱祁镇却不慌不忙地告诉他，什么时候动身都可以，但有一个条件，就是派去的使者需要由他来指定。

这个条件在也先看来不算条件，只要你肯开口要钱，就什么都好说，他立刻答应了。

于是，朱祁镇便看似漫不经心地说出了他早已准备好的两个人选，一个叫高磐，另一个我不说大家也能猜到，正是喜宁。

朱祁镇提出了他的条件，等待着也先的回复，而也先似乎早已被喜悦冲昏了头脑，他哪里还在乎派出去的是谁，别说喜宁，就算是喜狗，只要能把钱拿回来就行。

他满口答应了，并立刻下令喜宁准备出发。

喜宁倒对这一使命很感兴趣，他原本在宫里当太监，之后又当走狗，现在居然给了他一个外交官的身份，威风凛凛地出使，实在是光宗耀祖的好事情，但他绝对想不到的是，他的一只脚已经踏进了鬼门关。

而此时的朱祁镇则是长舒了一口气，当他看见也先满脸喜色地不住点头时，他明白，自己的圈套终于奏效了。

在之前的几个月中，为了除掉喜宁，朱祁镇与袁彬和哈铭进行了反复商议和讨论，最终决定，借明军之手杀死喜宁。但问题在于，如何才能把喜宁送到明军手中，很明显，最好的方法就是把喜宁派去出使明朝，但这必须经也先同意。

如何让也先听从自己的调遣呢？经过仔细思考，他们找到了也先的一个致命弱点——贪钱，便商定由朱祁镇主动提出去向明朝要赎金，并建议由喜宁出使，而也先大喜之下，必然应允。

事情发展和他们预想的完全一致，也先和喜宁都没有看破其中的玄机，圈套的第一步圆满完成。

接下来的是第二步，而这一步更加关键，就是如何让接待使臣的明朝大臣领会朱祁镇诛杀喜宁的意图。

要知道，两国交战不斩来使，如果不说清楚，明朝是不会随便杀掉瓦剌使者的，而要想互通消息，还需要另一个使者的帮助。于是，他们为此又选定了一个人充当第二使者，这个人就是高磐。

高磐具体情况不详，在被俘明军中，他只是个不起眼的低等武官，但朱祁镇将如此重要的任务交给他，说明此人已经深得朱祁镇的信任，事实证明，他并没有辜负太上皇对他的这份信任。

为保密起见，高磐事先并未得到指示，所以他一直以为自己真的是出去索要赎金的。直到临出发前的那天夜里，趁着众人都在忙于准备之时，袁彬暗地里找到高磐，塞给他一封密信，高磐看过之后，才明白了自己所行的真正目的。

信的内容十分简单，可以用八个字来概括：

"俾报宣府，设计擒宁！"

当然，这些工作都是秘密进行的，也先和喜宁对此一无所知。

就这样，喜宁带着随从的瓦剌士兵趾高气扬地朝边关重地宣府出发了，他有充分的理由为之骄傲，因为这是他第一次以外交官的身份出使，当然，也是最后一次。

他更不会注意到，在自己的身后，高磐那冷冷的目光正注视着他。

使者一行人日夜兼程赶到了宣府，接待他们的是都指挥江福。正如朱祁镇等人所料，江福并不清楚这一行人的目的，以为他们只是来要钱的，应付了他们一下之后就准备打发他们走。喜宁自然十分不满，而高磐却另有打算，他找了个机会，将自己所行的真正目的告诉了江福，这时江福才知道，这些人其实不是来要钱的，而是来送礼的。

这份礼物就是喜宁的人头。

于是，江福突然态度大变，表示使者这么远来一趟不容易，要在城外请他们吃饭，喜宁以为事情有转机，十分高兴，便欣然赴宴。

可是他刚到地方，屁股还没坐稳，伏兵已经杀出（至其地，伏尽起），随从的瓦剌士兵纷纷投降，喜宁见势不妙，回头去找高磐，想和他一起逃走，却不料高磐突然大喊："擒贼！"并出其不意地将他紧紧抱住，使他动弹不得（直前抱持之）。众人一拥而上，抓获了这个卖国贼。

第十九章 朱祁镇的奋斗

此时，喜宁才如梦初醒，他的外交官生涯也到此为止，往日不同今时，他也指望不了什么外交豁免权，等待他的将是大明的审判和刑罚。

至于喜宁先生的结局，史料多有不同记载，有的说他被斩首，有的说他被凌迟，但不管怎样，他总算是死了，结束了自己可耻的一生。

喜宁的死对时局产生了重大的影响，从此也先失去了一个最为得力的助手和情报源泉，他再也无法随心所欲地进攻边关，而朱祁镇则为自己的回归扫除了一个最大的障碍。

所以当喜宁的死讯传到朱祁镇耳朵里时，他几乎兴奋得说不出话来，而袁彬和哈铭也是高兴异常，他们似乎已经认定，自己回家的日子不远了！

喜宁死了，不会再有人处心积虑地要加害朱祁镇。也先似乎也对他失去了兴趣，屡次表示，只要明朝派人来接，就放他回去，并且已经数次派遣使臣表达了自己的这一愿望。看似朱祁镇回家之事已经水到渠成、顺理成章，然而奇怪的事情发生了，使者不断地派过去，明朝那边却一直如石沉大海，杳无音信。

朱祁镇知道，自己的弟弟朱祁钰已经取代了自己，成了皇帝。这些他并不在乎，因为他明白，以他在土木堡的失败和现在的身份，就算回去也绝不可能再登皇位，而他的弟弟取代他也是顺理成章的事情。

说到底，他只是想回家而已。

他不断地等待着家里的人来找他、来接他，哪怕只是看看他也好，可是现实总是让他失望，他逐渐明白：

他想家，但家里人却并不想念他。而他当年的好弟弟，现在的皇帝朱祁钰似乎也不希望再次见到他。

也先固然已经不想再留着他，可是他的弟弟朱祁钰也不想要他回来，朱祁镇成了一个大包袱，没有人喜欢他，都想让他离得越远越好。

在我看来，这才是朱祁镇最大的悲哀。

面对这一窘境，袁彬和哈铭都感到十分沮丧，但出人意料的是，朱祁镇并没有屈服，他依然每天站在土坡之上，向南迎风眺望，无论刮风下雨，日晒风吹，始终坚持不辍。

袁彬和哈铭被朱祁镇的这一行为彻底折服了，他们佩服他，却也不理解他。他们不知道，到底是什么样的力量在支持着这个人，使他在绝境中还能如此坚守自己的信念。

"为什么你能一直坚持回家的希望？"
"因为我相信，在那边，还有一个人在等着我回去。"

孤独的守望者

千里之外的京城确实有一个人还在等着朱祁镇回来，即使全天下的人都背弃了朱祁镇，但这个人仍然在那里等待着他。

她就是朱祁镇的妻子钱皇后。

在土木堡失败，朱祁镇被俘后，朝廷上上下下忙成一团，有的忙着准备逃跑，有的忙着备战，有的忙着另立皇帝，谋一个出路，没有人去理会这个失去了丈夫的女人。

这似乎也是顺理成章的事情，在这场巨大的风暴前，一个女子能有什么作为呢？朱祁镇都已经过期作废了，何况他的妻子。

但在这个女子看来，那个为万人背弃的朱祁镇是她的丈夫，也是她的唯一。

她只知道，自己什么都可以不要，只求能换回她的丈夫平安归来。

她不像于谦、王直那样经验丰富，能够善断，也没有别的办法，听说能用钱换回自己的丈夫。便收集了自己几乎所有的财产派人交给也先，只求能换得人质平安归来，可是结果让她失望了。

之后发生的事情大家都知道了，于谦主持大局，朱祁钰成了新的皇帝，朱祁镇成了太上皇，朝廷上下都把他当成累赘，再也无人理会他，更不会有人花钱赎他。

政治风云的变幻莫测就发生在这个女人的眼前。在这段日子中，她充分体会了人情冷暖和世态炎凉。面对着这些让人眼花缭乱的变化，她没有办法也没有能力做些什么去换回自己的丈夫，于是她只剩下了一个方法——痛哭。

哭固然没有用，但对一个几乎已经失去一切的女人而言，除了痛哭，还有什么更好的方法呢？

整日除了哭还是哭，白天哭完晚上接着哭，所谓"哀泣呼天，倦即卧地"，孟姜女哭倒长城只不过是后人的想象，在由强者书写的历史中，历来没有眼泪的位置。

痛苦没有能够换回她的丈夫，却损害了她的身体。由于长期伏地痛哭，很少活动，她的一条腿变瘸了（损一股），到最后，她不再流泪了，不是她停止了哭泣，而是因为她已哭瞎了眼睛，再也流不出眼泪（损一目）。

她已经无能为力，唯有静静地等待，等待着奇迹的发生，等待着丈夫在某一天突然出现在她的眼前。

这个已经瘸腿瞎眼的女子就此开始了她孤独的守望，虽然前路茫茫，似乎毫无希望，但她始终相信：

总有一天，他会回来的。因为他也知道，这里有一个人等着他。

钱皇后希望自己的丈夫回来，朱祁钰却不希望自己的哥哥回来。

作为领导了北京保卫战的皇帝，朱祁钰的声望达到了顶点，而相对于他打了败仗的哥哥而言，此刻的朱祁钰早已是众望所归，大臣们对他顶礼膜拜，百姓们对他感恩戴德，而这种号令天下的快感也使得他终于明白了皇权的魔力，明白了为什么那么多人要来争夺这个位置。

他倚在龙椅上，看着下面跪拜着的大臣们，感到了前所未有的满足和舒适。

是的，这是属于我的位置，属于我一个人的位置，我不再是摄政，不再是代理，现在，我是大明王朝至尊无上的皇帝，唯一的皇帝！

至于我的好哥哥朱祁镇，就让他继续在关外打猎吧（北狩），那里的生活虽然艰苦，但我相信他会喜欢并习惯这种生活的。当然了，如果他就这么死在外面自然更好，那就一了百了了。

哥哥，我再也不想见到你了，就此永别吧。

在权力面前，从来就没有兄弟的位置。

第二十章

回家

建立不世奇功的于谦成了朝廷的新偶像,风光无限,万众归心。

与此同时,他的烦恼也来了。所谓树大招风,人出名后总会有很多麻烦的,古人也不例外。在北京保卫战胜利后,朱祁钰感念于谦对国家社稷的大功,给了他很多封赏,授予他少保(从一品)的封号,还打算给他的几子封爵。于谦独撑危局,力挽狂澜,朝廷上下心里都有数,给

在我们的印象中，建立不世奇功的于谦此刻应该风光无限，万众归心。事实也是如此，但与此同时，他的烦恼也来了。

所谓树大招风，人出名后总会有很多麻烦的，古人也不例外。

在北京保卫战胜利后，朱祁钰感念于谦对国家社稷的大功，给了他很多封赏，授予他少保（从一品）的封号，还打算给他的儿子封爵。

于谦独撑危局，力挽狂澜，朝廷上下心里都有数，给他这些封赏实在是合情合理，理所应当，但于谦却拒绝了。

他推掉了所有的封赏，说道：让敌人打到京城，是我们大臣的耻辱，怎么还敢邀功（卿大夫之耻也，敢邀功赏哉）！但朱祁钰执意要他接受，无奈之下，他只接受了少保的职衔，其他的赏赐仍然不受。

朱祁钰无奈，只得依从了他。而于少保的称呼就此流传下来，为众人传颂。

于谦这样做是很不容易的，明代官俸很低，于谦是从一品，但仅凭他的工资也只能糊口而已。他为政清廉，又不收礼受贿，家里比较穷，后来被抄家时，执行的人惊奇地发现，这个位极人臣的于谦竟然是个穷光蛋（及籍没，家无余资）。

但就是这样一个德才兼备的于谦，竟然还有人鸡蛋里挑骨头，找借口骂他。

第一个来找麻烦的是居庸关守将罗通。他向皇帝上书，说北京保卫战不过尔尔，且有人谎报功绩，滥封官职，文中还有一句十分有趣的话——"若今腰玉珥貂，皆苟全性命保爵禄之人。"

这位仁兄很明显是一个心理不平衡的人，他的目的和指向十分清楚，连后世史官都看得明明白白——"意益诋于谦、石亨辈"。

于谦万没想到，竟然还有人这样骂他，便上奏折反驳，表示北京保卫战中被封赏者都有功绩录可查，且人数并不多，何来滥封之说。他十分气愤，表示如果罗通认为官职滥封，大可把自己的官职爵位收回，自己去干活就是了（通以为滥，宜将臣及亨等升爵削夺……俾专治部事）。

罗通的行为激起了大臣们的公愤，他们一致认为"谦实堪其任"，这才平息了一场风波。

可不久之后，翰林院学士刘定之又上奏折骂于谦，而这篇奏折的目的性更为明确，文中字句也更为激烈，摘录如下：

比如："德胜门下之战……迭为胜负，互杀伤而已，虽不足罚，亦不足赏。"

还有更厉害的："于谦自二品进一品，天下未闻其功，但见其赏。"

就这样，于谦先生危难之中挺身而出，力挽狂澜匡扶社稷，才换来了京城的固守与大臣和百姓们的生命财产安全，事成之后还拒绝封赏，只接受了一个从一品的虚衔。可这位刘定之却还是不满，硬是搞出了个"天下未闻其功，但见其赏"的结论。

刘定之先生战时未见其功，闲时但见其骂，观此奇文共赏，我们可以总结出一个定律：爱一个人不需要理由，骂一个人也不需要借口。

而后代历史学家则看得更为清楚，他们用一句话就概括出了这种现象出现的原因——"谦有社稷功，一时忌者动辄屡以深文弹劾"。

于谦开始还颇为激动，上奏折反驳，后来也就淡然处之了。

其实于谦完全没有必要激动和愤怒，因为这种事情总是难免的，树大招风这句话几千年来从未过时，绝无例外，屡试不爽。

不管于谦受到了多少攻击，甚至后来被政敌构陷谋害，但他的功劳和业绩却从未真正被抹杀，历史最终证明了他。

因为公道自在人心。

于谦因声名太大为人所诉，而另一重臣王直的境遇也不好，他也被人骂了，但不同的是，骂他的不是大臣，而是皇帝，被骂的原因则是他太天真了。

到底他们干了什么天真的事情，惹了皇帝呢？答案很简单，他们提出了一个朱祁钰十分不喜欢的建议——接朱祁镇回来。

原来也先自战败之后，屡次派人求和，时任吏部尚书的王直便有意趁此机会接朱祁镇回来。其实他的本意并不是要让朱祁镇回来复位，只是觉得太上皇被俘在外是一件很丢人的事情，现在如果能够让朱祁镇回归，也算是为国争光了。

可惜他们的这番意见完全不对朱祁钰的胃口，这位新皇帝皇位刚刚坐热，听到朱祁镇的名字就头疼，只希望自己的这位哥哥滚得越远越好，如果可能，最好把他送到外星球去，永远不要回来，于是他对此置之不理。

可是王直偏偏是个一根筋的人，他误以为朱祁钰不理会自己，是他没有拿定主意，尚在犹豫之中，便公然上奏折表达了自己的观点。本来上奏折也没什么，可偏偏这位直肠子仁兄写了一段比较忌讳的话，搞得朱祁钰也暴跳如雷，把事情闹大了。

他写了一段什么话呢？摘抄如下："陛下天位已定，太上皇还，不复莅天下事，陛下崇奉之，诚古今盛事也。"

其实王直的这段话还是经过仔细思考才写出来的，他已经察觉，朱祁钰不想朱祁镇回来，就是因为皇位，所以他特别声明，就算朱祁镇回来了，也不会抢你的皇位，你就安心吧！

这样看来，这段话似乎没有问题，那怎么会让朱祁钰生气呢？

因为王直千算万算，却算漏了一点：这件事情虽然尽人皆知，却是朱祁钰埋藏最深的心事，帝王心术鬼神不言，你王直竟然捅破，真是自作聪明！

果然，朱祁钰看过之后十分气愤，认为这是在揭他的短，竟然也写了一篇文章来答复王直！文中表示，他之所以不去接朱祁镇，是因为也先太狡猾，怕对方趁机进攻，故而迟迟不动，希望大臣们能够多加考虑，然后再做这件事情。

这明显是一招拖刀计，其实就是不想去做这件事情，而很有意思的是，他在文章里还写了一段十分精彩的话，估计可以看作他的辩护词：

"你的奏折我看了，说得都对，但这份工作不是我自己想干的（大位非我所欲），是天地、祖宗、宗室、你们这些文武大臣逼我干的。"

王直十分惊讶，他这才发现自己踩到了皇帝的痛处，无奈之下，他也只好闭口不提此事。

事情就这么平息了下去，可是仅仅过了一个月，也先就又派出了使臣前来求和，表示愿意送还朱祁镇，可是朱祁钰却态度冷淡，丝毫不予理会。这下子朝臣们议论纷纷，连老牌大臣礼部尚书胡濙也表示，如果能够迎接朱祁镇回来，又何乐而不为呢？

面对这一境况，朱祁钰终于坐不住了，他决定召开一个朝会，狠狠地训斥一下那些大臣。

朝会公开举行，王直、胡濙、于谦等人全部到会。会议开始，朱祁钰就一反常态，以严厉的口气数落了瓦剌的恶行，并表示与瓦剌之间没有和平可言。

还没等大臣们回过神来，他就把矛头对准了王直，语句之尖锐刻薄实在出人意料：

"你们这些人老是把这件事情拿出来说，到底想干什么（屡以为言，何也）！"

话说到这个地步，大大出乎王直的意料，但这位硬汉也真不是孬种，他居然顶了皇帝一句："太上皇被俘，早就应该归复了，如果现在不派人去接，将来后悔都来不及（勿使他日悔）！"

要说这王直也真是猛人，竟敢跟皇帝抬架，但他的这种冲动不但对解决事情毫无帮助，反而彻底激怒了朱祁钰，使他说出了更加惊世骇俗的话。

朱祁钰听到王直和他顶嘴，更加火冒三丈，大声叫道："我本来就不稀罕这个位子，当时逼着我做皇帝，不就是你们这些人吗（当时见推，实出卿等）？怎么现在跳出来说这些话！"

王直真的傻眼了，他没有想到皇帝竟然如此暴怒，现场大臣们也不敢再说什么，一时气氛十分尴尬。

此时，一个冷眼旁观的人打破了这种尴尬。这个人就是于谦。

事实上于谦也是一个城府很深的人，他早就看清了形势，也明白朱祁钰的心理变化以及他震怒的原因，经过仔细思考后，他站出来，只用一句话就化解了僵局。

"天位已定，宁复有他！"

这句话真是比及时雨还及时，朱祁钰的脸色马上就阴转晴了，于谦见状趁机表示，要派遣使者，不过是为了边界安全而已，还是派人去的好。

于谦的这一番话说得朱祁钰心里的一块石头落了地，只要皇位还是自己的，那就啥都好说。

朱祁钰一扫先前脸上的阴云，笑逐颜开，对于谦连声说道："依你，依你（从汝）。"

我每看到此处，都不由得自心底佩服于谦，不但勇于任事，还如此精通帝王心术，实在不简单。

计划已订，大明派出了自己的使者。

这个使者的名字叫作李实，他当时的职务是礼部侍郎。

在这里特意指出此人的职务，是因为其中存在着很大的问题，大家知道侍郎是副部长，三品官，外交人员也要讲个档次的，这样的级别出访按说已经不低了，似乎可以认为朱祁钰对于这次出使是很重视的，但我查了一下资料，才发现别有玄机。

就在几天之前，这位仁兄还不是礼部侍郎，他原先的职务仅仅是一个给事中（七品官）！直到出发前，才匆忙给他一个职称，让他出使。

既然出使，自然有国书，可这封国书也有很大的问题，其大致内容是：你们杀了大明的人，大明也能够杀你们！我大明辽阔，人口众多，之所以不去打你，是怕有违天意，听说你们已经收兵回去，看来是已经畏惧天意，朕很满意，所以派人出使。

大家看看，这像是和平国书吗？估计都可以当成战书用了，而且其中根本没有提到接朱祁镇回来的问题，用心何在，昭然若揭。

当李实看到这份国书，发现并没有接朱祁镇回来的内容时，不禁也大吃一惊，马上跑到内阁。他还比较天真，以为是某位大人草拟时写漏，谁知在半路上正好遇到朱祁钰的亲信太监兴安，便向他询问此事，兴安根本不搭理他，只是大声训斥道："拿着国书上路吧，管那么多干什么（奉黄纸诏行耳，它何预）？！"

李实明白了皇帝的用意。

就这样，一个小官带着一封所谓的和平国书出发了。在我看来，这又是一场闹剧。

而千里之外的朱祁镇听到这个消息后，却十分兴奋。他认为这代表着他回家的日子已经不远了，可他万万没有想到，这个叫李实的人其实并不是来接他的，恰恰相反，这个人是来骂他的。

此时，刚刚天降大任的李实估计也不会想到，他这个本来注定无籍籍之名的人物会因为这次出使而名震一时，并在历史上留下两段传奇对话。

传奇的对话

景泰元年（1450）七月十一日，李实抵达也失八秃儿，这里正是也先的大本营，然后由人带领前去看望朱祁镇。

君臣见面之后，感慨万千，都流下了眼泪，不过从后来的对话看，他们流泪的原因似乎并不相同。

双方先寒暄了一下，然后开始了这段历史上极为有趣的对话。

朱祁镇：太后（孙太后）好吗？皇上（朱祁钰）好吗？皇后（钱皇后）好吗？

李实：都好，请太上皇放心。

朱祁镇：这里冷，衣服不够，你带了衣服来没有？

李实：不好意思，出门急，没带。

朱祁镇：……

李实：臣和随从带了自己的几件衣服，太上皇先用吧（私以常服献）。

朱祁镇：这里吃的都是牛羊肉，你带吃的来了吗？

李实：不好意思，没有。

朱祁镇：……

李实：臣这里随身带有几斗米，太上皇先吃着吧。

朱祁镇：这些都是小事情（此皆细故），你来帮我料理大事，我在这里都待了一年了，你们怎么不来接我啊？

李实：臣不知道。

朱祁镇：现在也先已经答应放我走了，请你回去告诉皇上，派人来接我，只要能够回去，哪怕是只做一个老百姓（愿为黔首）！哪怕给祖宗看坟墓也行啊（守祖宗陵寝）！

说到这里，朱祁镇再也忍耐不住，痛哭起来。

身为太上皇，竟说出这样的话，看来朱祁镇确实是没办法了，他只想回家而已。

朱祁镇开始了见面后的第二次哭泣，但这一次，哭的只有他一个人，因为李实并没有哭。

李实只是冷冷地看着他，并最终问出了两个令人难以置信的问题。

问题一：

太上皇住在这里，才记得以往锦衣玉食的生活吗？

问题二：

太上皇有今日，只因宠信王振，既然如此，当初为何要宠信这个小人？

如此之态度，如此之问话，若非载于史书，实在让人难以置信，却又不得不信。

真是落难的凤凰不如鸡啊，一个小小的芝麻官竟敢用这种口气去嘲讽太上皇，朱祁镇那仅存的自尊和威严就此彻底消散。

朱祁镇听到这两个问题，心中百感交集，他无法也不能回答这两个问题，唯有失声痛哭，并说出了他唯一的辩词：

"我用错了王振，这是事实，但王振在时，群臣都不进言，现在却都把责任归结于我（今日皆归罪于我）！"

到了这个地步，也没啥可说的了，李实结结实实地把太上皇训斥了一顿，便离开了他的营帐，去见也先。

作为外交惯例，也先与李实又开始了一次对话，而这次对话也堪称经典。

也先看完了国书，倒也不怎么生气，看来脾气总是由实力支撑的。

他很奇怪地问李实：怎么国书中不提接朱祁镇回去的事呢？

李实没有回答也先，因为他不知道，即使知道，他也不能回答。

也先接着说道：你回去告诉皇帝，只要派几个太监大臣过来，我就马上派人送去，这样可行？

李实仍然是唯唯诺诺，毕竟他只是个芝麻官，哪里有这样的发言权！

也先看李实没什么反应，急得不行，说出了这段对话中最为经典的一段话：

"太上皇留在这里又不能当我们的皇帝，实在是个闲人，你们还是早点儿把他接回去吧！"

堂堂一代枭雄，竟然说出了这样的话，着实让人哭笑不得。

可怜的也先，他实在也是没办法了。

一个不知所谓的使者，一个哭泣的太上皇，一个无奈的部落首领，这场闹剧般的出访就此结束。

朱祁镇还是老老实实地待在他的帐篷里，他终于明白，自己回去的可能性已经不大了。

李实倒是相当高兴，他本是一个芝麻官，这次不但升官，还出访见了回世面，骂了一把太上皇。

也先却并不糊涂，他从李实的反应中发现这个人并不是什么大人物，而朱祁镇除了在这里浪费他的粮食外，好像也没有什么其他的作用，于是他决定再派一批使臣出使大明，务必把这个累赘丢出去。

第二十章　回家

此次他派出的使臣名叫皮勒马尼哈马（这个名字很有特点），但估计也先本人对这次出访也不抱多大希望，因为这已经是第六批使臣了，指望外交奇迹出现，似乎也不太现实。

可偏偏就是这位名字很有特点的仁兄促成了一位关键人物的出场，并最终将朱祁镇送了回来。

奇迹的开始

皮勒马尼哈马受命来到了京城，可他到这里才发现，根本就没有人把他当回事，草草找了个招待所安排他住下后，就没人管他了，别说皇帝、尚书接见，给事中也没看到一个。

皮勒马尼哈马心里发慌，他虽然读书不多，倒也有几分见识，明白这样下去回去交不了差，苦思冥想之下，竟然想出了一个不是办法的办法——上访。

这位先生在无人推荐的情况下，自己找到办事的衙门，表示要找礼部尚书胡濙。礼部的办事官员看到这位瓦剌人士，倒也不敢怠慢，便向领导报告了此事，最后胡濙终于得知此事，感觉闹得太不像话，便立刻去见朱祁钰，希望再派一个使臣出使瓦剌。

朱祁钰给他的答复是，等李实回来再说。

此时，从土木堡逃回的知事袁敏上书，自告奋勇要带衣服和生活必需品去瓦剌监狱探望朱祁镇（携书及服御物，问安塞外）。

朱祁钰表扬了他的想法，然后不再理睬。

李实回来了，告知了也先想要退还人质的想法和要求，朱祁钰耐心听完，慰问了李实，还是不再理睬。

王直等人实在看不下去了，坚持要求再派使者。朱祁钰无奈之下只好同意，便随意指派了一个官员充当大明使臣出使。

胡濙表示，太上皇在外缺衣少食，希望能够让使者带去一点，免得他受苦。朱祁钰表示他的意见很好，但仍然不再理睬。

朱祁钰非但不理睬这些人，连这批使臣的基本费用都不给足，甚至连给也先的礼物也少得可怜，而朱祁镇所需要的食物衣服更是分毫没有。在朱祁钰看来，让也先勃然大怒杀死自己的哥哥或是让哥哥活活饿死、冻死，都是一个很不错的选择。

朱祁钰还故技重演，又给了这个所谓使团一封国书，当然和上次一样，这封国书也压根儿没提接朱祁镇回来的事情。

做兄弟做到这个份儿上，也真是够意思。

朱祁钰用他的行为告诉了我们一个权力世界的常识：

兄弟情分，狗屁不如。

一个见面礼少得可怜、连路费都不充裕的使团，一个被随意指派的官员，带着一封莫名其妙的国书，向着瓦剌出发了。无论从哪个角度看，这似乎又是一场闹剧。

可是奇迹就是从这里开始的。

朱祁钰为使团的出访设置了他所能想到的所有障碍，不给钱、不给礼物，甚至不给一个正当的出使名义，这些障碍中的任何一个都可能成为此次出访失败的重要原因。

但要想做成一件事情，往往只要有一个成功的因素就足够了。

而在这个使团中，就存在着这样一个成功的因素。虽然只有一个，但却是决定成败、创造奇迹的关键。

具有讽刺意味的是，这个最为重要的因素竟然是朱祁钰自己造就的，因为成功的关键就是那位被他随意指派出使的官员。

这位官员的名字叫作杨善，时任都察院右都御史。他虽然是个二品官，却并不起眼，算不上什么人物，这也正是朱祁钰挑选他去的原因之一。可惜朱祁钰并不知道，这位杨善先生是一个身怀绝技的人，而他的这项绝技即使在整个明代历史中所有同类型的人里也可算得上是数一数二的。

杨善的这项绝技，就是说话。

明代最佳辩手登场

战国时候，张仪游说各国，希望找个官做，却被打得遍体鳞伤，他的妻子心疼地对他说，为什么要出去找官做，现在得到教训了吧。

张仪却问了她一个问题："我的舌头还在吗？"

他的妻子回答，当然还在。

"只要舌头还在，还能说话，就有办法。"

杨善就是一个只要舌头还在，还能说话，就有办法的人。

杨善，大兴县人（今属北京市），此人出身极为特别，他官居二品。但我查了一下他的履历，才惊奇地发现，这位二品大员非但不是庶吉士（由前三甲科进士中选出的精英），甚至连进士都不是！这在整个明朝三百年历史中都极为罕见。

明代是一个注重学历的年代，要想在朝廷中混到一官半职，至少要考上举人，而想做大官，就非进士不可，所谓"身非进士，不能入阁"。在当时的三级考试制度中，如果说进士是大学毕业，举人是高中毕业，那么杨善先生的学历只能写上初中毕业，因为他只是一个秀才。

所谓秀才，也就算个乡村知识分子，根本就没有做官的资格。在假文凭尚未普及的当时，杨善是怎么混到二品大员的呢？

看过他的升迁经历就会发现，他能走到这一步，并没有半分侥幸。

建文元年（1399）十月，李景隆率大军进攻北平，也就在此时，年轻的秀才杨善参加了燕王的军队，不过他并没有立过战功，而是专门负责礼仪方面的工作。

杨善是一个合格的礼官，他干得很不错，但由于他的学历低，当与他同期为官的人都纷纷高升之际，他却还在苦苦地熬资格、博升迁。

就这样苦苦地熬了三十多年，他才升到了鸿胪寺卿（三品），实在很不容易。宦途上的坎坷，使得他历经磨砺，为人圆滑，学会了一套见人说人话、见鬼说鬼话的本领。他算得上是个人精，无论政治局势如何复杂，都能做到左右逢源，不管是三杨执政还是王振掌权，这位仁兄一直稳如泰山，谁也动不了他。

有很多人都瞧不起他的这种处世方式，羞于和他交往，但他却我行我素，到了正统年间，他已升任礼部侍郎。

不久之后，正统十四年的远征开始了，此时已经六十多岁的杨善也随军出征。要说他还真不是一般的厉害，战乱之际，刀光剑影血肉横飞，无数年轻且身体强壮的大臣丧命其间，而他这个六十多岁的老头子竟然还逃了回来，不知道是不是每天早上坚持跑步锻炼的结果，着实让人叹服。

之后他调任都察院，被任命为右都御史，并充当使臣出使瓦剌。

杨善不像李实那么天真，他很清楚隐藏在出使背后的玄机，也明白朱祁钰根本就不想让他的哥哥回来，事实也证明了他的预想，这个所谓的大明使团一没钱，二没物，甚至连个出使的具体说法都没有。

没有人支持，也没有人看好，在大家的眼中，这又是一次劳而无功的长途旅行。

但杨善还是满怀信心地上路了，他决心创造奇迹，即使什么都没有，他也要把朱祁镇带回来。

凭什么？

就凭他的那张嘴。

牛是吹出来的

杨善带领着使团来到了瓦剌的营地，见到了也先派来迎接他的使者，可就在为他举行的欢迎宴会上，杨善经历了第一次严峻的考验。

不知道是不是因为之前派出的使者受到太多的轻慢，也先对这个杨善并没有多大好感，所以在他的授意下，宴会之上，接待人员突然以傲慢的语气问了杨善一个让人极为难堪的问题：

"土木堡之战，你们的军队怎么这么不经打？"

正在埋头大吃的杨善听见了这个故意找麻烦的问题，他抬起头，直视对方那挑衅的眼神，开始了紧张的思索。

为了处理好这一复杂局面，既不丢面子维护国格，又不跟对方闹翻，杨善决定吹一个牛，虽然他之前可能吹过很多牛，但这次吹牛我认为是最完美的。

杨善突然愁眉苦脸起来，他叹了口气，说道："有些事情我原本不想说的，但到现在这个时候，还是告诉你们吧。"

这句话说得对方一愣，连忙追问原因。

杨善这才看似很不情愿地接着说了下去："土木堡之战时，我们的主力部队不在京城，全部出征了（壮者悉数南征），王振率军轻敌而入，才会失败。现在南征的部队已经全部回来了，有二十万人啊。再加上新练的三十万军人，全部经过严格的训练，随时可以作战！"

听完这番话，也先使者不由得倒吸了一口凉气，可他们万想不到，下面他们听到的话将更为耸人听闻，因为杨善先生吹牛的高潮部分即将到来。

六十多岁的杨善此时摆出了老奶奶给小孙子讲鬼故事的架势，绘声绘色地为瓦剌人描述了一幅可怕的景象。

"我们在边界埋伏了很多火枪和带毒的弓弩，你们被打中就必死无疑（百步外洞人马腹立死），而且我们还在交通要道上安放了很多铁锥（隐铁锥三尺），你们的马蹄会被刺穿，根本无法行动。"

估计杨善还是一个擅长编恐怖故事的人，他最后还煞有介事地对脸都吓得发白的瓦剌人说："实话告诉你们，每天夜里你们睡觉的时候，我们派了很多刺客窥视你们的营帐，来无影去无踪，你们还不知道吧！"

就这样，杨善终于结束了他的牛皮，微笑着抬起头，看着对面那些吓得目瞪口呆的瓦剌人。

可光吓人是没有意义的，于是杨善继续他的表演。

他脸色突变，换上了一副悲天悯人的表情，发出了一声叹息："唉，可惜这些都没用了。"

瓦剌人刚刚被这位仁兄那诡异可怕的语气吓得不行,突然又看他态度转温,搞不懂他玩儿什么花样,便追问他为什么。

杨善这才说出了他最终的用意:

"我们已经讲和,彼此之间就像兄弟一样,怎么还用得上这些!"

瓦剌人笑了,他们终于不用担心那些火枪、铁锥和刺客了,虽然这些东西并不存在。

杨善也笑了,因为他又成功地讲了一个动人的故事。

结束了这场饭局上的较量后,杨善动身去见也先,在那里等待着他的将是一场真正的考验。

最后的考验

杨善终于来到了也先的面前,他明白,最后的时刻到了。他没有丰厚的礼物,也没有体面的国书,但他要让眼前的这个一代枭雄心甘情愿地与自己和谈,并且免费(他也没钱给)把朱祁镇交给自己。

他要实现这个不可能的任务,要征服也先这个雄才大略的征服者,而他唯一的武器就是他的智慧。

果然,谈话一开始就出现了问题,因为也先发火了。

也先之所以愤怒,是情有可原的,毕竟开战以来,他吃了不少亏,此刻他抖擞精神,采用先发制人的策略,向杨善提出了一连串的责难。

"为什么你们降低马的价格(削我马价)?

"为什么你们卖给我们的布匹都是劣等货(帛多剪裂)?

"为什么我们的使者经常被你们扣留(使人往多不归)?

"为什么你们要降低每年给我们的封赏(减岁赐)?"

问完之后,也先杀气腾腾地看着杨善,等待着他的回答。

虽然也先的态度咄咄逼人,但他提出的这些问题也确实都是事实,而杨善作为一个只管礼仪的官员,这些国家大政根本就没他的份儿,更不用说对外发言了。

但是现在他必须回答。

面对这样的局面,杨善却并不慌乱。他稳定住自己的情绪,表现得神态自若,脑海中却在紧张地思索着一个得体的答复。在过去五十多年的宦海生涯中,他已经历过无数的危机和困难,但他都挺住了,眼前的这个难关应该也不例外。

片刻之间,他已胸有成竹。

杨善笑着对也先说道:"太师不要生气,其实我们并没有降低马的价格啊。太师送(要收钱的)马过来,马价逐年上升,我们买不起却又不忍心拒绝太师,只好略微降低价格(微损之),这也是不得已的啊。您想想,现在的马价比最初时候已经高很多了啊。

"至于布匹被剪坏的事情,我们深表遗憾,也已经严厉查处了相关责任人员(通事为之,事败诛矣)。您送来的马匹不也有不好的吗,这自然也不是您的意思吧?"

也先连忙答道:"当然,当然,我可以保证,这绝对不是我的安排。"

此时最佳辩手杨善已经进入了状态,他神采飞扬地继续说了下去:

"还有,我们没有扣留过您的使者啊。您派来的使者有三四千人,这么多人,难免有些人素质不高,偷个窃或是抢个劫的也是难免,我们也能理解。而太师您执法公正,必定会追究他们,这些人怕被定罪就逃亡了(归恐得罪,故自亡耳),可不是我们扣留他们的啊。其实岁赐我们也没有减,我们减去的只不过是虚报的人数,已经核实的人都没有降过的。

"您看,我说得有没有道理?"

正方辩手杨善的辩论题目"明朝到底有没有亏待过瓦剌"就此完成。

反方辩手也先瞠目结舌,目前尚无反应。

在战场上,也先往往都是胜利者和征服者,但这一次,也先被一个手无缚鸡之力的老头子彻底征服了,被他的言语和智慧所征服。

在这场辩论中,杨善状态神勇,侃侃而谈,讲得对手如坠云里雾里,针锋相对却又不失体统,还给对方留了面子,实在不愧明代第一辩手的美名(本人评价,非官方)。

而在这个过程中,也先表现得就很一般了。史料记载,他除了点头同意,以及不断地说几个"好""对"之类的字外(数称善),就没有任何表示了。

杨善再接再厉,发表了他的最后陈词:

"太师派兵进攻大明,太师也会有损失,不如把太上皇送回大明,然后大明每年给太师赏赐,这样对两国都好啊。"

也先被彻底说动了,他已经被杨善描述的美好前景打动,决定把朱祁镇送回去。

可当他喜滋滋地拿起大明国书仔细察看时,却发现了一个十分重要的问题:

"你们的国书上为什么没有写要接太上皇呢?"

这确实是一个重要的问题,你不说要接,我干吗要送呢?

杨善却早有准备。

终究还是发现了,不过不要紧,有这张嘴在,没有过不去的坎!

他沉着地说:"这是为了成全太师的名声啊!国书上故意不写,是为了让太师自己做这件事。您想啊,要是在国书上写出来,太师您不就成了奉命行事了吗?这可是大明的一片苦心啊!"

听到这段话,也先做出了他的反应——大喜。

也先被感动了,他没有想到明朝竟然如此周到,连面子问题都能为自己顾及,确实不容易。于是,他决心一定把朱祁镇送回去。

可是此时,又有一个人出来说话阻挠。

也先的平章昂克是个聪明人,眼看也先被杨善忽悠得晕头转向,他站了出来,说出了一句十分实在的话:"你们怎么不带钱来赎人呢?"

杨善看了昂克一眼,说出了一个堪称完美的答复:

"我们本来是带钱来的,但这样不就显得太师贪财了吗?幸好我们特意不带钱来,现在才能见识到太师的仁义啊!"

然后他转向也先，说出了这次访问中最为精彩的话：

"太师不贪财物，是男子汉，必当名垂青史，万世传颂（好男子，垂史册，颂扬万世）！"

我每次看到这里，都会不由得想找张纸来，给杨善先生写个"服"字。杨善先生把说话上升为了一种艺术，堪称精彩绝伦。

而也先更是兴奋异常，他激动地站了起来，当即表示男子汉大丈夫一言九鼎，兄弟你先安顿下来，回头我就让人把朱祁镇给你送回去。

他还按捺不住自己的高兴，不断地走动着，一边笑一边不停地说着："好，好（笑称善）！"

奇迹就这样诞生了。没有割让一寸土地，没有付出一文钱（路费除外），杨善就将朱祁镇带了回来，完成了不可能完成的任务。

立功了，杨善立功了！他继承了自春秋以来无数说客、辩手、马屁精的优良传统，深入大漠，在一穷二白的情况下充分发挥了有条件上，没有条件创造条件也要上的敢死队精神，空手套白狼把朱祁镇套了回来，着实让人佩服得五体投地。

可是杨善却怎么也没有想到，他立下此不世奇功，得到的唯一封赏竟然只是从右都御史升为左都御史。应该说以他的功劳，这个封赏也太低了，其实原因很简单，因为他带回来了一个当今皇帝不愿意见到的人。

这些且不说了，至少朱祁镇是十分高兴的，他终于可以回家了。

但就在这个关键时刻，有一个人出来阻挠朱祁镇回去。其实在瓦剌，很多人仇视明朝，不愿意放明朝皇帝回去，这并不奇怪，但这次不同，因为朱祁镇做梦也没有想到，阻止他回家的人，竟然是伯颜帖木儿。

伯颜帖木儿阻挠朱祁镇回去，但原因却实在让人啼笑皆非：

"必须保证朱祁镇回去后能够当上皇帝，才能放他走！"

从伯颜帖木儿和朱祁镇的关系看，他不想让朱祁镇就这么回去，很有可能是怕他回去后被自己的弟弟（朱祁钰）欺负，会吃亏受苦，而事实也证明他的这种猜测是对的。

伯颜帖木儿是很够意思的，他决心把友情进行到底，最后再帮朱祁镇一把。于是他找到也先，提出把使者扣押起来，等明朝承诺恢复朱祁镇的皇位后再送他回去。

也先表示，自己已经答应了杨善，男子汉一言九鼎，绝不反悔。

于是，朱祁镇还是被送了回去，而送行那一天发生的事情，也让人不得不感佩伯颜帖木儿的深厚情谊。

为表郑重，也先率领全体部落首领为朱祁镇送行，送君千里终有一别，大家都陆陆续续地回去了，可是伯颜帖木儿却一直陪着朱祁镇，走了一天的路，一直到了野狐岭才停下。

野狐岭离居庸关很近，伯颜帖木儿送到此地停止，是因为他已不能再往前走了，因为这里已经是明朝的势力范围，他随时都有被敌方明军抓住的危险。

伯颜帖木儿在这里下马，最后一次看着他的朋友，这个在奇异环境下结交的朋友，想到从此分离，竟不能自已，号啕大哭起来，他拉住朱祁镇的马头，声泪俱下地言道：

"今日一别，不知何时方得再见，珍重！"

然后他掩面上马向瓦剌方向飞奔而去，从此他们再未见面，四年后（1454），伯颜帖木儿被知院阿剌所杀，这一去确是永别。

穿越那被仇恨、偏见纠缠不清的岁月，我看到的是真挚无私的友情。

承诺

居庸关守将出城迎接朱祁镇的归来，这些边关将领对朱祁镇还是十分尊重的，但奇怪的是，他们也并不急着送这位太上皇回去，而是似乎在等待着什么。

他们等待的是京城的迎接队伍。

我国素来是礼仪之邦，就算是杀人放火的事情也要讲个体面，更何况是太上皇打猎归来这么光荣而重要的事情，自然应该大吹大擂一番，以扬我国威，光耀子孙。

可这一次却极为反常，京城的人迟迟不到，令这些等待的人疑虑丛生，唯恐京城里出了什么事。

京城里确实出事了。

朱祁钰万万没有想到，他设置了如此之多的障碍，那个不起眼的老头子竟然还是把朱祁镇带了回来，这可怎么好？

朱祁钰很不高兴，礼部尚书胡濙却很高兴，他趁机提出了一整套迎接的仪式。

这套仪式十分复杂，具体说来是先派锦衣卫和礼部官员到居庸关迎接，然后在京城外城由文武百官拜迎，最后进入内城由现任皇帝朱祁钰亲自谒见，然后将太上皇送往住所，大功告成。

朱祁钰仔细听完了这个建议，然后给出了他的方案：

"一台轿子，两匹马，接他回来！"

厉行节约，简单易行，对亲哥哥一视同仁，朱祁钰先生也算为后世做出了表率。

给事中刘福实在看不下去了，便上书表示这个礼仪实在太薄，朱祁钰反应很快，立刻回复道："我已经尊兄长为太上皇了，还要什么礼仪！刘福说礼仪太薄，到底是什么用意？"

这话就说得重了，不得已，胡濙只得出面，表示大臣们没有别的意思，只是希望皇帝能够亲近太上皇，前往迎接罢了。

这个理由确实冠冕堂皇，不好反驳，但朱祁钰却不慌不忙，因为朱祁镇在归途中曾托人向他表示希望礼仪从简，有了这个借口，朱祁钰便扬扬得意地对群臣说："你们都看到了，这是太上皇的意思，我怎么敢违背（岂得违之）！"

想来朱祁镇不过是跟朱祁钰客气客气的，但朱祁钰却一点都不客气。

就这样，光荣回归的朱祁镇坐着轿子，在两匹马的迎接下，"威风凛凛"地回到了京城。在这里，没有百姓沿路相迎，也没有文武百官的跪拜，这位昔日的皇帝面对着的是一片寂静，几分悲凉。

朱祁钰还是出来迎接他的哥哥了，他在东安门外和这位太上皇拉了几句家常，便打发他去了早已为太上皇准备好的寝宫——南宫。在那里，他为自己的哥哥安排了一份囚犯的工作。

然后他回到了一年前自己哥哥住的地方，继续做他的皇帝。

兄弟二人就此分道扬镳。

朱祁镇不是傻瓜，从迎接的礼仪和弟弟的态度，他已经明白，自己不是一个受欢迎的人，而所谓的寝宫南宫，不过是东华门外一处十分荒凉的破房子。

但他并不在乎，大漠的风沙、也先的屠刀、喜宁的诡计，他都挺过来了，对于经历了九死一生的他来说，能够回来就已经是老天开眼了，毕竟很多和他一起出征的人已永远留在了土木堡，相比之下，他已经很满足了。

他迈着急促的步伐向荒凉的南宫走去，虽然已经物是人非，今非昔比，但他相信，还有一个人正在那里等待着他，等着他回来。

他并没有失望，当他打开大门的时候，他看见了这个人。

开门的声音惊动了里面这个坐着的人，她似乎意识到了什么，便站起身来，摸索着向发出声音的方向走去，她看不清来人，因为在漫长的等待岁月中，她已经哭瞎了自己的眼睛。

我答应过你，我会等你回来的。

当一切浮华散尽的时候，我还会在这里等待着你。

朱祁镇释然了，他的亲信大臣抛弃了他，他的弟弟囚禁了他，他失去了所有的权势和荣华富贵，从一个君临天下的皇帝变成了被禁锢的囚徒。

但此刻，他笑了，因为他知道，自己才是天下最幸福的人。

他终于确信，在这个世界上，还有用金钱和权势换不来的东西，即使他不是皇帝，即使他失去了所有的一切，这个人依然会在他的身旁，一直守候着他。

此情可流转，千载永不渝。

是的，其实我们不需要刻意去寻找什么，因为最宝贵的东西，往往就在我们身边。

第二十一章 囚徒朱祁镇

朱祁钰对这个意外归来的帝哥哥朱祁镇有着极大的戒心和敌意。虽然朱祁镇已经众叛亲离,失去了所有的一切,只想过几天舒坦日子,朱祁钰却连自己哥哥这个最基本的要求也不愿意满足。景泰元年(1450)十二月,胡濙上书要求带领百官在明年元旦于延安门朝拜太上皇朱祁镇,希望得到朱祁从此，荒凉的南宫迎来了新的主人——太上皇朱祁镇和他的妻子钱皇后，说他们是主人也并不贴切，因为事实上，他们都是当今皇帝朱祁钰的囚徒。

朱祁钰对这个意外归来的哥哥有着极大的戒心和敌意，虽然朱祁镇已经众叛亲离，失去了所有的一切，只想过几天舒坦日子，朱祁钰却连自己哥哥这个最基本的要求也不愿意满足。

景泰元年（1450）十二月，胡濙上书要求带领百官在明年元旦于延安门朝拜太上皇朱祁镇，希望得到朱祁钰的批准。

朱祁钰的答复是不行。

然后他还追加了一条："今后所有节日庆典都不要朝拜（今后正旦庆节皆免行）！"

为了确实搞好生活服务和安全保卫工作，他还特意挑选了一些对朱祁镇不满的宦官来服侍这位太上皇，派出锦衣卫把南宫内外严密包围。同时，朱祁钰也周到地考虑到了环境噪声问题，为了让自己的哥哥能够不受打扰地生活，他命令不许放任何人进去看望朱祁镇，他的所有生活必需品都由外界定期定时送入。

王直、胡濙曾来此看望朱祁镇，被这些忠实的保卫者挡了回去。他们这才意识到，这位所谓的太上皇实际上只是一个囚犯。

朱祁钰把事情做绝了。

他虽然迫于压力，没有杀掉自己的哥哥，但也做了几乎所有不该做的事情，给他的哥哥判了一个终身监禁。

那个原本和气亲善的好弟弟已经不见了，取而代之的是一个六亲不认、心如铁石的陌生人，这虽然是悲剧，却也是皇权游戏的必然规则。

住在里面的朱祁镇反倒是十分平静，对他而言，活下来就已经很满足了，他老老实实地过着弟弟给自己安排的囚徒生活，从来也不闹事，唯一的问题在于朱祁钰切断了他和外界的联系，甚至连他的日常生活必需品也不能保证。

朱祁镇并没有去向朱祁钰提出要求，因为他知道，就算提也是没有用的，可是他又没有其他的经济来源，无奈之下，钱皇后只能像普通民妇一样，自己动手做手工活，托人拿出去换点吃穿用品（钱后日以针线出贸，以供御食）。

只要不是黑牢，即使是囚犯，吃饭也应该不是个问题，逢年过节加个餐，没事还能出去放放风透透气，可是朱祁镇连这种基本待遇都没有，他每天唯一能做到的就是抬头看天，和自己的妻子说说话。

所谓的太上皇沦落到这个地步，也算是千古奇闻。

可就是这样的生活，他的好弟弟也不愿意让他过下去。

南宫没有纳凉的场所，所以每逢盛夏，朱祁镇只能靠在树荫下乘凉，这也算是他唯一的一点可怜的奢侈享乐。

不久后的一天，他如往常一样，准备靠在树下避暑，却惊奇地发现，周围的大树已不见了踪影，他询问左右，才知道这是他的好弟弟所为。

他苦笑着，深深地叹了一口气，什么也没有说，便回到了酷热的住所。

他已经失去了一切，现在连自己的一片树荫也保不住。

树犹如此，人何以堪！

朱祁钰之所以要砍掉那些树，是因为大臣高平对他说，南宫的树木太多，便于隐藏奸细。这一说法正好合乎朱祁钰的心意，他立刻下令砍掉南宫的所有树木，以便监视。至于朱祁镇先生的树荫，当然并不在他的考虑范围之内。

朱祁镇终于明白，他的好弟弟是一个比也先更为可怕的敌人，也先虽然文化不高，行为粗鲁，但还算是个比较讲义气的人，说话算数，而自己的这个好弟弟却为了巩固皇位，一心一意要把自己这个已经失去一切的人往死里逼。

朱祁钰，你太过分了！

但他也没有别的办法，只能继续这么过下去，毕竟能活一天就是一天。

所以他默默地忍受了下来，依然以他诚恳真挚的态度去对待他身边的人，慢慢地，那些被安排来监视他的人也被他的真诚和处变不惊打动，成了他的朋友。

这其中有一个人叫作阮浪。

阮浪是个比较忠厚的宦官，他永乐年间进宫，不会拍马屁，也不搞投机，只是老老实实地过他的日子，在宫内待了四十年，却只不过是个小小的少监而已，没人瞧得起他，这次他被派来服侍朱祁镇，也是因为这份工作没有人愿意做。

朱祁镇倒是如获至宝，他平日也没事，正好可以和这个他从小就认识的老太监聊聊天。有一次聊得开心，他便把自己随身携带的一个金绣袋和一把镀金刀（注意，是镀金的）送给了阮浪。

此时的朱祁镇已经身无长物，这些所谓的礼物已经是他身上为数不多的值钱的东西，由此可见朱祁镇确实是个诚恳待人的人。但他万万没有想到，正是这个金绣袋和那把不值钱的刀送掉了阮浪的命。

阮浪是个比较随意的人，全然没有想到这其中蕴藏着极大的风险，他收了这两件东西，觉得没有什么用，便又送给了他的朋友王瑶。

这个王瑶和阮浪一样，只是个小官，他想也没想就收下了。如果事情就此了结倒也没什么问题，偏偏这个王瑶又有个叫卢忠的朋友，他时常也会把这两样东西拿出来给卢忠看。

卢忠是王瑶的朋友，王瑶却不是卢忠的朋友。

卢忠是锦衣卫，当他看到这两件东西的时候，其特务本能立刻告诉了他，这是一个可以利用的机会。

于是他勾结自己的同事锦衣卫李善，去向朱祁钰告密，罪名是阴谋复辟。根据就是绣袋和金刀，因为在他们看来，这两件东西是朱祁镇收买阮浪和王瑶的铁证。

朱祁钰终于找到了借口，他立刻采取了行动。

后面的事情就简单了，王瑶和阮浪被抓进了监狱，严刑拷打，酷刑折磨，只为了从他们口中得到一句话——朱祁镇有复辟的企图。

卢忠亲自参加了拷打和审讯，并威胁如果供出所谓阴谋，就放了他们，因为卢忠认为即使本无此事，阮、王二人也会为了自保，供出点什么。可事实告诉他，并不是所有的人都像他那么无耻。

阮浪和王瑶虽然官不大，却很有骨气，受尽折磨也不吐一个字，直到最后被押送刑场处决，他们也没有诬陷过朱祁镇。

朱祁钰的企图落空了，卢忠的升官梦也破灭了，阮浪和王瑶虽然人微言轻，其行为却堪称顶天立地，光明磊落。

朱祁镇又一次从悬崖边被拉了回来。

而当他得知那个和蔼的老宦官已被自己的弟弟杀害，再也不能和他聊天的时候，他已经明白，在这场权力的游戏中，没有弃权这一说法，只有胜利者，才有活下去的资格！

朱祁钰的绝妙计划

朱祁钰越来越不安了，自从他的好哥哥意外归来后，他一直都处于担惊受怕的精神状态之中，他已经习惯了被人称为皇上，已经习惯了文武百官向自己朝拜，他害怕自己已经得到的一切再次失去，所以他囚禁自己的哥哥，并寻找一切足以置其于死地的机会。

金刀案的发生，更加深了他的这种恐惧，自此之后，他的行为越来越偏激，越来越过分。

为了斩草除根，免除后患，朱祁钰已经打定主意，就算不杀掉朱祁镇，也要废掉他的儿子——当时的皇太子朱见深，把帝国未来的继承人换成自己的儿子朱见济。

是的，只有这样，我才能安心地在这张龙椅上坐下去。

可这件事情不是一般的难，因为早在朱祁钰被临时推为皇帝之前，老谋深算的孙太后早已立了朱见深为太子，并言明将来一定要由朱见深继承皇位，当时朱祁钰本人也是同意了的。虽说朱祁钰本人可以翻脸不认账，但他眼前还有一道难关必须克服，那就是得到大臣们的支持。

可是自古以来，废太子之类的事情都是不怎么得人心的，要大臣们支持自己，谈何容易！他苦苦地思索着方法，却始终不得要领，正在这时，他的亲信太监兴安为他出了一个绝妙的"好主意"。

不久之后的一天，朱祁钰召集内阁成员开会，当时的内阁成员共六人，分别是首辅陈循、次辅高穀、阁员商辂、江渊、王一宁、萧镃，这六个人就是当时文官集团的头目。

他们进宫拜见朱祁钰，行礼完毕后，等着听皇帝陛下有什么吩咐，可是等了半天，坐在上面的这位仁兄却始终一言不发。

过了好一会儿，皇帝陛下终于支支吾吾地说话了，可讲的内容都是些你们工作干得好、辛苦了之类的话。

这六位大臣都是官场中久经考验的人物，个个老奸巨猾，一听朱祁钰的口气，就明白这位皇帝有很重要的话要说。他们面带笑容，嘴上说着不敢不敢，脑子里却在紧张地盘算着，做好了应对的准备。

可朱祁钰说完这些套话后，竟然宣布散会，搞得他们都摸不着头脑，难不成这位皇上染了风寒，神志不清，说两句废话，存心拿自己开涮？

但不久之后，他们就知道了答案，散会后兴安分别找到了他们，给他们每个人送钱。具体数额是：首辅陈循、次辅高穀每人一百两银子，其余四位阁员每人五十两银子。

只要具备基本的社会学常识，你应该已经猜到那位太监兴安给皇帝陛下出的"好主意"就是行贿。

皇帝向大臣行贿，可谓是空前绝后，而行贿的数额也实在让人啼笑皆非，竟然只有一百两！

这就是兴安先生尽心竭力想到的好办法，千古之下，仍让人匪夷所思，感叹良久。看来小时候好好读书实在重要，这样将来即使做太监也能做个有文化、有见识的太监。

这六位仁兄拿着这点银子,着实是哭笑不得。虽然明朝工资低,但这些重臣自然有各种各样的计划外收入,怎么会把这点钱放在眼里。但他们明白,别的钱可以不收,这笔钱不能不要,这可不是讲廉洁的时候,不收就是不给皇帝面子。

收下了钱,他们得知了皇帝的意图:改立太子。

不管是谁的钱,收下了钱,就要帮人办事,这条原则始终都是适用的,更何况是皇帝的钱,六位大臣就算再吃黑也不敢黑皇帝陛下,于是他们纷纷表示同意,并建议马上改立太子。

兴安搞定了这六位大人,便继续在群臣中活动,具体说来就是送钱,当然数额和之前的差不多。出乎他意料的是,事情竟然十分顺利,群臣纷纷收下了钱,同意了改立太子的倡议。这自然不是因为收了那点钱的缘故,只是大家都知道朱祁钰的目的,不敢去得罪他而已。

倒也不是所有的人都装糊涂,吏部尚书王直就发扬了他老牌硬汉的本色。他万没有想到,皇帝竟然出此下策,公然向大臣行贿,所以当别人把他那份钱拿给他时,他拍着桌子,捶胸顿足地喊道:"竟然有这种事,我们这些大臣今后怎么有脸见人啊!"

有没有脸见人都好,反正事情最终还是办成了。景泰三年(1452)五月,朱祁镇的最后希望——皇太子朱见深被废,朱祁钰之子朱见济继任太子。在朱祁钰看来,千秋万世,就此定局。

但他想不到的是,就在他风光无限的时候,一股潜流也正在暗中活动,而这股潜流的核心是一个满怀仇恨和抱负的人。

八月十八日,另一个人的命运

让我们回到四年前的正统十四年(1449)八月十八日,就在那一天,于谦挺身而出,承担了挽救帝国的重任,为万人推崇,并从此开始了他人生中最为光辉的历程。

但就在那一天，另一个人的命运也被彻底改变。

"而今天命已去，唯有南迁可以避祸。"

这就是那一天徐珵的发言，接下来他得到的回应我们大家都已经知道了：

"建议南迁之人，该杀！"

这两句话就此决定了于谦和徐珵的命运，于谦在众人的一致称赞推举下成为北京城的保卫者，荣耀无比。

而徐珵得到的是太监金英的训斥："滚出去（叱出之）！"

然后，他在众人的鄙视和嘲笑中，踉踉跄跄地退出了大殿。他怎么也想不通，自己竟然会因为这句话被群臣耻笑，被看作贪生怕死的小人。

他很明白，自己的政治前途就此终结了。

其实很多人都想逃走，我不过是说出了他们心底的话，为何只归罪于我一个人？

受到于谦的训斥，被众人冷眼相待的徐珵失魂落魄地离开宫殿，向自己家走去。因为只有在那里，他才能得到片刻的安宁。

可他想不到的是，还没等他到家，另一个打击又即将降临到他的身上。

因为当他走到左掖门的时候，遇到了一个人，这个人叫江渊。

江渊是徐珵的朋友，也是他的同事，时任翰林院侍讲学士，二人平时关系很好，而江渊见到徐珵如此狼狈，便关心地问他出了什么事。

徐珵十分感动，哭丧着脸说道："我建议南迁，不合上意，才落得这个地步（以吾议南迁不合也）。"

江渊好声安慰了徐珵，让他先回家去好好休息，凡事必有转机，自己也会帮他说话的。

然后，江渊在徐珵感激的目光中走进了大殿，他朝见朱祁钰后，便以洪亮的声音，大义凛然地说道："南迁绝不可行，唯有固守一途耳！"

几个月后，江渊被任命为刑部侍郎、文渊阁大学士，成为朱祁钰的重臣。

这真是精彩的一幕。

徐珵绝望了，并不只是对自己的仕途绝望，也对人心绝望。当时无数的人都在谈论着逃跑，而自己的这套理论也很受支持，可当自己被训斥时，却没有一个人帮自己说话，那些原本贪生怕死的人一下子都变成了主战派，转过来骂自己苟且偷生、动摇军心。

这出人意料的戏剧性变化给徐珵上了生动的一课，也让他认识到了世态炎凉的真意。

这之后，每天上朝时，很多人都会在暗地里对他指指点点，嘲讽地说道："这不就是那个建议南迁的胆小鬼吗？"而某些脾气大的大臣更是当着他的面给他难堪。

这些侮辱对于一个饱读诗书，把名誉看得高于一切的读书人而言，比死亡更让人难以忍受。

但徐珵每天就在这样的冷遇和侮辱中按时上班上朝，因为他要活下去，生活也要继续下去，不上班就没有俸禄，也养不活老婆孩子。

窝囊地活着总比悲壮地死去要好，这就是徐珵的人生哲学。

人生中最难承受的并不是忍，而是等。

徐珵坚持下来，是因为他相信自己的能力和工作成绩终归会被人们所接受，自己总有翻身的那一天。可是事实又一次让他失望了。他工作成绩很好，可总是得不到提升，无奈之下，他只好去求自己的仇人于谦。

于谦确实是个光明磊落的人，他并没有因为徐珵建议南迁就不理睬他，而是主动向朱祁钰推荐此人。可是朱祁钰一听到徐珵的名字就说了一句重话："你说的不就是那个主张南迁的徐珵吗？这个人品行太差，不要管他。"

于谦没有办法，只能就此作罢。而徐珵并不知道这一切，他误以为这是于谦从中作梗。从此在他的心中，一颗复仇的火种已经播下萌芽。

被人侮辱和嘲讽，辛勤工作也得不到任何回报，只是因为当时说错了一句话，对于徐珵来说，这确实是不公平的。

他想改变自己的窘境，却又得不到任何人的帮助，冥思苦想之下，他竟然想出了一个绝妙的主意——改名字。

在我们今天看来，这似乎是不可理解的，难道你换个马甲就不认识你了吗？

可是在当年，情况确实如此。毕竟皇帝陛下日理万机，徐珵改名字也不用通知他，更不用通告全国，到户籍地派出所备案，而只要到吏部说明一下就行。到提交升迁的时候，皇帝陛下也只是大略看一下名单而已，绝对不会深究有没有人改过名字。徐珵抓住了这个空子，将他的名字改成了徐有贞。

瞒天过海后，徐有贞果然等来了机会，他被外派山东为官。徐有贞是一个很有能力的人，且具有很强的处理政务的能力，外派几年干得很好，之后凭借着自己的功绩被提升为左副都御史。

对此我曾有一个疑问，因为左副都御史是都察院的第三号人物，有上朝的权力，也是皇帝经常要见的人，那朱祁钰为什么会认不出这所谓的徐有贞就是徐珵呢？

具体原因我也不太清楚，想来是皇帝陛下太忙了，早已不记得徐珵的模样了。

无论如何，徐有贞的人生终于有了转机，但在他心中，一刻也没有忘记过自己所受的侮辱和讽刺，他在静静地等待。

等待着复仇机会的到来。

疯狂的朱祁钰

朱祁钰得偿所愿，立了自己的儿子为皇位继承人，他终于松了一口气。在这场皇位归属的斗争中，他获得了胜利。

可是这场胜利并没有持续多久，第二年（景泰四年，1453）十一月，朱祁钰受到了沉重的打击，他的儿子，帝国的未来继承者朱见济去世了。

这下问题麻烦了，儿子死了倒没什么，问题在于朱祁钰只有这一个儿子，到哪里再去找一个皇位继承人呢？

而更为麻烦的还在后头，很多大臣本来就对朱见深被废掉不满，便趁此机会要求复立，这是理所应当的事情。

反正你也没有儿子了，不如另外立一个吧。

可是朱祁钰不这么想，他已经和朱祁镇撕破了脸，要是复立他的儿子为太子，将来反攻倒算，置自己于何地！

可问题是太子是一定要立的，偏偏自己又不争气，生不出儿子。这儿子可不是说生就能生的，就算你是皇帝，这种事情也不能随心所欲。

一来二去，朱祁钰急眼了，加上由于国事操劳，他的身体已大不如前，想到将来前途难料，他的脾气也越来越暴躁，疑心也越来越重。

可是屋漏偏逢连夜雨，怕什么来什么，不久之后，两个大臣的公然上书最终掀起了一场严重的政治风暴。

这两个大臣一个是御史钟同，另一个是郎中章纶。这二位仁兄职务不高，胆子却不小，他们各写了一封奏折，要求复立朱见深。其实这个说法很早就有，朱祁钰也读过类似的奏折，就算不批准，也应该不会有什么大问题，但坏事就坏在此二人的那两份奏折上。

这二位仁兄的奏折有什么问题呢？摘抄如下：

先看钟同的："父有天下，固当传之于子，太子薨逝，遂知天命有在。"

这句话如果用现代话说得直白一点，可以这样解释：老子的天下应该传给儿子，现在你的儿子死了，这是天命所在，老天开眼啊。

而章纶先生的更为厉害，他不但要求复立，还要朱祁钰逢年过节去向朱祁镇请安，中间还有一句惊世骇俗的话："上皇君临天下十四年，是天下之父也；陛下亲受册封，是上皇之臣也。"

这句话的意思就不用解释了，地球人都知道。

说话就好好说话嘛，可这二位的奏折一个讽刺皇帝死了儿子是活该，另一个更是提醒皇帝注意自己的身份。把皇帝不当外人，也真算是活腻了。

后果也不出所料，朱祁钰看过之后，暴跳如雷。当时天色已晚，朝廷也都已经下班了，按规矩，有什么事情应该第二天再说，可是朱祁钰竟然愤怒难当，连夜写了逮捕令，从皇宫门缝递了出去（这一传送方式紧急时刻方才使用），让锦衣卫连夜抓捕二人。

此两人被捕后，被严刑拷打，锦衣卫要他们说出和南宫的关系以及何人指使，想利用这件事情把朱祁镇一并解决，但这二人很有骨气，颇有点打死我也不说的气势，一个字也不吐。

这两个人的被捕不但没有消除要求复立的声音，反而引起了一场更大的风潮，史称"复储之议"。一时间，大臣们纷纷上书，要求复立，朝廷内外人声鼎沸，甚至某些外地的地方官也上书凑热闹。

朱祁钰万没想到，事情会越闹越大，他已经失去了儿子，现在连自己的皇位也受到了威胁，在越来越大的压力下，他的情绪已经近乎疯狂。

为了打压这股风潮，他动用了老祖宗朱元璋留下的传家之宝——廷杖。

他使用廷杖的原则也很简单，但凡说起复储的人，一个也不放过，个个都打！

一时之间，皇城之前廷杖此起彼落，血肉横飞，惨叫连连，应接不暇，大臣们人人自危，这股风潮才算过去。

当时提议复储的大臣几乎都被打过，而这其中最为倒霉的是一个叫廖庄的官员，他的经历可谓绝无仅有。

廖庄不是京官，他的职务是南京大理寺卿，在景泰五年（1454），他也凑了回热闹，上书要求复储。不知为什么，后来追查人数打屁股时竟然把他漏了过去，由于他也不在北京，就没有再追究了。

一年后，他的母亲死了，按照规定，他要进京入宫朝见，然后拿勘合回家守孝，这位仁兄本来准备进宫磕了头，报出自己的姓名，然后就立马走人，没有想到朱祁钰竟然把他叫住了：

"你就是廖庄？"

廖庄顿感荣幸，他万没想到皇帝还记得自己这个小人物，忙不迭地回答道："臣就是廖庄。"

朱祁钰也没跟他废话，直接就对锦衣卫下令：

"拖下去，打八十杖！"

廖庄目瞪口呆，他这才想起一年前自己凑过一次热闹。

朱祁钰不但打了他，也给他省了回家的路费，直接给他派了个新差事，任命他为偏远地区定羌驿站的驿丞（类似官方招待所的所长，是苦差事）。

打完了廖庄，朱祁钰猛然想起这件事情的两个罪魁祸首钟同和章纶，便询问手下人这两个人的去向，得知他们还关在牢里后，朱祁钰一不做二不休，决定来个周年庆祝，连这两个人一起打。

为了表现他们的首犯身份，朱祁钰别出心裁，他觉得锦衣卫的行刑杖太小，不够气派，便积极开动脑筋，自己设计了两根大家伙（巨杖）。专程派人送到狱里去并特别交代："这两根专门用来打他们，别弄错了！"

说实话，那两根特别设计的巨杖到底有多大，我也不知道，但我知道的是，这一顿板子下来，那位钟同先生就去见了阎王，而章纶估计身体要好一些，竟然挺了过来，但也被打残。

朱祁钰这种近乎疯狂的举动震惊了朝野内外，从此没有人再敢提复储一事。

朱祁钰本不是暴君，就在几年前，他还是一个温文尔雅的年轻人，和他的哥哥相敬如宾，感情融洽。但皇权的诱惑将他一步步推向黑暗，他变得自私、冷酷、多疑、残忍，囚禁自己的哥哥，废黜自己的侄子，打死反对他的大臣，谁敢挡他的路，他就要谁的命。

但他的这些举动并没有换来权力的巩固，不断有人反对他的行为，他唯一的儿子也死去了，却没有人同情他，那些大臣只关心下一个主子是谁，而他的身体也越来越差，撑不了多久了，他很明白，一旦自己死去，朱见深很有可能继位，而朱祁镇也会再次出山，清算自己的所作所为。为了权力他六亲不认，做了很多错事，可事到如今却回天乏术，欲罢不能，面对着隐藏的危险和潜流，他唯有以更加残忍和强暴的方式来压制。

权力最终让他疯狂。

第二十二章

夺门

景泰八年（1457）正月，按照规矩，朱祁钰应该去主持郊祀，可他已经病重，已然无法完成这件事，更让他心灰意懒的是，眼见他病重，大臣们非但不慰问他的身体，反而趁此机会上书让他早立太子，人还没死，就准备买棺材、分行李了，朱祁钰的愤怒已经无以复加，他急火攻心，躺在床里的朱祁镇终于用棍棒为自己敲定的平静的生活，但这平静的生活

歇斯底里的朱祁钰终于用棍棒为自己争得了平静的生活，但这平静的生活只有两年。

景泰八年（1457）正月。

按照规矩，朱祁钰应该去主持郊祀，可他已经病重，已然无法完成这件事，更让他心灰意懒的是，眼见他病重，大臣们非但不慰问他的身体，反而趁此机会上书让他早立太子。

人还没有死，就准备买棺材、分行李了。朱祁钰的愤怒已经无以复加，他急火攻心，病情加重，实在没办法了，他便找来了一个人，让他替自己去主持祭祀。

这是一个错误的决定，因为他叫来的这个人正是石亨。

此时的石亨已经成了于谦和朱祁钰的敌人。北京保卫战立下大功后，他得到了最高的封赏，被册封为侯爵，而功劳最大的于谦却只得到了少保的虚名，石亨心里不安，便自行上书保举于谦的儿子于冕为官，算是礼尚往来。

可他没有想到，于谦对此并不感冒，反而对朱祁钰说了这样一段话："石亨身为大将，却保举私人，应予惩戒！"

搞什么名堂，保举你的儿子，不但不领情，竟然还去告状！

石亨不能理解于谦这样光明磊落的行为，他也不想理解，他只知道，于谦是一个不"上路"的人，一个不履行官场规则的人。

而这样的人，是不可能成为他的朋友的。

但是于谦是不容易对付的，他的后台就是朱祁钰，石亨明白，要解决这个对手，必须先解决朱祁钰。

而当朱祁钰奄奄一息地召见他，让他代为祭祀时，他意识到，机会已经来临。

这一天是正月十一日，阴谋就此开始。

惊魂六日

正月十一日，夜。

石亨为他的阴谋找到了两个同谋者，一个叫曹吉祥，另一个叫张軏。

这是两个不寻常的人，曹吉祥是宦官，原先是王振的同党，而张軏的来头更大，他是张玉的儿子，张辅的弟弟。石亨和他们关系很好，此时便凑在一起准备搞阴谋。

可谈了一会儿，他们就发现了一个严重的问题——这阴谋从何搞起？

要知道，阴谋造反不是请客吃饭，是有很高技术含量的，而三人之中，曹吉祥是太监，见识短，张軏是高干子弟，眼高手低，武将石亨则是个粗人。这样的三个人如果谈谈吃喝玩乐，估计还有用武之地，可现在他们要讨论的是谋反。以他们的智商和政治斗争水平，想要搞这种大工程，估计还要回学校多读几年书。

眼看这事要泡汤，石亨便去向他的老熟人太常寺卿许彬请教搞阴谋的入门知识。

许彬告诉他，自己老了，已经不适合这种高风险的职业，但可以推荐一个人去和他们一起干，然后他告诉石亨，只要这个人肯参加，大事必成！

他推荐的人就是徐有贞。

徐有贞终于等到了复仇的机会，他已经忍耐了太久，他眼光独到，极有才干，却因为说错一句话被众人唾弃，受到冷遇。虽然他现在已经身居高位，但当年的羞耻始终挂在心头，他要讨回属于他的公道。

于是，这个阴谋集团迎来了第四位成员，也是最为重要的一个成员。

到底还是读过书的人搞阴谋有水平，徐有贞刚参加会议便一针见血地指出，当务之急是要和南宫内的朱祁镇取得联系，才方便动手。毕竟你们就算杀了朱祁钰，也不可能自己做皇帝吧。

那三位粗人这才如梦初醒，便马上派人去和朱祁镇联系。

这一天是正月十三日，阴谋集团确定，计划正式实施。

正月十四日，晨，朝会。

朱祁钰已经病得十分严重，但仍然坚持参加了这个会议，因为在这次会议上将决定帝国的继承人。

会议一开始就呈现一边倒的情况，大多数大臣主张复立朱见深，因为朱祁钰本人没有儿子，似乎已无更好的选择了。

大学士王文和陈循是朱祁钰的亲信，自然不同意这一观点，他们坚持认为，即使到外面去找个藩王来做皇帝，也不要复立朱见深。

大臣们各持己见，谁也不服，便在朝堂上争吵起来。

被病痛折磨得奄奄一息的朱祁钰坐在皇位上，悲哀地看着下面这些吵闹的人，他很清楚，无论是支持他的，还是反对他的，争来争去，只不过是为了自己将来的利益，为了投机。

这些道貌岸然的所谓读书人，不过是一场游戏中的棋子而已——权力的游戏。

我也是游戏中的一员，可我这一生似乎也快要走到尽头，游戏该结束了吧。

但在结束前，我绝对不能输！

朱祁钰紧紧抓住宝座的扶手，对大臣们说出了他朝会中唯一的谕令：

"我现在染病，十七日早朝复议。"

然后他补充了一句话：

"复立沂王（朱见深）之事，不行（所请不允）！"

话说到这个份儿上，群臣只好各自散去，准备三天后再来。

朱祁钰发布了谕令，用自己的权威又一次赢得了暂时的胜利，但估计他自己也没有想到，这竟然是他的最后一次朝会，最后一道谕令，最后一次胜利。

正月十四日，夜，石亨家中。

徐有贞："南宫（朱祁镇）知道了吗？"

石亨："已经知道了，他同意了。"

徐有贞笑了，只要朱祁镇同意，阴谋就已经成功了一半。

然后他说出了自己的计划，一个看来几乎完美无缺的计划：

第一步，先利用边关报警的消息，让时任都督的张𫐄率领一千军队进入京城。

第二步，利用石亨保管的宫门钥匙打开内城城门，放这一千人入城，作为后备军和警戒，以防朱祁钰的军队反扑。

第三步，去南宫释放朱祁镇，然后带着太上皇进入大内宫城，趁朱祁钰病重，宣布复位。

这个计划确实十分好，考虑周详，分工明确，石亨和张𫐄都很满意，但他们也有疑虑：

"会不会还有什么漏洞呢？"

徐有贞自信地答道："不会有漏洞的，这个计划一定能够成功！"

石亨和张𫐄这才放下心来，他们相信徐有贞的判断。

然而这个计划确实是有漏洞的，这个致命的漏洞就是：

虽然石亨管理京城防务和内城城门，但他们并没有南宫和大内宫城的钥匙！

南宫且不说，这个大内宫城却是真要人命，明代的所谓宫城，就是清代所称的紫禁城，是皇帝居住的地方，没有皇帝的命令，夜间宫城城门是绝不会开的。那些士兵就算吃了豹子胆，也不敢公然攻打皇帝的住所，而且只要一打起来，闹出声响，侍卫和城防部队就会立刻赶到，等待着徐有贞等人的只能是失败的命运。

我相信以徐有贞的聪明，应该了解这一点，但他却坚持要冒风险，去实现这个所谓完美的计划。

原因似乎也很简单，不是徐有贞嫌命太长，恰恰是因为在他看来，人生太过短暂。短到他不愿意再忍耐，也不愿意再等待。

是死是活，就赌这一把！

此时南宫的朱祁镇也是辗转反侧，深夜难眠，他已经知道了石亨的计划，他也清楚这个计划有很大的风险，一旦出错，想要再当囚徒也不可能了。

但他仍然同意了，而且不带丝毫犹豫。

因为他别无选择。

正月十四日，阴谋策划完成，决心已定。

正月十五日，天下太平。

这一天，大臣们相安无事，互致问候，朱祁钰在宫里养病，那无尽的争吵和钩心斗角似乎已经离他远去，一切似乎都那么平静，平静得让人窒息。

这是暴风雨来临前的平静，暗流已经变成了可怕的旋涡，即将奔涌而出，改天换日。

正月十六日，晨。

于谦、胡濙、王直经过仔细商议，决定推举朱见深复立为太子。他们找到了商辂，让他起草一份奏折，准备在第二天朝会时向皇帝提请同意。

这是一份极为重要的文件，如果这份文件提交出去，徐有贞的阴谋将再无用武之地，因为朱祁钰在无子且奄奄一息的情况下，很有可能会同意这一建议，到那时，朱祁镇就只能和自己的儿子抢夺皇位。

状元商辂完成了他的大作，于谦等人看过后都十分满意，他们准备在第二天提出这一方案。

第二天，是正月十七日。

正月十六日，夜，最后时刻到来。

徐有贞的家中，此刻聚集了阴谋集团的全部成员。他们都知道，再过几个时辰，天就要亮了，朝会即将召开，新的太子将被选出，而无论谁被选为太子，他们都将得不到任何的利益。

留给他们的时间已经不多了。

干，还是不干？

平日骄横跋扈的石亨等人此刻也慌了神，他们把目光集中在徐有贞的身上。因为他们知道，这个人才是阴谋的真正核心和主使者。

面对着众人焦灼的目光，徐有贞沉默了，他在房中不断地踱步，思考着每一个细节和步骤，计算着自己的胜算。

然后他停下来，不慌不忙地对那些焦急的人说道："我要去看一下天象。"众人目瞪口呆，都什么时候了，还看啥天象？！可是毕竟是这位仁兄拿主意，既然他执意要去，那就让他去吧。

徐有贞登上了自家房顶，静静地抬起头，看着繁星点缀的天空，九年前的那个夜晚，他也是站在这里，准确地预测出了土木堡的失败。

但这次成功的预测并没有给他带来好运，却使他受尽侮辱和嘲弄，被人排挤，忍气吞声许多年。

他十分清楚，所谓天象不过是糊弄人的玩意儿，如果人生祸福能由天象而见，他早就能够未卜先知，也不用受这几年的罪了。

现在他终于又一次走到了十字路口，但这一次，他预测的不仅是阴谋的成败，还有自己的生死。成，则生；败，则死！

天象根本帮不了他，他必须独立做出判断，而唯一可依靠的只有他自己的智慧和勇气。

人生的转变往往只在那一刻的决断。

徐有贞最终做出了他最后的选择。

"成大事就在今晚，机不可失，动手！"

当石亨等人听到这句杀气腾腾的话时，也不禁打了个冷战，最后时刻终于到来了。

徐有贞的家人们已经知道了即将要发生的事情，他们站在门口默默地为这位一家之主送行，悲戚之情溢于言表。

徐有贞却没有这样的伤感，他借着门外的月光向自己的家投下了最后一瞥，留下了一句话，便毅然离去。

"若回来，就做人；不能回来，便是鬼！"

夺门之变

阴谋集团的成员们在夜色笼罩之下向着内城出发了，他们的第一个目标是长安门。

长安门的钥匙由石亨掌管，他将张𫐐统领的一千军队放进了内城，然后关上了城门。

石亨看着这一千进城士兵，心中七上八下，因为这一千人并不知道自己是来造反的，随时有哗变的可能。要是这些士兵被人发现，就算尚未行动，他也逃不脱谋反的罪名。

思前想后，这位杀人不眨眼的武将开始慌张起来。

徐有贞冷冷地看着已经六神无主的石亨，对他说了一句话：

"门锁好了吗？把钥匙给我吧。"

石亨满腹狐疑，不知徐有贞想干什么，但还是把钥匙交给了他。

徐有贞接过钥匙，却做了一件石亨做梦也想不到的事情——他把钥匙扔进了阴沟里。

石亨惊呆了，他冲了上去，抓住徐有贞的衣服，厉声问道："徐有贞，莫非你疯了，你到底想干什么？！"

在皎洁的月光下，石亨看清了徐有贞的脸和他那阴狠坚毅的眼神，一股寒意顿时涌上心头，让他不寒而栗。

徐有贞死死地盯着石亨，一字一句地吐出了似乎是来自地狱的声音：

"有进无退，有生无死！"

石亨害怕了，他这才认清了眼前此人的真面目：不是一只绵羊，而是一只饿狼。

后路已经全无，几个人只好在徐有贞的带领下向着南宫出发。可就在此时，原本明月朗照的夜空，突然变得昏暗无光！四周伸手不见五指，前方道路也一片黑暗。石亨和张𫐄慌了，他们原本干的就是见不得人的勾当，见此情形，顿感大事不妙，莫非上天不愿自己动手？

他们站住了。

徐有贞却不为所动，他镇定地看着慌张的张𫐄，冷冷地逼问道：

"为什么还不走？"

张𫐄怯生生地小声说道："事情能成功吗（事济否）？"

徐有贞缓缓走到张𫐄的面前，突然用低沉的声音吼道：

"一定能成功（必济）！"

武将石亨历经沙场，砍头无数，被称为正统第一勇将，却临阵慌乱，不知所措，他的所谓勇敢不过是匹夫之勇而已。

在这场危险的游戏中，手无缚鸡之力的徐有贞才是当之无愧的勇者。

这并不奇怪，因为只有内心的坚韧和顽强才是真正的勇敢。

在文弱书生徐有贞的威逼和鼓励下（虽然有点滑稽，但却是事实），石亨一行人来到了他们的第一个目标——南宫。

宫门果然紧闭，叫门也无人应答，这正是夺门计划中的第一个漏洞，但徐有贞却胸有成竹，用一句话解决了难题：

"不用叫门，把墙撞开就是了！"

于是军士上前，用木桩撞开了宫墙（毁墙入），那个被监禁了七年的囚徒终于走了出来。

他看清了这些深夜前来的人，也看清了他们心底的一切——欲望、投机、愤怒、抱负。无论如何，他只剩下了一种选择。

"走吧，我们去东华门。"

东华门是宫城的大门，只要进入东华门，到奉天殿敲响钟鼓，召集百官前来，天下就将再次握在这位囚徒的手中。

然而当他们到达东华门的时候，才发现了这个计划中的最大漏洞——他们进不去。

东华门守卫不开门，他们也没有钥匙。没有南宫的门钥匙，可以把墙撞开，但这是因为南宫偏僻，就算把它拆掉也没人去投诉你，可东华门是大内重地，由专人看守，一旦有什么风吹草动，就会引来侍卫，而这些夜游神马上就会变成黄泉鬼。

愁眉苦脸的石亨看着徐有贞，他已经无计可施，只等着这位大哥说话。

可这次徐有贞同样保持了沉默，他虽然聪明，但并不是阿里巴巴，就算对着门喊一万声"芝麻开门"，这门也是不会开的。

阴谋集团的成员们就此陷入困境，打也不是，闹也不是，隔着门把好话说尽，守门人理都不理。眼看天就要亮了，如果再进不去，大家就会一起完蛋！

在这最为关键的时刻，那位囚徒突然大喊一声：

"我是太上皇（我太上皇也），开门！"

七年的屈辱、恐惧和等待，最终换来了这一声怒吼。

包括守门人在内的所有人都被这一声怒吼震惊了，东华门就此敞开，通往至尊宝座的道路就此敞开。

朱祁钰，我回来了，来拿回属于我的一切！

他走向了奉天殿，敲响了上朝的钟鼓，宫城大门闻声纷纷开启，准备迎接百官的朝拜。

徐有贞终于成功了，他带着疲惫的身躯和得意的笑容，独自站在大门前，挡住了上殿的道路。

闻讯而来的内阁重臣们惊奇地看着这个以往并不显眼的小人物，准备呵斥他立刻离开。

然而徐有贞很快就说出了他敢如此嚣张挡路的理由：

"太上皇已经复位了，诸位还是快去祝贺吧！"

我终究还是成功了，属于我的时代终于到来了。

此时的朱祁钰正奄奄一息地躺在自己的寝宫内，但在迷茫之中还是听到了钟鼓的声音，他很清楚，这个上朝的信号并不是他发出的。于是他叫来了左右，问到底是谁在敲击钟鼓。

左右已经知道了真相，这些服侍朱祁钰的人十分担心，怕这位已经病入膏肓的皇帝听到这个消息，急火攻心就此一命呜呼。但事到如今，不说也不行了，于是他们忐忑不安地告诉朱祁钰：是那位被他关押的囚犯，他的哥哥在召集群臣。

可是这位垂死的皇帝接下来的表现是他们做梦也想不到的。

听到这个消息，朱祁钰沉默了一会儿，然后他抬起头来，笑了。

他笑得很从容，并最终吐出了三个字：

"好，好，好！"

哥哥，皇位还给你吧，我虽然囚禁了你，夺走了你的一切，但我也没有得到快乐，这八年中，我一直在恐惧和孤独中生活。

我已经厌倦了。

朱祁镇坐上了阔别已久的宝座，八年前，他离开了这里，沦为异族的俘虏，之后他历经千辛万苦，终于回到了京城，却又被自己弟弟关押起来，吃了七年的牢饭。

现在他终于回到了当年的起点，一条新的道路已在他眼前展开，他将再次统治这个庞大的帝国。

很多事情即将开始，很多人的命运即将改变。

图书在版编目（CIP）数据

明朝那些事儿.第贰部,万国来朝/当年明月著.—杭州：浙江人民出版社，2020.5（2025.1 重印）
ISBN 978-7-213-09295-4

Ⅰ.①明… Ⅱ.①当… Ⅲ.①中国历史—明代—通俗读物 Ⅳ.① K248.09

中国版本图书馆 CIP 数据核字（2019）第 097496 号

明朝那些事儿·第贰部　万国来朝
MINGCHAO NAXIE SHIR · DI-ER BU　WANGUO LAICHAO
当年明月　著

出版发行	浙江人民出版社（杭州市拱墅区环城北路 177 号　邮编　310006）
责任编辑	张世琼
责任校对	陈　春
封面设计	艾　藤　魏庆荣
电脑制版	罗栋青　李春永
印　　刷	嘉业印刷（天津）有限公司
开　　本	700 毫米 ×1000 毫米　1/16
印　　张	23
字　　数	314 千字
插　　页	2
版　　次	2020 年 5 月第 1 版
印　　次	2025 年 1 月第 17 次印刷
书　　号	ISBN 978-7-213-09295-4
定　　价	48.00 元

如发现图书质量问题，可联系调换。质量投诉电话：010-82069336